GARANTÍAS MODERNAS
EN EL
CÓDIGO CIVIL Y COMERCIAL

HUMBERTO G. VARGAS BALAGUER

Garantías modernas

en el

Código Civil y Comercial

Fideicomiso de garantía. Cesión en garantía
Garantías a primera demanda. "Factoring"
"Lease back" o leasing de retro

Prólogo de
EFRAÍN HUGO RICHARD

ASTREA
BUENOS AIRES - BOGOTÁ - PORTO ALEGRE
2021

Vargas Balaguer, Humberto G.
Garantías modernas en el Código Civil y Comercial / Humberto G. Vargas Balaguer
1ª ed. - Ciudad Autónoma de Buenos Aires: Astrea, 2021.
288 p.; 23×16 cm.

ISBN 978-987-706-366-0

1. Código Civil y Comercial. I. Título.

CDD 346.07

Astrea está indexada como Editorial de Calidad Científica
con Claro Prestigio Internacional (Fondecyt).

Esta obra ha sido evaluada conforme a los estándares internacionales de calidad científica de referato externo, con sistema doble ciego.

Lavalle 1208 - (C1048AAF) Ciudad de Buenos Aires
(54-11) 4382-1880 - 0800-345-ASTREA (278732)
www.astrea.com.ar - editorial@astrea.com.ar

La edición de esta obra se realizó en Editorial Astrea, y fue impresa en su taller, Berón de Astrada 2433, Ciudad de Buenos Aires, en la segunda quincena de marzo de 2021.

A mi hijo Juan Pablo, mi orgullo,
con la intención de dejarle la legacía de hacer
obras constructivas, y de que siempre luche
por sus convicciones y sueños aun en la adversidad.

A mis padres
Humberto G. Vargas Echegaray y Elsa Balaguer Young,
pilares fundamentales de mi vida.

A mis hermanas María José, Juliana y Cecilia,
quienes siempre han estado a mi lado
de manera incondicional.

A Efraín Hugo Richard, mi maestro.

PRÓLOGO

Prólogo es "el escrito antepuesto al cuerpo de la obra [...] Aquello que sirve como de exordio o principio". Estas líneas estarán antepuestas al libro que presenta a la consideración pública HUMBERTO VARGAS BALAGUER, pero impone referirme al principio que llevó a ejecutar esa obra y como una primera parte, pues un prólogo debe tender a incitar la lectura del libro al que se introduce. Pero también un prólogo puede, sin ser una investigación y partiendo de la obra a la que se introduce, mirar hacia el futuro. En materia jurídica siempre implica un desafío a los intérpretes, a la judicatura. La respuesta del derecho más que aumentar la complejidad de las normas debería ser la de reducir metodológicamente las cuestiones a géneros comunes, a principios generales.

1. Ese desafío ya lo había asumido el codificador VÉLEZ SARSFIELD citando a ORTOLAN en nota al art. 973 del derogado Cód. Civil: "Las prescripciones de la ley pueden recaer sobre tal o cual elemento constitutivo de la forma, o sobre muchos de ellos, o sobre todos a un tiempo. Otros actos no exigen para su existencia, ninguna forma especial prescripta, con tal que se hayan verificado y que puedan justificarse. Los progresos de la civilización, agrega, espiritualizan las instituciones, las desprenden de la materia y las trasladan al dominio de la inteligencia. Esta tendencia se manifiesta eminentemente cuando se observan los actos jurídicos. Con tales actos una civilización adelantada, se asocia inmediata y principalmente a lo que es espiritual, a la voluntad, a la intención; no pide a la materia sino lo que es indispensable para descubrir y asegurar la voluntad. En las sociedades poco adelantadas era preciso impresionar profundamente los sentidos para llegar al espíritu.

La voluntad, como todo lo que no tiene cuerpo, es impalpable, penetra en el pensamiento, desaparece y se modifica en un instante. Para encadenarla era preciso revestirla de un cuerpo físico; pero ¿cuáles serán esos actos exteriores que darán a los actos jurídicos una forma sensible? La analogía servirá de regla. Estos actos se hallarán en una analogía cualquiera con el objeto que se quiere conseguir, con el derecho que se quiere crear, modificar, transferir o extinguir. De aquí se llegó al símbolo, porque el símbolo no es otra cosa que la analogía representada en cuerpo y acción".

2. El derecho de las garantías ha experimentado una notable evolución, lo que ha llevado a ensanchar su concepto hasta límites antes impensados. Sus fronteras se amplían continuamente, obligando a replantear las bases establecidas. Para dar respuesta a las necesidades y requerimientos de la práctica negocial, y ante la insuficiencia de las garantías tradicionales, fueron apareciendo nuevas formas de tutela del crédito no contempladas por los textos legales, al amparo de la autonomía de la voluntad y la libertad contractual.

El Código Civil y Comercial de la Nación regula varias de las denominadas "garantías modernas", implicando una sustancial modificación respecto del régimen anterior y, a su vez, generando nuevos interrogantes y problemas. De ello se ocupa VARGAS BALAGUER en esta obra, comenzando con el estudio del moderno derecho de las garantías. Posteriormente, se introduce de lleno en el tratamiento de tres garantías en particular que han sido tipificadas por el nuevo ordenamiento: fideicomiso de garantía, cesión en garantía y garantías a primera demanda, abordando cada tema con profundidad y amplia información, y brindado su opinión al respecto. Finalmente, examina dos figuras que teniendo otros fines o finalidades múltiples, son utilizadas como negocios indirectos con finalidad de garantía, tal como sucede con el leasing (mediante el *lease back* o leasing de retro) y el contrato de factoraje.

A lo largo de seis capítulos el autor nos ilustra con precisión y fundadamente los aspectos teórico prácticos más relevantes de las llamadas garantías modernas a la luz de la regulación del Código Civil y Comercial; libro que tuvo su origen en la tesis doctoral que dirigí, en la cual VARGAS BALAGUER centró su investigación en una de las figuras aquí analizadas: la cesión en garantía, que en ese entonces carecía de previsiones normativas, incluso cuestionándose su licitud y generando múltiples problemas, particularmente en el caso del concurso del cedente.

3. La historia no es precisa en la mente de un hombre, particularmente cuando las referencias no adquieren el carácter de una investigación histórica, sino una suerte de dejarse llevar por recuerdos vívidos, que son parte de mí, aunque tengan cierta inseguridad temporal, particularmente al final de un camino donde se impone hablar con crudeza de lo que siento que nos aqueja. Lo que tengo seguridad es que los hechos así ocurrieron, o a mí me parece que así ocurrieron, pues forman parte de mi vida y han forjado mi pasado, mi presente y, quizá, mi futuro. Cuando en el año 1964 me vinculé a la Universidad Nacional de Córdoba, después de ejercer ya nueve años la profesión en esa ciudad pero egresado de la Universidad Nacional del Litoral, fui recibido por los grandes maestros que gestaron la Escuela Comercialista de Córdoba. La huella que dejó en mí esas sesiones semanales del Instituto de Derecho Comercial fueron imborrables y me han acompañado hasta este momento, y son las que siguen impactándome frente a ciertas conductas actuales.

Lo antedicho lo recuerdo porque lo he experimentado en mi relación con este joven jurista, de asumir lo que me explicara –hace ya unos cuantos años en diálogo compartido con el maestro español ÁNGEL ROJO– el eminente mercantilista español AURELIO MENÉNDEZ MENÉNDEZ, preceptor entonces del príncipe español, actual Rey: "La inteligencia del maestro es saber ser –a su tiempo– discípulo de su discípulo", y esto lo refiero a la pléyade de jóvenes iusprivatistas, algunos ya profesores, otros docentes, otros investigadores que vienen con sus vocaciones desplegando un esfuerzo que se corresponde con esa vieja tradición del Instituto de Derecho Comercial. Así encontramos que la mayor satisfacción de quien ha colaborado en la formación intelectual de profesores, consagrados en una dinámica grupal creativa y perfeccionadora de las individualidades, es ser "discípulo de sus discípulos".

Y en HUMBERTO VARGAS BALAGUER veo las huellas de esas expresiones y vivencias, hoy algo abandonada por el individualismo y el profesionalismo. Es un egresado de la Universidad

Nacional de Córdoba, pese a vivir y ejercer en otra provincia, que regresó después de diez años de haber egresado, acercándose ávido a la Escuela Comercialista de Córdoba. Me tocó satisfacer sus inquietudes, encauzar diálogos e ideas, y luego asumir el rol que me impuso, donde sin duda aprendí. Se impone referirme al autor, tercera generación de abogados, iniciada por su abuelo paterno doctor Humberto Solano Vargas Echegaray –aunque su abuelo materno también lo era: doctor Tristán Balaguer Zapata–, quien fundara en el año 1933 el estudio jurídico integrado hoy por sus descendientes y su señor padre, entre otros profesionales, doctores Humberto Gabriel Vargas Echegaray, Luis Adolfo Vargas Echegaray. Es un jurista de 51 años, que nació en San Juan y ejerció la abogacía por 24 años, y actualmente se desempeña en la Secretaría Letrada de la Corte de Justicia de San Juan, con amplia capacitación. Doctor en Derecho y Ciencias Sociales por la Universidad Nacional de Córdoba –tesis sobresaliente– donde también se recibió de abogado en 1994; con posgraduación en "Derecho Empresarial", Universidad Argentina de la Empresa (UADE), en la especialización en "Mercado de Capitales", con tesis sobre "Fideicomiso y securitización"; posgraduado en "Derecho Societario", Facultad de Derecho de la Universidad Nacional de Cuyo, Mendoza; posgrado en "Derecho Societario Actual", Facultad de Derecho de la Universidad Austral, Buenos Aires, y posgrado en "Las garantías. Tendencias actuales", Facultad de Derecho de la Universidad Nacional de Cuyo, Mendoza. Magíster en "Justicia Constitucional y Derechos Humanos", por la Universidad de Bolonia, Italia; sin duda un hombre preocupado en su capacitación. Profesor titular de "Derecho Privado V" (Sociedades y Seguros) y de "Contratos Modernos", y asociado de "Derecho Privado IV" (Contratos), Facultad de Derecho y Ciencias Sociales de la Universidad Católica de Cuyo. Profesor asociado de "Derecho Comercial", Facultad de Ciencias Económicas y Empresariales de la Universidad Católica de Cuyo. Profesor asociado de "Derechos Humanos y Garantías", Facultad de Ciencias Jurídicas de la Universidad de Congreso, sede San Juan. Profesor de posgrado en la "Maestría en Derecho Empresario", en la "Diplomatura en Derecho Privado" y en la "Diplomatura en Derecho Laboral y Riesgos del Trabajo", Facultad de Derecho y Ciencias Sociales de la Universidad Católica de Cuyo, San Juan, como igualmente profesor de la Escuela de Capacitación Judicial de la Corte de Justicia de San Juan. Exprofesor de "Introducción al Derecho Comercial", Facultad de Derecho y Ciencias Sociales de la Universidad Católica de Cuyo, San Juan (desde 1997 hasta 2009). Tiene publicados manuales en coautoría o como partícipe en las cátedras que profesa, otros libros en coautoría, artículos, ensayos y ponencias, activo participante en Congresos y Jornadas, conferencista, y múltiples actividades académicas muestran el perfil de este formado jurista, que hoy presenta a consideración este libro.

Se perfila en VARGAS BALAGUER la calidad que lo integra a hombres íntegros que revaloricen ese rol arquitectónico y que son necesarios. Hombres que unen a la técnica jurídica la sensibilidad de destinar ese orden al hombre viviendo en sociedad. HUMBERTO practica esa docencia y rechaza con intolerancia cierta displicencia en asumir esas responsabilidades, con su capacidad ilimitada de trabajo, donde a veces desperdicia la sinergia grupal encerrado en su visión personal.

4. Algunas reflexiones sobre las resistencias al cambio. "El hombre no vive en un espacio vacío, y debe imponer lo que quiere hacer realidad en un medio determinado y contra la resistencia de su medio. El poder es en ese sentido la facultad de crear espacio para el propio desarrollo y afirmarlo, y con ello el afán de imponerse a la resistencia del medio. Esto vale ya en el dominio puramente espiritual. Cada estilo artístico nuevo, cada nueva teoría científica no es aceptada de antemano con beneplácito, sino que se presenta al principio como una interferencia molesta con las concepciones tradicionales y debe imponerse trabajosamente a la resistencia de estas"[1].

Con el pensamiento precedente queremos expresar las dificultades que debe afrontar todo investigador, aun cuando vuelva la vista hacia atrás, buceando en principios generales del derecho, para retomarlos y reformularlos. Porque la visión sistemática del autor lo es en poner en claro los fundamentos de la responsabilidad en el derecho privado, pero en sus modernas proyecciones. En el tema de responsabilidad, la cuestión no es tanto nuevas normas, sino poner en claro cuál es el objetivo de esas normas: si penar o restablecer. El método de cambio, de construir el sistema jurídico mediante las relacio-

[1] BOLINOW, *Antropología jurídica*, "Revista Universitas", dic. 1989, p. 85.

nes de cambio, tanto en su génesis autónoma como en el cumplimiento heterónomo (a través del sistema judicial) está en crisis. Frente a su fracaso, o por lo menos frente a su cuestionamiento, aparece lentamente el método de empresa o de organización global, donde se intenta poner atención a los efectos que genera una relación entre partes frente a la comunidad o terceros indeterminados. Ello es en particular en torno a las relaciones de organización, de los contratos para organizar emprendimientos y facilitarlos, como también de ciertas conductas nefastas en sociedades concursadas y en esos procesos. Se impone así, en la legislación mercantil, el método de empresa o de organización, que trata de analizar en su conjunto una serie de actos o contratos conexos conforme su finalidad[2], según su funcionalidad, y analizar el conjunto normativo o las normas de una única ley, no encontrando prohibiciones en la misma, cuando constituyen verdaderos fraudes a la legislación general y particularmente a normas imperativas de la organización societaria.

Se impone en la legislación unificada, para el derecho patrimonial negocial, el método de empresa o de organización, que trata de analizar en su conjunto una serie de actos o contratos conexos conforme su finalidad, según su funcionalidad. Y el Código enfatiza los temas de responsabilidad en el sistema de empresa: prevenir el daño.

Las garantías modernas, que cuidadosamente desarrolla el autor ante las nuevas normas del Código Civil y Comercial, implican afrontar el desafío, ante la desaparición del crédito en nuestro país, de desenterrar técnicas jurídicas y combinarlas hábilmente con nuevos institutos para el financiamiento de la actividad productiva.

Implica asumir la realidad de los efectos nocivos de la globalización financiera, unida a una entronización del economicismo improductivo en el país, presentando un instrumento de garantías máximas para el financiador, de autosatisfacción que acota riesgos que debería atraer capitales a bajo costo.

Somos observadores de la realidad compleja –como requería JOAQUÍN GARRIGUES a los comercialistas-, y en la misión de

[2] Conf. LORENZETTI, *Las normas fundamentales del derecho privado*, Santa Fe, Rubinzal Culzoni, 1995, p. 153 y siguientes.

itinerantes profesores, tratamos de mantener la vocación en el derecho como instrumento de cambio; con igual criterio el autor, en lo metodológico, plantea el examen de la realidad y las necesidades del tráfico, y particularmente los problemas en los casos de concursos.

La posmodernidad utilizó el método de la lógica de la abstracción como proceso y resultado investigativo, como ya se había hecho a principio de la modernidad como señala ALBERT SOBOUK[3], presentando al derecho desde ese discurso. El derecho aparece como una cuestión de fin en sí mismo, como ahora la economía –en realidad el economicismo– y, sirviéndole al derecho, la exaltación de la individualidad aparece en reemplazo de la socialización de los derechos. Se evita la reflexión epistemológica tratando de esparcir conceptos separados o discontinuos, aislados del contexto, de sus incidencias en lo social. El derecho no se puede construir en la dogmática de la abstracción, de espaldas al hombre, como erudita ilustración, conforme critica REINHART KOSELLECK[4], sino dentro y no fuera del fenómeno social, como orden del orden social pretendido, y el jurista no puede ser neutral en torno a ello.

El neoliberalismo económico –muy distinto del político– pretende hacernos creer que es necesario primero consolidar un modelo económico, donde la desregulación y la no injerencia del Estado van a optimizar la redistribución por el mercado y que llegará a todos los rincones de la Tierra con sus beneficios. Sin embargo, realiza esta transformación con la postergación del derecho de los marginados, quiebras y desempleo, y se coloca a la economía al servicio de la economía misma, como algo centrípeto. La economía del azúcar sufrió ese proceso.

Incluso con criterio paleocapitalista se pone al capital en el centro de la escena, postergando lo productivo, sin advertir que lo financiero es accesorio a esto, que el capital no produce riqueza y que sólo se justifica cuando acompaña al empresario ayudando a desarrollar su ideación y tomando solo una parte de la ganancia. De no respetar ese principio lo financiero únicamente lograra extraordinarias utilidades en forma efímera

[3] SOBOUK, *La Francia de Napoleón*, p. 13, Barcelona, Crítica, 1979.

[4] KOSELLECK, *Historia Magister Vitæ*, Francfurt, Zukunft, 1979.

antes de un colapso total. Ya se han advertido algunos signos de esa autoliquidación con el colapso de sociedades gestadas y desarrolladas en el "primer mundo", con sofisticados sistemas de control y auditorías.

5. Para devolver el equilibrio es necesaria otra mística: la de la vocación por el derecho como instrumento de paz social y equilibrio económico. Claro que para esto hay que tener en claro qué orden social se pretende para nuestra comunidad. Y definido ello saber qué técnicas jurídicas deben emplearse para asegurar el orden social pretendido.

Resalto la visión integral, como lo hace NORBERT REICH en *Mercado y derecho*, del doble carácter del derecho que, por un lado, organiza los procesos que discurren conforme a las reglas de una economía de mercado, poniendo a su disposición normas e instituciones (en especial el contrato, la propiedad industrial, etc.) y por otro, se convierte en un instrumento del Estado para ejercer su influencia en dichos procesos y obtener la consecución de determinados objetivos de política social u orden público. Así pues, el derecho resulta de este modo instrumentalizado doblemente: por parte del Estado (social) y por parte de los agentes que actúan en el mercado.

Pero el derecho comercial, con su internacionalización, cada vez tiene más contacto con la aplicación financiera que con la económica, lo accesorio y auxiliar ahoga a lo que le da razón de ser.

Advertimos que la responsabilidad de los acreedores puede no ser solo la de dar créditos abusivos, impagables, facilitando la corrupción, sino también la de prolongar la insolvencia de una empresa, de un país, al otorgar créditos y permitir el agravamiento de la situación y que los gobiernos traten de despreocuparse del país, para endilgarle el problema al próximo gobierno (así lo hemos sostenido hace muchos años).

Donde el tema abordado por VARGAS BALAGUER toma centralidad es ante la crisis de las sociedades. Desde la contratación de la cesión de la cartera de créditos con entidades financieras, obteniendo adelantos –conociendo o debiendo conocer que la sociedad está en cesación de pagos cuando no en insolvencia– e inmediatamente presentarse en concurso preventivo –o APE– solicitando como medida precautoria que el anco o entidad financiera devuelva esa cartera, incluso lo cobrado de la misma, so pretexto de la *par condicio creditorum*, como el laberinto de la verificación –monto y graduación de la cesión en garantía– y los cuestionamientos a la misma, son parte de la degradación de la figura y los postreros altos costos en que se ofrece al mercado, contradiciendo las previsiones de las técnicas crediticias. Los temas son afrontados.

Las garantías modernas y su regulación en el Código Civil y Comercial, por su carácter de autoliquidables, casi invulnerables en la integración financiera de capitales a través del sistema de los bienes atribuidos, alejándolos de riesgos que no sean los propios, deben ser afrontadas con seriedad por los jueces concursales mediante las nuevas normas que brinda el Código Civil y Comercial para su actuación preventiva.

6. La globalización económica –mejor dicho, la financiera– exige el aseguramiento de la libre migración de capitales y la estabilidad de su valor (inconvertibilidad). En ese eje la obra ahonda en un instrumento que brinda seguridad a los inversores.

La disminución –casi eliminación– del riesgo de incobrabilidad por la instrumentación que se propone cuidadosamente dentro del análisis económico del derecho, debería significar la baja de los costos del dinero. Implica toda una concepción que debería ser recibida adecuadamente por la comunidad, incluso por las autoridades para contribuir a la superación de los problemas financieros sin afectar sustancialmente las supuestas "reglas del mercado".

¿A cuento de que viene todo esto? Es que esa es la visión correctamente dual del derecho que reconozco en este libro, donde se analiza el campo de actuación de la autonomía de la voluntad, en las herramientas que autoriza el legislador, y en las asimetrías que genera el mercado constata las transformaciones habidas en la estructura económica y las dificultades para la industria y el comercio.

Para ello ese segundo rol del derecho que dispone el Estado para reequilibrar la situación de poder fáctico, considerando a la institución contrato como herramienta de calidad de vida; en la existencia de la idea común en los poderes constituidos de construir condiciones para que la sociedad civil actúe con eficiencia en búsqueda de la justicia y equidad, evitando la actual contradicción entre sociedad civil versus Estado, como lo plantea el neoliberalismo, al decir de ANTHONY GIDDENS en *Consecuencias de la modernidad*.

Estamos acostumbrados a comprender el derecho como una proyección de nuestra subjetividad, lo hemos privatizado. Así actúa el gobernante que ignora el Estado de derecho: las razones de Estado o sus razones le permiten hacer un derecho *ad hoc*, en nuestro país el derecho de la emergencia económica del propio Estado. Somos individuos antes que ciudadanos. Decía BORGES que las generalidades como el Estado o la sociedad nos parecen entelequias. El resultado es, como lo describió el filósofo argentino CARLOS NINO, un país al margen de la ley. Es que tenemos un derecho ambiguo, que cada uno cree hecho a su medida, y terminamos instaurando un "orden público de protección de la parte fuerte", en ausencia de frenos y garantías.

No hay duda que a la capacidad de investigación del autor, que con gran idoneidad señala los nudos teóricos tan bien abordados, se une el realismo del profesional que, sin distraerse en aspectos escenográficos integrativos que con frecuencia desvían una investigación, logra una comunicación que aquí se presenta con calidad doctrinaria y alta utilidad profesional.

7. La vocación y capacidad intelectual, como las desplegadas por el autor en este libro, abre la esperanza en un período de desesperanza en lo económico y social.

Una pseudo revalorización economicista cuestiona el rol de las ciencias jurídicas y la de los hombres de derecho, sin advertir que esas ciencias solo construyen el orden del orden social.

Bienvenida la creación constructiva que permita el desarrollo de la actividad económica, por la que sin duda se debe postergar toda actividad financiera o apetencia fiscal.

Si alguna moraleja se quiere extraer de lo antedicho, será la invitación a los estudiosos a asumir el compromiso de comprender la elaboración de pautas para que, en la complejidad del tema, permitan actuar directamente sobre la realidad que se desea gobernar.

Quizá debamos pensar en la revolución de los intelectuales, normalmente alejados de la política, para desde una visión humanística, no alentados por ningún *lobby* o grupo de interés, obliguemos a repensar el país, determinando que no hay un solo modelo –máxime cuando este no se exhibe metodológicamente como un "modelo"– y que una revolución en paz a través del derecho es posible, justamente imponiendo el cumplimiento de normas fundamentales para la estructura y funcionamiento de un conjunto social, evitando que se acentúe la sectorización que vivimos, marginando cada vez más a las personas del sistema jurídico, del que muchos poderosos ya se han marginado voluntariamente.

Cómo volver a aquellos tiempos en que los catedráticos y profesionales más distinguidos donaban su tiempo para perfeccionar las normas, interpretarlas y formar la gente joven a la que generosamente vinculaban a sus desvelos. Es que un profesor universitario, un académico, debe tener un perfil muy particular. No bastan sus conocimientos, sino que debe evidenciar sus investigaciones en producción palpable. Pero también es necesario tener conciencia grupal para convivir en equipos para preparar los futuros abogados, los futuros docentes y la futura legislación. La formación de recursos humanos parece una tarea indispensable donde se une a la capacidad la donación del tiempo, de la paciencia y la tolerancia, en lo que también ha demostrado su idoneidad el autor. Bienvenido VARGAS BALAGUER.

EFRAÍN HUGO RICHARD

PREFACIO

Este libro tuvo su génesis en la tesis doctoral titulada "Cesión de créditos en garantía. Reglas aplicables y efectos", elaborada bajo la dirección del doctor EFRAÍN HUGO RICHARD, la cual fue defendida en la Facultad de Derecho y Ciencias Sociales de la Universidad Nacional de Córdoba en mayo de 2014, ante el tribunal integrado por los profesores RICARDO I. SILBERSTEIN, JOSÉ IGNACIO ROMERO y JOSÉ FERNANDO MÁRQUEZ.

Desde el inicio de la investigación se advirtió que la figura de la cesión en garantía presentaba una serie de dificultades e interrogantes jurídicos pues, a esa fecha, no tendía una solución por vía legislativa, y ante su falta de regulación en el régimen anterior (tanto en el Código Civil como en el Código de Comercio), se discutía su validez en nuestro derecho positivo. A su vez, dentro de la tesis de la validez, existían opiniones profundamente divididas sobre su naturaleza jurídica y efectos. Así, una posición entendió que se trata de una prenda de créditos, otra consideró que es un negocio fiduciario, mientras que algunos autores sostuvieron que se le aplican las normas de la cesión pura y simple. También surgieron corrientes intermedias entre esas variantes.

Todos esos factores, que acarreaban dificultades y dudas en desmedro de la seguridad jurídica, llevaban a que los profesionales del derecho, al estar frente a la figura que nos ocupa, invariablemente se formularan las siguientes preguntas: ¿Es válida la cesión en garantía en nuestro derecho? En su caso, ¿qué reglas se le aplican y cuáles son sus efectos?

El Código Civil y Comercial de la Nación receptó en su art. 1615 a la cesión en garantía, por lo que pasó a configurar un contrato nominado y típico en el derecho privado argentino.

De tal manera, se ratificó la doctrina y jurisprudecia que postulaba la admisibilidad de los negocios de cesión en garantía, habiendo sido superada la discusión sobre su validez. En cuanto a la naturaleza jurídica del instituto, el Código vigente adoptó una solución respecto a las reglas que se le deben aplicar (prenda de créditos), la cual –adelantamos– no compartimos en forma integral ya que, en nuestro criterio, es factible que el negocio también se estructure en la figura del fideicomiso.

En esos largos años de estudio también se exploró detenidamente el fideicomiso de garantía, al ser una de los institutos que una importante corriente doctrinal consideraba, y aún lo sigue considerando, de aplicación a la cesión en garantía.

En paralelo al trabajo de tesis doctoral, y aun antes de emprenderlo, se fueron redactando algunos borradores –en ese entonces sin la profundización suficiente– sobre distintos negocios de garantía para las clases de las cátedras de Derecho Comercial, Contratos Modernos y Sociedades y Seguros.

La entrada en vigencia del Código Civil y Comercial, con las innovaciones, adaptaciones y cambios que trajo aparejado, motivó la ampliación del alcance de la obra, incluyendo no solo el tratamiento de las figuras de garantía propiamente dichas (*fideicomiso de garantía, cesión en garantía, garantías a primera demanda*), sino también aquellas que teniendo otros fines, son utilizadas como negocios indirectos con finalidad de garantía, como sucede con el leasing (mediante el *lease back*) o con el factoraje. Todas ellas reciben la denominación de "garantías modernas".

La conclusión de un trabajo intelectual requiere del autor esfuerzo, perseverancia, interés y maduración de la temática abordada. Además, en este caso, es producto del aporte de personas e instituciones.

De allí que en primer lugar, y muy especialmente, quiero manifestar mi más sincero agradecimiento al profesor RICHARD, de quien está demás destacar sus cualidades académicas, de jurista y sus virtudes humanas. En la década pasada me distinguió al aceptar ser mi consejero de tesis, y ahora me honra al prologar esta obra. Sin su inestimable ayuda, consejos, generosidad y motivación permanente, no hubiese sido posible la investigación doctoral, ni esta publicación.

Al editor ALEJANDRO DEPALMA, por haber confiado en mí desde un primer momento.

Asimismo, agradezco a la Facultad de Derecho y Ciencias Sociales de la Universidad Nacional de Córdoba, en cuyos claustros estudié, sembrando en mí el valor de la investigación, estudio y actualización constante en las ciencias del derecho, y la semilla del trabajo que se pone a consideración del lector.

Igualmente, a la Universidad Católica de Cuyo que me dio la oportunidad de desarrollar mi vocación docente en las áreas del derecho que me apasionan desde mis épocas de estudiante: el derecho contractual y el comercial.

Por último, a mi familia y amigos, que siempre han tenido palabras de apoyo en este emprendimiento.

HUMBERTO G. VARGAS BALAGUER

ÍNDICE GENERAL

Prólogo VII
Prefacio XIX

Capítulo Primero

DERECHO DE LAS GARANTÍAS

§ 1. Una aproximación al concepto jurídico de garantía. El derecho de las garantías 1
§ 2. Clasificación 5
a) Según su naturaleza: personales y reales 5
1) Personales 5
2) Reales 5
b) Según su objeto: mobiliarias e inmobiliarias 6
c) Según su causa fuente: acto jurídico bilateral y acto jurídico unilateral 6
1) Acto jurídico bilateral 6
2) Acto jurídico unilateral 6
d) Según su finalidad: directa o indirecta 6
e) Según su nivel de abstracción: causales y abstractas 6
§ 3. De la accesoriedad a la autonomía y abstracción en las garantías 7
§ 4. Garantías autoliquidables 9
a) Concepto 9
b) Validez en nuestro derecho 11
c) Las garantías autoliquidables y el concurso. Remisión 13

§ 5. Los privilegios 13
a) Generalidades 13
1) Asiento 15
2) Jerarquía 15
3) Rango o graduación 16
4) Extensión 16
b) Caracteres 16
1) Origen legal 16
2) Interpretación restrictiva 16
3) Indivisibilidad 16
4) Accesoriedad 16
5) Extensión limitada 16
6) Renunciabilidad 17
7) Subordinación (o postergación) 17
c) Clasificación 18
1) Privilegios generales 18
2) Privilegios especiales 18
d) Rango de los créditos en la ley concursal 19
e) Orden de concurrencia en la ley concursal 19
§ 6. Otros medios de tutela del crédito 20
a) Señal o arras 21
b) Cláusula penal 23
c) Derecho de retención 25

Capítulo II

FIDEICOMISO DE GARANTÍA

§ 7. Introducción 29

A) Fideicomiso común

§ 8. Concepto 30
§ 9. Contenido 32
§ 10. Plazo y condición 33
§ 11. Forma 33

§ 12. Objeto. Pactos sobre herencia futura 35
§ 13. Sujetos intervinientes 39
a) Fiduciante 40
b) Fiduciario 43
c) Beneficiario 45
d) Fideicomisario 47
§ 14. Efectos del fideicomiso 48
a) Propiedad fiduciaria 48
b) Patrimonio fiduciario o patrimonio autónomo 49
c) Responsabilidad del fiduciario 51
d) Actos de disposición y acciones de protección del patrimonio fiduciario 52
§ 15. Insuficiencia del patrimonio fideicomitido 53
§ 16. Dominio fiduciario 58

B) Fideicomiso de garantía

§ 17. Introducción. Definición 60
§ 18. Características 62
§ 19. Sujetos intervinientes 63
a) Fiduciante 63
b) Fiduciario 63
c) Beneficiario 64
d) Fideicomisario 64
§ 20. Coincidencia de la calidad dual del fiduciario como acreedor-beneficiario 64
a) Debate durante el régimen de la ley 24.441 64
b) Régimen del Código Civil y Comercial 69
§ 21. Funcionamiento de la garantía 71
a) Afectación de ingresos al pago de deudas 71
b) Liquidación de los bienes en caso de falta de pago 71
§ 22. Facultades del fiduciario. Aplicación o realización de los bienes 72
a) Sumas de dinero 72
b) Otros bienes 72

§ 23. Fideicomiso en garantía de cuotas de una sociedad de responsabilidad limitada y de acciones de sociedad anónima 73
a) Derecho de voto 75
b) Derecho a convocar a asamblea 76

C) Situación frente al concurso del fiduciante en el fideicomiso de garantía

§ 24. Introito 78

1) Verificación del crédito

§ 25. Postura en contra de la verificación del crédito 78
§ 26. Postura a favor de la verificación del crédito 82
§ 27. Carácter del crédito que se debe verificar en la postura a favor de la verificación 90
a) Privilegiado 90
b) Quirografario 92
c) Eventual 94

2) Ejecuciones por remate no judicial y fideicomiso de garantía. ¿Verificación del crédito?

§ 28. Planteo del asunto 96
§ 29. Postura a favor de la verificación 97
§ 30. Postura en contra de la verificación 100
§ 31. Nuestra opinión. Verificación del crédito 103

3) Las medidas cautelares concursales y el fideicomiso de garantía

§ 32. Introducción 108
§ 33. Tesis amplia 109
§ 34. Tesis restrictiva 110
§ 35. Nuestra opinión 111

Capítulo III

CESIÓN EN GARANTÍA

A) Nociones generales

§ 36. Introducción 115
§ 37. Concepto 117
§ 38. Interés práctico de la cesión en garantía 118
§ 39. Problemática de la materia 119
§ 40. Modalidades de utilización de la cesión 120
a) Modalidad que importa una cesión "pro soluto" .. 120
b) Modalidad que importa una cesión "pro solvendo" 120
c) Modalidad que importa una cesión en garantía .. 121
§ 41. Cesión "pro soluto" y cesión "pro solvendo" 122
§ 42. Diferencias entre la cesión "pro solvendo" y la cesión en garantía 124
§ 43. Sujetos intervinientes 125
a) Deudor-cedente 125
b) Acreedor-cesionario 125
c) Tercero-deudor 126
§ 44. Aspectos característicos 126
§ 45. Naturaleza jurídica 126
§ 46. Garantías autoliquidable 127
a) Pacto comisorio, ¿rige la prohibición en la cesión en garantía? 127
b) Nuestra opinión 130
§ 47. Objeto de la cesión en garantía 130
§ 48. Casos particulares de cesión en garantía 131
a) Facturas 131
b) Seguros 133
c) Certificados de obra pública 138
d) Títulos públicos 140
e) Plazo fijo 141
f) Cuotas de sociedad de responsabilidad limitada y acciones de sociedad anónima 142
1) Cesión-prenda 142
2) Cesión-fiducia 144

g) Garantías a primera demanda ... 144
h) Títulos de crédito ... 144
§ 49. Endoso en garantía ... 146

B) Naturaleza jurídica de la cesión en garantía

1) Debate histórico en torno a su admisibilidad

§ 50. Introducción ... 148
§ 51. Tesis de la invalidez ... 148
§ 52. Tesis de la validez ... 150
§ 53. Panorama actual en el Código Civil y Comercial ... 151

2) Corrientes explicativas de la naturaleza jurídica de la figura

§ 54. Introducción ... 152
§ 55. Tesis de la prenda de créditos ... 152
a) Jurisprudencia ... 155
b) Proyectos legislativos ... 157
c) Código Civil y Comercial ... 157
d) Derecho extranjero ... 157
§ 56. Tesis del negocio fiduciario ... 158
a) Jurisprudencia ... 162
b) Derecho extranjero ... 163
§ 57. Tesis del negocio sujeto a condición resolutoria y del negocio indirecto ... 164
§ 58. Tesis de la voluntad negocial ... 165
a) Jurisprudencia ... 167
b) Derecho extranjero ... 168
§ 59. Nuestra opinión ... 169

C) La cesión en garantía en el Código Civil y Comercial

§ 60. Consideraciones sobre la regulación de la cesión en garantía en el nuevo ordenamiento ... 170
§ 61. Consecuencias jurídicas del artículo 1615 del Código Civil y Comercial. Remisión ... 172

§ 62. Estructuración del negocio en la figura del fideicomiso ¿es posible? 172
a) Autonomía de la voluntad 172
b) Libertad contractual: libertad de configuración 175
c) La libertad contractual en el Código Civil y Comercial 176
d) Nuestra opinión sobre la posibilidad de estructurar la cesión en garantía en la figura del fideicomiso 178
§ 63. Consecuencias prácticas de nuestra posición. Remisión 180

D) INSTRUMENTACIÓN. DERECHOS DE LAS PARTES

§ 64. Introducción 181
§ 65. Instrumentación 181
a) Cesión-prenda 181
b) Cesión-fiducia 182
§ 66. Derechos de las partes 182
a) Cesión-prenda 182
1) Derecho de preferencia o privilegio 182
2) Derecho de retención 183
3) Derecho de persecución 183
4) Percibir los frutos e intereses (artículo 2225, Código Civil y Comercial) 183
5) Reembolso de los gastos 183
6) Exigir otra cosa de igual valor 183
7) Cobrar los títulos de crédito 183
8) Usar la cosa con consentimiento del deudor 184
9) Venta de la cosa pignorada 184
b) Cesión-fiducia 184

E) SITUACIÓN FRENTE AL CONCURSO DEL CEDENTE

§ 67. Planteo de la cuestión. Metodología 185

1) VERIFICACIÓN DEL CRÉDITO

§ 68. Cesión-prenda 186
a) Postura en contra de la verificación del crédito (y a favor de la compensación directa) 187

b) Postura a favor de la verificación del crédito (y en contra de la compensación directa) 191
§ 69. Cesión-fiducia. Remisión 195

2) Ejecuciones por remate no judicial y cesión en garantía

§ 70. ¿Verificación del crédito? Remisión 195
§ 71. Nuestra opinión. Preliminar 196
§ 72. Cesión-prenda 197
§ 73. Cesión-fiducia. Remisión 199

3) Las medidas cautelares concursales y la cesión en garantía

§ 74. Medidas cautelares concursales. Remisión 200

Capítulo IV

GARANTÍAS A PRIMERA DEMANDA

§ 75. Concepto 201
§ 76. Sujetos intervinientes 204
a) El ordenante o principal 204
b) El beneficiario 204
a) Afectación de ingresos al pago de deudas 204
c) El garante o emisor 204
§ 77. Acciones recursorias después del pago 205
a) Garante contra ordenante 205
b) Ordenante contra beneficiario 205
c) Garante contra beneficiario 205
§ 78. Fraude o abuso del beneficiario. Medidas cautelares 206
§ 79. Medio de requerimiento 209
§ 80. Contenido del requerimiento y de la garantía 209
§ 81. Sujetos que pueden emitir la garantía 210
a) Personas públicas 210

b) Personas jurídicas privadas en las que sus socios, fundadores o integrantes no respondan ilimitadamente 211
c) Entidades financieras y compañías de seguros en cualquier caso, y los importadores y exportadores por operaciones de comercio exterior, sean o no parte directa en ellas. 212
§ 82. Forma 213
§ 83. Cesión de la garantía 213
§ 84. Irrevocabilidad 215

Capítulo V

"LEASE BACK" O LEASING DE RETRO

A) Nociones generales del leasing

§ 85. Introducción 217
§ 86. Concepto. Caracteres 218
§ 87. Elementos esenciales del tipo 219
§ 88. Partes del contrato 219
a) Dador 219
b) Tomador 219
§ 89. Modalidades 220
a) Leasing financiero 220
b) Leasing operativo 220
c) "Lease back" o leasing de retro. Remisión 221
d) Subleasing 221
§ 90. Objeto 221
§ 91. Precio 222
§ 92. Opción de compra 222
a) Precio de ejercicio de la opción 223
b) Plazo para el ejercicio de la opción 224
c) Renovación y prórroga del contrato 225
1) Renovación del contrato 225
2) Prórroga del contrato 225

§ 93. Transmisión del dominio al tomador 225
§ 94. Forma 226
§ 95. Inscripción del contrato 226
§ 96. Cancelación de la inscripción de cosas muebles no registrables y "software" 227
§ 97. Responsabilidad objetiva 227
§ 98. Eximentes de responsabilidad 230
§ 99. Incumplimiento del tomador en el pago de los cánones 230

B) El "lease back" o leasing de retro

§ 100. Concepto 230
§ 101. Reglas aplicables 233
§ 102. Responsabilidad por la entrega y saneamiento del bien 233

Capítulo VI

"FACTORING" COMO GARANTÍA

§ 103. El contrato de factoraje en el Código Civil y Comercial 235
§ 104. Partes del contrato 238
a) Factor (o empresa de factoraje) 238
b) Factoreado 239
§ 105. Clases 239
a) Con financiación (o a la vista) o sin financiación (o al vencimiento) 239
b) Con asunción de riesgo (sin recurso) o sin asunción de riesgos (con recurso) 240
c) Con notificación o sin notificación al deudor cedido 240
d) Según el área geográfica de aplicación del contrato 241
§ 106. Funciones del "factoring" 241
§ 107. Función de garantía del "factoring" 241

Bibliografía 245

Capítulo Primero

DERECHO DE LAS GARANTÍAS

§ 1. *Una aproximación al concepto jurídico de garantía. El derecho de las garantías.* – El *Diccionario de la lengua española* da varias acepciones de la palabra garantía; entre ellas: "Efecto de afianzar lo estipulado"; "Fianza, prenda", y "Cosa que asegura y protege contra algún riesgo o necesidad".

En el ordenamiento jurídico, el vocablo garantía extiende sus raíces por todas las ramas del derecho, comenzando por el derecho constitucional[1] y prosiguiendo por el procesal, el contractual, el laboral, el ambiental, etcétera. En todas esas ramas se encuentra presente, en el término garantía, un principio fundamental: el de protección, seguridad.

La seguridad jurídica es un principio básico de nuestro ordenamiento que se traduce en la protección efectiva de los derechos; en el ámbito contractual, en general, implica la previsibilidad de los efectos de los contratos, tanto en cuanto a la confianza en su cumplimiento como en la determinación de las consecuencias de su incumplimiento.

En el derecho de los contratos es donde se enfoca nuestro estudio de la temática.

La doctrina distingue entre un concepto *amplio* y uno *estricto* de garantía.

[1] Las garantías constitucionales son instituciones y procedimientos de seguridad creados a favor de los habitantes para que cuenten con medios de amparo, tutela o protección, a fin de hacer efectivos los derechos subjetivos (cfr. Zarini, *Constitución argentina*, p. 21).

En un sentido *amplio*, que reconduce al derecho de las obligaciones, BUERES y MAYO afirman que "la garantía sería tanto como cualquier medio dirigido a asegurar el crédito, el goce de un derecho, el cumplimiento de una obligación"[2].

Por su parte, HIGHTON sostiene que la garantía es el respaldo de un derecho de contenido patrimonial. Y agrega que "la palabra garantía abarca un concepto más amplio, pues se refiere a todo lo que asegura y protege algún riesgo o necesidad. La eficacia de los derechos requiere que la ley otorgue los medios para defenderlos"[3].

En una acepción en sentido *estricto* o restringido, "la garantía es una norma de derecho o un precepto de autonomía privada que viene a añadir al crédito algo que este no tiene por sí mismo, de forma tal que esa adición o yuxtaposición refuerza al acreedor la seguridad de que ha de ver realizado su derecho"[4].

A su vez, LORENZETTI señala que en el ámbito de la garantía como seguridad del crédito debemos distinguir entra la garantía de la *obligación* y la del *crédito*.

Respecto a la garantía de la *obligación*, en el derecho argentino se admite que el patrimonio es garantía común de los acreedores a fin de posibilitar la satisfacción de sus créditos[5].

El Código Civil y Comercial, a diferencia del Código Civil de VÉLEZ SÁRSFIELD[6], en el art. 242 recepta expresamente el principio jurídico según el cual el patrimonio del deudor constituye *"la garantía común de los acreedores"* ("el patrimonio es la prenda común de los acreedores"[7]).

[2] BUERES - MAYO, *Lineamientos generales sobre las garantías de la obligación en el derecho privado*, "Revista de Derecho Privado y Comunitario", nº 2, 1993, p. 8.

[3] HIGHTON, *Introducción al estudio de la garantía en los contratos de empresa*, *JA*, 1998-III-754.

[4] BUERES - MAYO *Lineamientos generales sobre las garantías de la obligación en el derecho privado*, "Revista de Derecho Privado y Comunitario", nº 2, 1993, p. 16.

[5] LORENZETTI, *Tratado de los contratos*, t. III, p. 477.

[6] El Código Civil derogado no contenía una norma expresa que dijera que el patrimonio cumple una función de garantía, pero la doctrina coincidía en que esta se desprendía de lo previsto en los arts. 505, 2312, 3474 y 3922, entre otros.

[7] Esta vieja fórmula que los exegetas franceses extrajeron del art. 2092 del Cód. de Napoleón es más expresiva que exacta. En efecto, como apun-

En tal virtud, los acreedores tienen derecho a ejecutar los bienes del deudor y a cobrase de ellos.

En relación con esta regla general, KEMELMAJER DE CARLUCCI expresa que la totalidad del patrimonio de una persona (entendido como activo) está sometido a la ejecución forzosa a favor de los acreedores del titular; por lo que el patrimonio es una especie de garantía flotante ya que cada acreedor, para satisfacer su interés, está legitimado para ir sobre cualquier bien del deudor, salvo los declarados inembargables o inejecutables, como veremos a continuación[8].

El art. 743 del Cód. Civil y Comercial establece los bienes del deudor que constituyen la garantía común de los acreedores: bienes presentes y futuros. Como consecuencia de ello, a continuación la norma dispone que los acreedores podrán exigir la venta judicial de los bienes del deudor, *"pero solo en la medida necesaria para satisfacer su crédito"*, esto es, hasta la medida de su interés.

Sin embargo, no todos los bienes del deudor están sujetos a la ejecución por los acreedores. De ello se ocupa el art. 744, que enumera los bienes excluidos de la garantía común, es decir, aquellos que no pueden ser embargados ni ejecutados.

En la acepción a la que venimos pasando revista (la de la *obligación*), la garantía es parte de la estructura de la obligación, pero no importa añadir un deudor o un bien distinto, como ocurre en la garantía del *crédito*[9].

Por su parte, la garantía del *crédito* consiste en un reforzamiento del crédito, agregándole algo que por sí mismo no tiene; es una nueva facultad o derecho subjetivo que se yuxtapone al

---

ta BORDA, la palabra *prenda* no está tomada, desde luego, en el sentido del derecho real, que exige una cosa concreta sobre la cual recaer, mientras el patrimonio es cambiante (*Tratado. Parte general*, t. II, nº 741, p. 16). En términos similares, FERNANDEZ y GOMEZ LEO manifiestan que la expresión *prenda común* no es correcta, pues el vocablo *prenda* tiene en el tecnicismo jurídico un significado especial: la afectación de un bien determinado a la satisfacción del acreedor (*Tratado teórico-práctico de derecho comercial*, t. III-C, p. 9).

[8] KEMELMAJER DE CARLUCCI, en BELLUSCIO (dir.) - ZANNONI (coord.), *Código Civil*, t. 10, comentario al art. 2312, §, 2, p. 51 y 52.

[9] LORENZETTI, *Tratado de los contratos*, t. III, p. 477.

derecho de crédito, con la finalidad de reforzar la efectividad del derecho del acreedor[10].

En ese mismo sentido, se ha dicho que las garantías son "aquellas medidas o modos de asegurar el cumplimiento de una obligación mediante la creación de un derecho subjetivo o de una facultad que se yuxtapone al derecho de crédito cuya satisfacción se quiere asegurar"[11].

En esta acepción la garantía no es la última etapa de la relación deuda-responsabilidad-garantía ni un aspecto de la deuda (como en la garantía de la *obligación*), sino una calidad del crédito.

De allí que puede incluso ser pensada de modo autónomo respecto de la deuda, deteriorando el principio de accesoriedad[12].

La permanente evolución del mundo de los negocios lleva a que el concepto jurídico de garantía se vaya transformando y expandiendo continuamente, ante la aparición de nuevos institutos jurídicos y el *aggiornamento* de las figuras clásicas.

De allí que Alegria señala que esto "alarga, extiende, ensancha el concepto de garantía y obliga a un desarrollo particularizado de sus figuras –nuevas y viejas– dentro de ese nuevo marco"[13].

Todo este amplio y dinámico campo de estudio conforma lo que se denomina el "derecho de las garantías", en el cual convergen las antiguas y las modernas garantías. Estas últimas son las que motivan esta obra a la luz de la nueva normativa del Código Civil y Comercial (por lo que no serán objeto de examen las llamadas garantías tradiciones –v.gr., fianza, prenda, hipoteca–, que han merecido un extenso y profundo tratamiento por parte de la doctrina nacional).

10 Díez-Picazo, *Fundamentos de derecho civil patrimonial*, p. 571; Lorenzetti, *Tratado de los contratos*, t. III, p. 477 y 478.

11 Aramendía, "Las garantías del préstamo", en *Régimen jurídico de los préstamos sindicados internacionales*, p. 172, citado por Villegas, *Las garantías del crédito*, p. 74.

12 Lorenzetti, *Tratado de los contratos*, t. III, p. 478.

13 Alegria, *Las garantías abstractas o a primera demanda en el derecho moderno y en el proyecto de unificación argentino, RDCO*, 1987-685.

§ 2. **Clasificación.** – Se pueden clasificar las garantías según: *a*) su naturaleza; *b*) su objeto; *c*) su fuente; *d*) su finalidad, y *e*) su nivel de abstracción[14].

a) *Según su naturaleza: personales y reales.* Esta es la división clásica y la que mayormente se utiliza en la doctrina argentina.

1) *Personales.* Son las garantías otorgadas por una persona distinta del deudor, que compromete todo su patrimonio en seguridad del cumplimiento de una o más obligaciones del deudor[15]. En otros términos, su objeto es obtener un nuevo deudor, o sea, extender la responsabilidad derivada del contrato o de la ley a otra persona[16].

Constituyen garantías personales típicas la fianza (arts. 1574 a 1597, Cód. Civil y Comercial) y el aval (decr. ley 5965/1963). La primera garantiza cualquier clase de obligación; la segunda, exclusivamente obligaciones cambiarias.

2) *Reales.* Estas garantías afectan a uno o varios bienes individualizados (de titularidad o no del deudor); generan un derecho real con asiento en ellos, y confieren la acción reivindicatoria y reipersecutoria.

También otorgan a su titular un derecho de preferencia (*ius preferendi*).

Garantías reales son la hipoteca (arts. 2205 a 2211, Cód. Civil y Comercial), la anticresis (arts. 2212 a 2218), la prenda común (arts. 2219 a 2237) y con registro (art. 2220, Cód. Civil y Comercial, y decr. ley 15.348/1946, ratificado por ley 12.962), y el warrant (ley 9643).

Sus *diferencias* son las siguientes: *1*) en las garantías personales se adiciona un nuevo vínculo subjetivo (nuevo deudor) al anterior, mientras que en las reales se agrega un nuevo derecho especificado sobre uno o varios bienes; *2*) las garantías personales recaen sobre todo el patrimonio del otorgante, en tanto las reales se asientan exclusivamente sobre bienes deter-

[14] En este tema seguimos a Lorenzetti, *Tratado de los contratos*, t. III, p. 482 a 484, con adaptaciones y agregados personales.

[15] Villegas, *Las garantías del crédito*, p. 78.

[16] Highton, *Introducción al estudio de la garantía en los contratos de empresa*, *JA*, 1998-III-754.

minados; *3*) en las garantías personales el acreedor no tiene un derecho de preferencia; por el contrario, en las reales el acreedor tiene preferencia frente al resto de los acreedores para cobrarse con el precio resultante de la realización forzada del bien, y *4*) las garantías personales nacen del contrato o acuerdo de voluntades; contrariamente, las reales son creadas por ley.

b) *Según su objeto: mobiliarias e inmobiliarias.* Las garantías *mobiliarias* recaen sobre bienes muebles (v.gr., prenda), mientras que las *inmobiliarias* los hacen sobre bienes inmuebles (v.gr., hipoteca).

c) *Según su causa fuente: acto jurídico bilateral y acto jurídico unilateral.* Las garantías se diferencian también según las siguientes fuentes que les dan origen.

1) *Acto jurídico bilateral.* Las garantías pueden tener su fuente en un acuerdo de partes. Este es el caso de la fianza, que es un contrato celebrado entre el fiador y un tercero (cfr. art. 1574, Cód. Civil y Comercial).

2) *Acto jurídico unilateral.* Otras garantías tienen su fuente en una declaración unilateral de voluntad (art. 1800, Cód. Civil y Comercial). Así ocurre con el aval y con las garantías a primera demanda que, tal cual expresa el art. 1810, constituyen *"una declaración unilateral de voluntad"*.

d) *Según su finalidad: directa o indirecta.* Hay garantías que tienen la finalidad *directa* de garantizar (como la fianza), y otras en que esta es *indirecta* (son las figuras que tienen otros fines o que admiten finalidades múltiples, utilizadas como negocios indirectos con finalidad de garantía –así sucede con el leasing y el *factoring*–).

e) *Según su nivel de abstracción: causales y abstractas.* Las garantías *causales* tienen dependencia de la relación jurídica subyacente. La accesoriedad a la obligación principal hace a s[illegible]ncia.

El prototipo de garantía causal es la fianza, que es un contrato accesorio, pues supone la existencia de una obligación principal, a la cual está subordinada la del fiador. De este carácter se deriva que la nulidad o la extinción de la deuda principal lleva consigo la de la fianza[17].

En cambio, las *abstractas* son garantías desvinculadas de la relación causal, como sucede con el aval. También encuadran dentro de esta clasificación las garantías a primera demanda.

§ 3. ***De la accesoriedad a la autonomía y abstracción en las garantías.*** – Vimos en el § 2 que las garantías pueden clasificarse en causales y abstractas, dependiendo de su relación en mayor o menor medida con el negocio garantizado.

La *accesoriedad* siempre fue una nota característica de las obligaciones de garantías, lo cual significa que siguen el régimen jurídico y los avatares de hecho de la obligación principal[18]. El Código Civil de Vélez Sársfield distinguía entre las obligaciones principales y accesorias al decir que, de dos obligaciones, "una es principal y la otra accesoria, cuando la una es la razón de la existencia de la otra" (art. 523). Lo mismo hace el Código Civil y Comercial –con mayor claridad y precisión– en el art. 856: *"Obligaciones principales son aquellas cuya existencia, régimen jurídico, eficacia y desarrollo funcional son autónomos e independientes de cualquier otro vínculo obligacional. Los derechos y obligaciones son accesorios a una obligación principal cuando dependen de ella en cualquiera de los aspectos precedentemente indicados, o cuando resultan esenciales para satisfacer el interés del acreedor"*.

En otras palabras, la obligación principal existe por sí misma, mientras que la accesoria depende de la principal[19]. El fenómeno que se traduce en esta distinción puede considerarse, como lo señala Llambías[20], de interdependencia de las obligaciones.

[17] Borda, *Tratado argentino. Contratos*, t. II, nº 1839, p. 521.

[18] Lavalle Cobo, en Belluscio (dir.) - Zannoni (coord.), *Código Civil*, t. 9, comentario al art. 1986, § 1, p. 449.

[19] Llambías, *Tratado. Obligaciones*, t. I, p. 63; Lafaille, *Curso de obligaciones*, t. II, nº 875 a 878, p. 24 y 25; Salvat, *Tratado. Obligaciones en general*, t. I, p. 69 y 70; Colmo, *De las obligaciones en general*, t. I, p. 209; Cazeaux - Trigo Represas, *Derecho de las obligaciones*, t. II, vol. 1, p. 299.

[20] Llambías, *Tratado. Obligaciones*, t. I, p. 63.

También analizamos precedentemente que la fianza fue la garantía accesoria por antonomasia, cuyo modelo se siguió históricamente tanto en el plano nacional como internacional.

Pero la realidad es cambiante y el derecho no puede ser ajeno a ella.

Así, ante la insuficiencia de la normativa de la fianza para hacer frente a las necesidades y requerimientos del tráfico mercantil, en particular en el comercio internacional, se comenzaron a diseñar nuevas formas de garantía en donde no existe necesariamente un nexo de subordinación con el negocio base. Es decir, garantías autónomas de la obligación principal, y cuyos efectos se independizan de las posibles vicisitudes, anomalías o irregularidades de que pueda adolecer el negocio base[21], con el fin de superar el escollo de la accesoriedad que, para ciertos casos, condiciona la concreción de operatorias.

De esa manera surgió el aval, que se erigió como la garantía típica del derecho cambiario, por la que el avalista tiene una obligación directa y principal, independiente de la obligación cartular avalada. Posteriormente, en el ámbito contractual fueron apareciendo figuras como las cartas de crédito *stand by*, las garantías a primera demanda o a primer requerimiento, etcétera.

Con esto, se pasó de un concepto de garantía en que la accesoriedad era el rasgo distintito del régimen a una noción más abarcativa y acorde a las nuevas tendencias comerciales-financieras, que entiende la garantía como un vínculo jurídico de "coordinación" con la obligación principal[22].

En la actualidad, el derecho de las garantías comprende una amplia variedad (garantías tradicionales y modernas) que difieren en su grado de autonomía y abstracción, dependiendo de la finalidad buscada, del tipo de negocio que se pretenda realizar y del riesgo que se trata de neutralizar.

[21] Al respecto, dice el art. 283 del Cód. Civil y Comercial: "Acto abstracto. *La inexistencia, falsedad o ilicitud de la causa no son discutibles en el acto abstracto mientras no se haya cumplido, excepto que la ley lo autorice*".

[22] Villegas, *Las garantías del crédito*, p. 74 y 77; Riva - Alvarez Agudo, *Garantías modernas*, p. 9.

§ 4. ***Garantías autoliquidables***. – A continuación analizaremos este tipo de garantías.

a) *Concepto*. Las garantías autoliquidables (también denominadas autoejecutables), como su propio nombre lo indica, conciernen a garantías que se liquidan a sí mismas.

Básicamente, son aquellas garantías en las que el bien dado en garantía se realiza por vía extrajudicial mediante un procedimiento expedito.

De manera evidente, su razón de ser radica en la rapidez con que se hacen efectivas.

Según Alegria, el fenómeno que se ha dado en llamar garantías autoliquidables "consiste en la existencia de ciertos negocios de garantía, generalmente subsumibles en la prenda con desplazamiento, en los cuales: *1*) la realización de la cosa y su aplicación al crédito garantizado se efectúa en forma extrajudicial y por un procedimiento que asegura su liquidación inmediata, o *2*) alternativamente, se permite una estimación del valor de la cosa según un precio objetivo de mercado y su adjudicación automática al acreedor o a un tercero por ese precio"[23].

Por su parte, Boretto las define como "medios de ejecución patrimonial bajo la forma de negocios de garantía"[24] y las caracteriza de la siguiente manera:

1) *La ley* (v.gr., warrant, ley 928 de 1978 y ley 9643 de 1914; prenda con registro "privada", art. 39, decr. ley 15.348/1946, ratificado por ley 12.962 y modificado por decr. 897/1995; prenda comercial común, art. 585, Cód. de Comercio –actual art. 2229, Cód. Civil y Comercial–) o la *autonomía de la voluntad de los particulares ejercida al amparo de la ley* (art. 1197, Cód. Civil –actuales arts. 958 y 959, Cód. Civil y Comercial–; v.gr., garantías a primera demanda) asignan a ciertas convenciones o negocios jurídicos de garantía efectos análogos a los de una sentencia judicial (equiparación de títulos ejecutivos judiciales y de títulos extrajudiciales).

[23] Alegria, *Las garantías "autoliquidables"*, "Revista del Derecho Privado y Comunitario", nº 2, 1993, p. 152.

[24] Boretto, *Las garantías autoliquidables*, p. 22.

2) Los títulos extrajudiciales y privados que sustentan esos negocios jurídicos de garantía son susceptibles de agotar autónomamente el contenido de la función jurisdiccional, esto es, llevar a cabo la ejecución forzada sin que ella haya sido precedida –dentro del propio trámite autoliquidativo– de una etapa de conocimiento judicial. Se prescinde así de una etapa de tales características *dentro* del propio trámite privado de autoejecución patrimonial que lleva adelante el acreedor, en el cual el deudor o tercero garante pueda ser oído (ofrecer prueba, oponer defensas, excepciones, alegar sobre el mérito de la prueba ofrecida, etcétera).

3) La ejecución de la garantía por el acreedor tiene carácter extrajudicial o privado; sea mediante la realización, venta o enajenación privada de la cosa dada en garantía, o, alternativamente, a través de la estimación de su valor según un precio objetivo de mercado y su adjudicación automática al acreedor o a un tercero, o por medio de la satisfacción directa del crédito por parte del garante con previa notificación por el acreedor del incumplimiento en el que incurrió el deudor, como ocurre en las garantías a primer requerimiento (en las que no se realiza cosa alguna)[25].

En consecuencia, expresa el autor citado, "no obsta a la calificación de autoejecutable el hecho de que pueda existir 'alguna' intervención jurisdiccional. Tal es el caso de las *garantías a primer requerimiento* en las cuales se han admitido las medidas cautelares de prohibición de pagar contra el garante en aquellos casos en los cuales el deudor –ordenante– invoca y acredita fehacientemente la existencia de abuso o fraude manifiestos por parte del beneficiario al reclamar la ejecución de la garantía. Lo mismo podemos decir con respecto al 'secuestro' en la prenda con registro privada"[26].

Hay consenso en la doctrina en que configuran supuestos de garantía autoliquidables, entre otros, los siguientes[27]:

[25] Boretto, *Las garantías autoliquidables*, p. 22 y 23.

[26] Boretto, *Las garantías autoliquidables*, p. 23.

[27] Alegria, *Las garantías "autoliquidables"*, "Revista del Derecho Privado y Comunitario", nº 2, 1993, p. 168 a 173; Boretto, *Las garantías autoliquidables*, p. 23, 24 y 228 a 300; Villegas, *Las garantías del crédito*, p. 98 a 100; Riva - Alvarez Agudo, *Garantías modernas*, p. 23, 24 y concordantes.

1) Prenda con registro o sin desplazamiento (decr. ley 15.348/46, ratificado por ley 12.962).

2) Prenda común o con desplazamiento (arts. 2219 a 2237, Cód. Civil y Comercial).

3) Fideicomiso de garantía (art. 1680, Cód. Civil y Comercial).

4) Cesión en garantía (art. 1615, Cód. Civil y Comercial).

5) Garantías a primera demanda o a primer requerimiento (arts. 1810 a 1814, Cód. Civil y Comercial).

6) Warrant (leyes 928 y 9643).

7) Depósito bancario en garantía.

8) Caución bursátil.

9) Crédito documentario.

b) *VALIDEZ EN NUESTRO DERECHO.* Uno de los grandes reparos que se le formulan a este tipo de garantías es que violan el derecho de defensa en juicio, consagrado por el art. 18 de la Const. nacional, obligando al deudor a ejercer sus derechos en juico ordinario posterior a la ejecución o liquidación, es decir, después de ser ejecutado patrimonialmente.

Los defensores de su validez, entre los que se destaca BORETTO[28], sostienen (con fundamento en los arts. 17 –inviolabilidad de la propiedad privada–, 18 –inviolabilidad de la defensa en juicio– y 19 de la Const. nacional –principio de legalidad–) que el derecho de defensa no se ve violado, toda vez que el deudor siempre tiene la posibilidad de promover un juicio de conocimiento –con amplitud probatoria y audiencias necesarias– *antes, durante* o *después* de la ejecución extrajudicial. Si bien el deudor no podrá, en principio, impedir la agresión patrimonial privada por parte del deudor, sí puede promover el juicio "previo" para que lo "oigan antes", y esa facultad no le puede ser vedada desde ningún punto de vista. Esta defensa el deudor deberá activarla por cuerda separada (juicio de conocimiento) y no mediante la propia vía ejecutiva privada mediante la cual se lo está ejecutando. Es decir, la ley puede posponer la promoción del juicio de conocimiento, pero no puede prohibir la facultad constitucional de la cual goza el deudor de poder

[28] BORETTO, *Las garantías autoliquidables*, p. 152, 154, 155, 163, 166 y concordantes.

iniciarlo antes o durante la autoliquidación de la garantía. Tal facultad del deudor de plantear un *juicio de conocimiento por separado* y *con carácter previo, concomitante o posterior* a la autoliquidación de la garantía es excepcional cuando existan indicios patentes y graves de "abuso" o "ilicitud" en la ejecución privada que se sigue en su contra. Todo ello, sin perjuicio de que el deudor reclame los daños y perjuicios para el caso de que el acreedor haya ejecutado sin derecho o abusivamente la garantía autoejecutable.

De esta forma, destaca el autor mencionado que "el garante autoliquidado puede incoar dos juicios de amplio debate, según los diversos escenarios. Uno, el 'juicio de conocimiento', para ventilar aquellas defensas que no tienen cabida en la *vía extrajudicial autoejecutiva* (que podrá ser anterior, concomitante o posterior a la ejecución privada), y, otro, un 'juicio de conocimiento amplio', para obtener la reparación de los daños causado por el acreedor si este autoliquidó la garantía abusiva o ilícitamente (que será normalmente posterior, tras haber soportado la ejecución ilícita). De esta manera, el ejecutado autoliquidativamente en forma injusta, podrá iniciar con posterioridad el proceso respectivo para obtener la debida reparación de los daños ocasionados por el acreedor"[29].

Compartimos la posición de quienes sostienen la validez de las garantías autoliquidables en nuestro derecho.

En sustento de nuestra postura, a los argumentos expuestos precedentemente agregamos que el deudor, al momento de celebrar el negocio jurídico, se sometió voluntariamente al procedimiento extrajudicial autoliquidativo de la garantía que ofreció al acreedor.

Así, en virtud del principio de *pacta sunt servanda*, lo así convenido es vinculante para el deudor (art. 959, Cód. Civil y Comercial), rigiendo el principio de buena fe (art. 961) y la teoría de los actos propios, pues se pondría en contradicción con su anterior conducta deliberada, jurídicamente relevante y plenamente eficaz[30], salvo que el deudor acredite algún vicio de la voluntad del acto jurídico (error, dolo, violencia –arts. 265, 271,

[29] BORETTO, *Las garantías autoliquidables*, p. 164.

[30] CSJN, 16/2/1993, "Zambrano, Luis M. c/Saravia, José M., y otros", *Fallos*, 316:132; SCBA, 21/11/1995, "Zoratti, Pedro c/Cooperativa Provisión de Carniceros s/cobro de honorarios", *DJBA*, 150-51, ac. 55783.

276 y concs.–), lesión (art. 332) o el abuso manifiesto del acreedor en la ejecución extrajudicial. Frente a estos supuestos, el deudor puede solicitar medidas cautelares de no innovar, además de las defensas y acciones reseñadas anteriormente (juicio de conocimiento).

c) *Las garantías autoliquidables y el concurso. Remisión.* La cuestión central que se plantea frente al concurso del deudor es si el acreedor munido de garantía autoliquidable deber verificar o no su acreencia.

Existen dos corrientes jurisprudenciales y doctrinales al respecto: una sostiene que el acreedor no está obligado a solicitar la verificación y otra, por el contrario, opina que el acreedor debe cumplir previamente con la carga de verificar. Esas posturas son desarrolladas en los § 24 a 31 y en los § 67 a 73, a cuya lectura remitimos.

Sin perjuicio de ello, adelantamos que –a nuestro juicio– el acreedor con garantía autoejecutable debe insinuar su crédito en el pasivo concursal, cumpliendo con las cargas que impone el art. 32 de la ley 24.522 de concurso y quiebras (LCQ).

§ 5. *Privilegios.* – El art. 2573 del Cód. Civil y Comercial define el privilegio como *"la calidad que corresponde a un crédito de ser pagado con preferencia a otro"*.

Es decir, es una calidad o cualidad de un crédito que otorga una prioridad de cobro[31].

a) *Generalidades.* El nuevo ordenamiento conceptualiza el privilegio como una "calidad" y no como un "derecho otorgado al acreedor" (según la definición que efectuaba el art. 3871 del Cód. Civil derogado[32]), y deja en claro su naturaleza jurídi-

[31] Llambías sostiene que el privilegio es una calidad que pueden tener ciertos créditos, en virtud de la cual corresponde a ellos una prioridad de cobro (*Tratado. Obligaciones*, t. I, p. 625 y 626). Por su parte, Kemelmajer de Carlucci manifiesta que, en su opinión, "el privilegio es una cualidad del crédito, que no se opone al deudor, sino a los otros acreedores" (*Primera aproximación a las modificaciones introducidas al régimen de las prioridades concursales por la ley 24.522*, "Derecho y Empresa", nº 4, 1995, p. 307).

[32] Durante la vigencia del Código Civil de Vélez Sársfield, la doctrina debatía si ese "derecho de preferencia" era un derecho real, un derecho

ca: cualidad, propiedad o modalidad de ciertos créditos, que a criterio del legislador deben ser pagados con preferencia a otras acreencias[33].

Al ser los privilegios una calidad del crédito y al tener una función de garantía[34], es importante su análisis en el contexto general del derecho de las garantías. Aclaramos que, como no es el propósito de esta obra realizar un estudio pormenorizado de los privilegios, a continuación nos referiremos a algunas de sus características y aspectos principales.

La temática aquí abordada sin duda es una de las más complejas y arduas del derecho positivo, máxime existiendo diversos ordenamientos que la regulan, en algunos casos, de manera contradictoria[35].

El Código Civil y Comercial ha venido a poner un mayor orden y claridad en la materia[36], aclarando ciertos puntos discordantes, como son los vinculados al asiento, la subrogación real, la transmisibilidad, el carácter restrictivo, entre otros.

Las dos leyes fundamentales que regulan los privilegios son el Código Civil y Comercial (arts. 2573 a 2586) y la ley de concursos y quiebras (arts. 239 a 250 y concordantes).

---

personal o una cualidad o modo de ser de ciertos créditos. Al respecto, ver Cordeiro Alvarez, *Tratado de los privilegios*, p. 1 a 16, donde se efectúa un profundo tratamiento del asunto.

[33] Marcotullio, en Curá (dir.), *Código Civil y Comercial*, t. VII, p. 661.

[34] Cfr. Messineo, *Manual de derecho civil y comercial*, t. IV, p. 63, nº 102, citado por Villegas, *Las garantías del crédito*, p. 47; Highton, *Introducción al estudio de la garantía en los contratos de empresa*, *JA*, 1998-III-754.

[35] Por esta razón dice Cámara que es un régimen anárquico y contradictorio (*El concurso preventivo y la quiebra*, vol. I, p. 76).

[36] En los fundamentos del Anteproyecto de Código Civil y Comercial, la Comisión Redactora expresa: "El desorden que reina en la materia de los privilegios es conocido. Las dos leyes fundamentales que la regulan son el Código Civil y la ley de concursos. Pero existen otros ordenamientos que la involucran, como la ley de la navegación, el Código Aeronáutico, el Código de Minería, el Código Penal, la ley de entidades financieras, la ley de contrato de trabajo, además de otras leyes que contemplan ciertos privilegios en forma aislada (v.gr., leyes fiscales, leyes sobre prenda con registro, warrants, debentures, propiedad horizontal, etcétera). Todos estos ordenamientos no siempre guardan armonía entre sí, de manera que, a fin de dilucidar los conflictos entre acreedores, el operador jurídico suelde encontrarse enfrentado a situaciones de complejísima solución".

El Código Civil y Comercial establece los principios generales que rigen en la materia y sus normas se aplican a las ejecuciones individuales[37].

Por su parte, la ley de concursos y quiebras establece un sistema cerrado de privilegios que se aplica a los procesos universales, esto es, procesos concursales –concurso preventivo y quiebra– y sucesorios (art. 2579, Cód. Civil y Comercial, y art. 239, párr. 1°, LCQ).

En consecuencia, si el proceso se trata de una ejecución individual, rige el sistema de privilegios del Código Civil y Comercial; si es un proceso universal o colectivo, rige el de la ley de concursos y quiebras.

En materia de privilegios, para una mejor comprensión del instituto, se requiere tener presentes algunos elementos conceptuales, a saber:

1) *Asiento.* Se denomina asiento del privilegio al bien o cosa sobre la cual recae el gravamen. Rivera, Roitman y Vítolo, al comentar el régimen de los privilegios concursales, manifiestan que por asiento se entiende la suma de dinero que resulta de la venta de una cosa del deudor (privilegio especial) o de todas las que componen el patrimonio del deudor (privilegio general)[38].

El Código Civil y Comercial se refiere al asiento del privilegio en el art. 2573, segunda parte, que establece: *"Puede ejercitarse mientras la cosa afectada al privilegio permanece en el patrimonio del deudor, excepto disposición legal en contrario y el supuesto de subrogación real en los casos que la ley admite"*.

2) *Jerarquía.* Los privilegios suponen una graduación jerárquica de acreedores, ordenados por rango, por la que algunos créditos (privilegiados) son preferentes o priorizados frente a otros. Los créditos privilegiados se diferencian de los comunes (quirografarios) en que para estos la regla genérica es la igualdad jurídica y la paridad de tratamiento económico.

Los privilegios posibilitan dividir a los acreedores por clases o categorías, determinantes en el pago de sus créditos en supuesto de concurrencia[39].

[37] Se ejerce mediante la tercería de mejor derecho (cfr. Fassi - Gebhardt, *Concursos y quiebras*, p. 467).

[38] Rivera - Roitman - Vítolo, *Ley de concursos y quiebras*, t. IV, p. 498.

[39] Villanueva, *Privilegios*, p. 23.

3) *Rango o graduación.* Es el lugar que ocupa el privilegio en el orden de las preferencias con relación a otros créditos[40].

4) *Extensión.* Se refiere a los rubros del crédito que están amparados por el privilegio[41]. La regla general es que los privilegios se extienden exclusivamente al capital, excepto disposición legal en contrario (art. 2577, Cód. Civil y Comercial, y art. 242, LCQ).

b) CARACTERES. Los rasgos diferenciales de los privilegios, según surge de nuestro ordenamiento jurídico, son los siguientes.

1) *Origen legal.* Los privilegios resultan exclusivamente de la ley y no pueden ser creados por la voluntad de las partes (art. 2574, Cód. Civil y Comercial).

2) *Interpretación restrictiva.* La interpretación de todo lo concerniente a privilegios debe ser restrictiva. No pueden reconocerse privilegios por analogía[42]. En caso de duda sobre la existencia o no de un privilegio, hay que estar por la negativa, asignándole carácter quirografario.

Ello esa así en razón de que los privilegios son una excepción al principio general de derecho privado de que el patrimonio es la garantía común de los acreedores (art. 242, Cód. Civil y Comercial). A su vez, en el ámbito concursal, constituyen una excepción a los principios rectores de universalidad y de igualdad de trato de los acreedores (*par condicio creditorum*).

3) *Indivisibilidad.* Los privilegios son indivisibles en cuanto al asiento y en cuanto al crédito, independientemente de la divisibilidad del asiento o del crédito (art. 2576, Cód. Civil y Comercial).

4) *Accesoriedad.* Este principio está consagrado en el art. 2576, última parte, del Cód. Civil y Comercial, que dispone: *"La transmisión del crédito incluye la de su privilegio"*.

5) *Extensión limitada.* El privilegio no se extiende a los intereses ni a las costas ni a otros accesorios del crédito, excepto disposición legal en contrario (art. 2577, Cód. Civil y Comer-

[40] ESCUTI - JUNYENT BAS, *Derecho* concursal, p. 78.

[41] RIVERA - ROITMAN - VÍTOLO, *Ley de concursos y quiebras*, t. IV, p. 499.

[42] ROUILLON, *Régimen de concursos y quiebras*, p. 383.

cial). Como vimos anteriormente, la regla es que los privilegios se extienden solo al capital.

Un dispositivo similar contiene la ley de concursos y quiebras en el art. 242.

Las excepciones a ese principio general están dadas por el art. 2583 del Cód. Civil y Comercial y por la LCQ en el art. 242.

6) *Renunciabilidad.* Dice el art. 2575 del Cód. Civil y Comercial: *"El acreedor puede renunciar a su privilegio".*

Es decir, el Código Civil y Comercial permite la renuncia del privilegio, lo que no implica la renuncia del crédito al cual el privilegio accede, sino solo a su carácter o cualidad preferente de pago. Esto indica que la renuncia del privilegio no constituye un modo de extinción de las obligaciones, sino solo de su cualidad preferente. No le está vedado al acreedor renunciar también al crédito, lo cual es obvio, pero, en tal caso, dicha renuncia deberá ser expresada y fehaciente, toda vez que este acto unívoco de voluntad de renuncia, por el carácter accesorio de los privilegios, implicará también la renuncia de la preferencia legal[43].

El art. 2575, en su último párrafo, estatuye que la regla de renunciabilidad de los privilegios no se aplica en los créditos laborales. Dice tal norma: *"El privilegio del crédito laboral no es renunciable".* De esta forma, reafirma un principio fundamental de orden público.

Cabe aclarar que, en el concurso preventivo, excepcionalmente la renuncia del privilegio laboral es admitida de la manera y con el alcance indicado en el art. 43 de la LCQ.

7) *Subordinación (o postergación).* Expresa al respecto el art. 2575, párr. 1°, del Cód. Civil y Comercial: *"El acreedor y el deudor pueden convenir la postergación de los derechos del acreedor respecto de otras deudas presentes y futuras; en tal caso, los créditos subordinados se rigen por las cláusulas convenidas, siempre que no se afecten derechos de terceros".* En el último párrafo de la citada norma se aclara que el privilegio del crédito laboral no es postergable.

La ley de concursos y quiebras alude a los créditos subordinados en los arts. 41 y 250.

[43] MARCOTULLIO, en CURÁ (dir.), *Código Civil y Comercial*, t. VII, p. 665 y 666.

La subordinación importa postergación de rango, o sea, el acreedor subordinado se encuentra en un nivel inferior respecto de los créditos a los cuales se subordina[44]. En otros términos, este acreedor ha convenido postergar su derecho hasta el pago (total o parcial) de otras deudas (presentes o futuras) del deudor.

c) *Clasificación.* Existen varias clasificaciones de los privilegios. Pero, a los efectos de la brevedad que nos hemos impuesto para el abordaje del tema, nos limitaremos a la clasificación que toma en cuenta un elemento intrínseco de los privilegios, como es su asiento.

Así, los privilegios pueden ser *generales* o *especiales* según recaigan sobre la totalidad del patrimonio del deudor o sobre algunos bienes determinados.

1) *Privilegios generales.* Son los que recaen sobre todo el patrimonio del deudor. Es decir, su asiento es el conjunto de bienes del deudor.

2) *Privilegios especiales.* Recaen sobre alguno o algunos bienes determinados del deudor. O sea, su asiento son bienes específicos.

Los privilegios generales pueden ser invocados únicamente en los procesos universales, exista o no insolvencia, es decir, en los procesos concursales y sucesorios (art. 2580, Cód. Civil y Comercial).

El Código Civil y Comercial solo regula los privilegios especiales[45]. Por ende, si el proceso es universal, se aplica exclusivamente el régimen de privilegios de la ley de concursos y quiebras y no el sistema de dicho Código.

Los privilegios generales están enunciados de forma taxativa en el art. 246 de la LCQ.

Por su parte, los privilegios especiales están contemplados en el art. 2582 del Cód. Civil y Comercial. Estos pueden opo-

[44] O'Reilly, en Martorell (dir.), *Ley de concursos y quiebras*, t. V, p. 922.

[45] En los fundamentos del Anteproyecto de Código Civil y Comercial, se manifiesta al respecto que "se recepta la doctrina y jurisprudencia dominante de que los privilegios generales se ejercen solo en los procesos colectivos; por lo tanto, aquí se regulan solo los privilegios especiales. Los generales rigen solo en los procesos universales, haya o no insolvencia. En definitiva, si el proceso es universal, también en el caso del juicio sucesorio, rige la ley concursal y no el Código Civil".

nerse en las ejecuciones individuales mediante el instituto procesal de la tercería de mejor derecho. En caso de conflicto entre acreedores con privilegio especial, el art. 2586 del Cód. Civil y Comercial establece las prelaciones. A su vez, el art. 241 de la LCQ efectúa una enumeración taxativa y de interpretación restrictiva de los privilegios especiales, que –reiteramos– pueden alegarse en los procesos universales.

En los privilegios especiales opera el instituto de la subrogación real (art. 2584, Cód. Civil y Comercial, y art. 245, LCQ).

Los acreedores cuyos créditos no gozan de privilegio son comunes o *quirografarios* (art. 2581, Cód. Civil y Comercial, y arts. 248 y 249, LCQ). Existe una categoría inferior a los créditos quirografarios, que es la de los subordinados (art. 2575, Cód. Civil y Comercial y arts. 250 y 41, LCQ).

d) ***Rango de los créditos en la ley concursal.*** En la ley de concursos y quiebras el rango de los créditos se determina según existan o no privilegios; para este último caso, según exista o no subordinación del crédito quirografario. Así, tenemos los siguientes:

1) Créditos con privilegio especial.

2) Créditos por gastos de conservación y de justicia (también llamados "créditos del concurso").

3) Créditos con privilegio general.

4) Créditos comunes o quirografarios.

5) Créditos subordinados.

El rango de los créditos, en la *quiebra,* determina la posición de cobro, lo que tiene fundamental importancia en caso de insuficiencia del producto repartible (que es lo que de ordinario ocurre), y, en el *concurso preventivo,* constituye las categorías legales (art. 41, LCQ)[46].

e) ***Orden de concurrencia en la ley concursal.*** Nuestro sistema concursal establece un orden de concurrencia[47].

[46] Rouillon - Figueroa Casas, en Rouillon (dir.) - Alonso (coord.), *Código de Comercio,* t. IV-B, p. 632.

[47] Rouillon, *Régimen de concursos y quiebras,* p. 385 a 387; Rivera - Roitman - Vítolo, *Ley de concursos y quiebras,* t. IV, p. 500 y 501; Escuti - Junyent Bas, *Derecho concursal,* p. 84 a 86; Fassi - Gebhardt, *Concursos y quiebras,* p. 469.

En primer lugar, los acreedores con *privilegio especial* que concurren sobre el producto de la venta del bien afectado a su preferencia (arts. 241, 247 y concs., LCQ). Esta preferencia en el orden de cobro es absoluta y solo resulta desplazada por los gastos y honorarios a los que se refiere el art. 244 de la LCQ. Algunos créditos de esta categoría tienen también prelación temporal de cobro: los créditos con garantías reales, a través del concurso especial (arts. 126 y 209, LCQ), y los créditos laborales del art. 241, inc. 2, de la LCQ, por medio del pronto pago del art. 183, párr. 2°, de esta ley.

En segundo término, los créditos de *conservación y justicia* (art. 240, LCQ) sobre el excedente total del activo liquidado, una vez descontados los créditos con privilegio especial. Tienen también prelación temporal de cobro; sin necesidad de verificación, pueden percibir a partir de su exigibilidad y no tienen que esperar el proyecto de distribución final.

En tercer lugar, los *créditos laborales con privilegio general* (art. 246, inc. 1, LCQ), que concurren sobre el excedente total del activo liquidado, una vez descontados los créditos con privilegio especial y los créditos del concurso.

En cuarto término, los créditos con *privilegio general no laboral*; es decir, los restantes acreedores con privilegio general (art. 246, incs. 2° a 4°, LCQ), sobre la mitad del excedente del activo liquidado, una vez descontada la totalidad de los montos de las acreencias de las tres categorías precedentes. La otra mitad del producto se reserva para la categoría inmediatamente inferior, que se explica a continuación (art. 247, LCQ).

En quinto término, los créditos *comunes o quirografarios*. Sobre la totalidad del producto restante, concurren los saldos impagos de los créditos con privilegio general de la categoría precedente, sumados *pari passu* a los acreedores comunes o quirografarios (arts. 247, párr. 2°, y 248, LCQ).

Por último, concurren los acreedores *subordinados* generales, sobre el excedente que quede después de atendidas las restantes categorías anteriores y según las respectivas condiciones de la subordinación (art. 250, LCQ, y art. 2575, Cód. Civil y Comercial).

§ 6. ***Otros medios de tutela del crédito.*** – En el sistema legal argentino existen otros medios de tutela o seguridad del crédito[48]. En este parágrafo nos circunscribiremos escuetamente a tres de ellos: la *señal* o *arras*, la *cláusula penal* y el *derecho de retención*.

a) *Señal o arras*. Se denomina seña, señal o arras[49] a la dación o entrega de una cosa mueble, que puede o no ser dinero, que una de las partes contratantes realiza a favor de otra u otras[50].

Es una cláusula o convenio que se puede insertar en cualquier tipo de contrato en que existan obligaciones pendientes de cumplimiento.

Puede ser incorporada por las partes para cumplir con dos finalidades distintas: *1*) reforzar el cumplimiento, ejerciendo una presión o coacción sobre ambas partes, tanto sobre quien la da como sobre quien la recibe, y *2*) permitir el arrepentimiento de cualquiera de los contratantes, el retiro unilateral, actuando como indemnización de daños y perjuicios[51]. En el primer caso, estamos en presencia de la seña denominada *confirmatoria*, y en el segundo, de la llamada *penitencial*.

Las arras pueden ser, entonces –según apunta Castillo–, confirmatorias del contrato o una pena para el caso de su incumplimiento[52].

Las arras confirmatorias tienen como función de garantía –importante por cierto– la de afirmar la conclusión del negocio con carácter vinculante. En lugar de ello, en las arras penitenciales podría afirmarse que no hay una función de garantía

[48] Señala Highton que, tomando un concepto amplio de garantía, en el sistema jurídico positivo se logra la protección de los derechos de varias maneras, citando a título meramente ejemplificativo, entre otros, los siguientes: el derecho de retención (arts. 3939 a 3946, Cód. Civil; actuales arts. 2587 a 2593, Cód. Civil y Comercial); los privilegios o diversas preferencias para el cobro (arts. 3875 a 3938, Cód. Civil; actuales arts. 2573 a 2586, Cód. Civil y Comercial); las cláusulas penales (arts. 652 a 666 bis, Cód. Civil; actuales arts. 790 a 803, Cód. Civil y Comercial); las señas o arras (art. 1202, Cód. Civil; actuales arts. 1059 y 1060, Cód. Civil y Comercial), etc. (*Introducción al estudio de la garantía en los contratos de empresa*, *JA*, 1998-III-754).

[49] Vargas Balaguer, "Señal", en Curá (dir.), *Código Civil y Comercial*, t. III, p. 795 a 816.

[50] Mosset Iturraspe, *Contratos*, p. 386.

[51] Mosset Iturraspe, *Contratos*, p. 386.

[52] Castillo, *Curso de derecho comercial. Contratos comerciales*, p. 74.

de tanto relieve, pues el desistimiento –al malograrse la ejecución de las obligaciones– importa un debilitamiento del contrato[53]. No obstante, la garantía podría encontrarse en el techo de la resolución que se haga del negocio porque supone, automáticamente, la predeterminación del daño que experimentará el cocontratante que se vea afectado por la extinción del acto[54].

Dentro de las características del instituto, tenemos que es: *1*) un pacto polifuncional o de múltiple función; *2*) un pacto con falta de autonomía respecto del contrato sustentante, puesto que no es concebible con carácter autónomo sin un contrato principal (en otros términos, el convenio de arras siempre es accesorio de un contrato principal), y *3*) un instrumento de reforzamiento de defensa o de tutela del crédito.

El Código Civil y Comercial contempla la señal o arras en los arts. 1059 y 1060, estableciendo la siguiente regulación:

1) Consagra el carácter confirmatorio de la señal (art. 1059, primera parte)[55], lo que significa que lo entregado en tal concepto confirma el negocio, y las partes no pueden arrepentirse o retractarse de su cumplimiento.

2) Se prevé la posibilidad de darle a la señal un carácter penitencial al otorgar a las partes la facultad de arrepentirse, pero siempre y cuando así esté convenido (el art. 1059 establece *"excepto que las partes convengan la facultad de arrepentirse"*). De lo contrario, ante la ausencia de pacto expreso, no procederá el arrepentimiento, sino que el contrato se considerará perfeccionado, en tanto las arras habrán actuado como principio de ejecución. Como derivación de ello, en el caso de silencio de las partes sobre el carácter en que ha sido entregada la señal,

[53] Risolía, *Significación y funcionamiento de las arras en el Código Civil argentino*, p. 29; Bueres - Mayo, *Lineamientos generales sobre las garantías de la obligación en el derecho privado*, p. 27 y 28.

[54] Díez-Picazo, *Fundamentos del derecho civil patrimonial*, p. 578, citado por Bueres - Mayo, *Lineamientos generales sobre las garantías de la obligación en el derecho privado*, p. 28.

[55] El art. 1059 del Cód. Civil y Comercial establece en su inicio: *"La entrega de señal o arras se interpreta como confirmatoria del acto"*. En este aspecto, el nuevo ordenamiento se ha inclinado por la solución que estatuía el Código de Comercio en el art. 475 y no por la que disponía el Código Civil en su art. 1202.

a tenor del art. 1059, primera parte, no cabe duda de que tiene carácter confirmatorio.

3) En el caso de que exista estipulación de arrepentimiento, quien entregó la señal la pierde en beneficio de la otra y quien la recibió debe restituirla doblada (art. 1059, última parte).

4) Se pueden entregar en calidad de señal o arras dinero o cosas muebles (art. 1060, primera parte).

5) Cuando la señal es de la misma especie de lo que debe darse por el contrato, se tiene como parte de la prestación si el contrato se cumple, es decir, la seña se imputa a cuenta del precio. Cuando la señal es de diferente especie o si es una obligación de hacer o de no hacer, las arras deben ser devueltas a la persona que las entregó y el precio del contrato principal se debe pagar íntegramente (art. 1060, última parte).

b) *Cláusula penal.* El art. 790 del Cód. Civil y Comercial –en forma similar al art. 652 del Cód. Civil de Vélez Sársfield– expresa que la cláusula penal *"es aquella por la cual una persona, para asegurar el cumplimiento de una obligación, se sujeta a una pena o multa en caso de retardar o de no ejecutar la obligación"*.

Para Bustamante Alsina es "una estipulación accesoria a otra obligación, por la cual el deudor o un tercero se obliga a favor del acreedor o de un tercero a una determinada prestación, con el fin de asegurar el cumplimiento y fijar el límite del resarcimiento en el caso de retardarse o de no ejecutarse la obligación principal"[56].

También se ha dicho que la cláusula penal "se trata de una estipulación de carácter accesorio, que tiene por finalidad asegurar el cumplimiento de la relación principal mediante la imposición de una pena privada a la que se somete una persona en caso de operar el incumplimiento de aquella"[57].

En cuanto a las funciones que desempeña el instituto (compulsiva, resarcitoria o resolutoria), existen discrepancias en la doctrina. No nos explayaremos sobre el punto pues excede los cometidos del trabajo. Pero, siguiendo a la doctrina

[56] Bustamante Alsina, *Teoría general de la responsabilidad civil*, p. 183.

[57] Ameal, *Obligaciones y contratos en los albores del siglo xxi*, p. 328.

mayoritaria, se puede afirmar que, al margen de matices o supuestos puntuales, la cláusula penal tiene una función ambivalente (compulsiva-resarcitoria). A partir de ese dato, como señalan Bueres y Mayo, en mayor o menor medida y según los casos, los dos aspectos representan una garantía para la obligación principal adeudada[58].

La cláusula penal admite dos modalidades:

1) *Compensatoria*. Es puesta como compensación del incumplimiento, en cuyo caso tiene carácter sustitutivo de la obligación principal, compensando los daños y perjuicios sufridos por el acreedor, pero no es acumulable al cumplimiento de la prestación principal (art. 797, Cód. Civil y Comercial)[59].

2) *Resarcitoria*. Es puesta para desempeñar un papel resarcitorio de la mora en el cumplimiento de la obligación principal y puede ser acumulable a la ejecución de la prestación principal, en el supuesto de cumplimiento fuera de término (art. 797, Cód. Civil y Comercial).

Es decir, el principio sentado por el art. 797 del Cód. Civil y Comercial es que no se puede acumular el pago de la pena y el cumplimiento de la obligación; ante el incumplimiento de la obligación principal, el acreedor debe optar entre reclamar su ejecución o el pago de la pena. Pero tal principio tiene dos excepciones: *1*) cuando se haya estipulado la pena por el simple retardo y, *2*) cuando se haya establecido que por el pago de la pena no se entiende extinguida la obligación principal. En otros términos, la regla de no acumulación es aplicable solo a la cláusula penal compensatorio[60], no así a la que tiene carácter resarcitorio de la demora pues en esta la pena se puede acumular a la indemnización.

Dentro de las características más importantes de la cláusula penal, se destacan las siguientes: *1*) es *accesoria* de una obligación principal (art. 856, Cód. Civil y Comercial), lo que

[58] Bueres - Mayo, *Lineamientos generales sobre las garantías de la obligación en el derecho privado*, p. 30.

[59] Borda, *Tratado. Obligaciones*, t. I, p. 193.

[60] Al respecto, apunta Ameal que ello es así pues de lo contario vendría a exigirse dos veces el pago de una misma obligación, implicando un enriquecimiento sin causa a expensas del deudor [Ameal, en Belluscio (dir.) - Zannoni (coord.), *Código Civil*, t. 3, comentario al art. 659, § 1, p. 227].

trae aparejado que la nulidad o extinción de la obligación principal causa la nulidad o extinción de la cláusula penal (arts. 801 y 802); en cambio, la nulidad o extinción de la cláusula penal deja subsistente la obligación principal (art. 801); *2*) es *subsidiaria*, pues el objeto del contrato sigue siendo la obligación principal; como consecuencia de este carácter, el art. 797, primera parte, impide la acumulación de la pena más el cumplimiento de la prestación principal, salvo las dos excepciones ya vistas, esto es, cuando la cláusula penal es resarcitoria y cuando las partes estipularon expresamente que el pago de la pena no extingue la obligación principal (art. 797, segunda y tercera partes); *3*) es *condicional*, pues su aplicación está supeditada al hecho condicionante de que el deudor no cumpla la obligación principal, y *4*) es *relativamente inmutable*, ya que el monto de la pena no puede –en principio– ser modificado, aumentado o disminuido. Ahora bien, para supuestos de exceso o desproporción de la pena, el art. 794, párr. 2°, establece: *"Los jueces pueden reducir las penas cuando su monto desproporcionado con la gravedad de la falta que sancionan, habida cuenta del valor de las prestaciones y demás circunstancias del caso, configuran un abusivo aprovechamiento de la situación del deudor"*.

Respecto al objeto, el art. 791 del Cód. Civil y Comercial, expresa: *"La cláusula penal puede tener por objeto el pago de una suma de dinero, o cualquiera otra prestación que pueda ser objeto de las obligaciones, bien sea en beneficio del acreedor o de un tercero"*. La redacción de esta norma es similar a la del art. 653 del Cód. Civil derogado, con la única diferencia que ahora dice *"puede tener por objeto"* y antes decía "solo puede tener por objeto".

Tal objeto debe reunir los requisitos típicos atinentes a cualquier obligación, a saber: material y jurídicamente posible, lícito, determinado o determinable, susceptible de valoración económica y corresponder a un interés patrimonial o extrapatrimonial del acreedor (art. 725, Cód. Civil y Comercial).

c) ***Derecho de retención.*** Dispone el art. 2587 del Cód. Civil y Comercial: "Legitimación. *Todo acreedor de una obligación cierta y exigible puede conservar en su poder la cosa que debe restituir al deudor, hasta el pago de lo que este le adeude en razón de la cosa.*

Tiene esa facultad solo quien obtiene la detentación de la cosa por medios que no sean ilícitos. Carece de ella quien la recibe en virtud de una relación contractual a título gratuito, excepto que sea en el interés del otro contratante".

De dicha norma se infieren los requisitos para que el acreedor pueda ejercer el derecho de retención:

1) Tenencia material de la cosa perteneciente al deudor.

2) Existencia de un crédito cierto y exigible a favor de quien detenta la cosa (acreedor) contra el propietario (deudor).

3) Conexidad entre el crédito y la cosa retenida.

Es un mecanismo eficaz para obligar al deudor al cumplimiento de sus obligaciones; se nutre, además, de indiscutibles razones de equidad, pues quien no cumple con sus obligaciones (en este caso, el pago), no puede exigir a la otra parte que cumpla con las suyas (la restitución de la cosa)[61]. Este derecho tiene un fundamento análogo al que inspira la *exceptio non adimpleti contractus*, aunque existen matices entre ambas figuras[62].

Sus características principales son: *1*) es *accesorio* de un crédito principal, por lo que extinguido el principal el derecho de retención sigue la suerte de aquel (art. 857, Cód. Civil y Comercial); *2*) es *indivisible* porque puede ser ejercido por la totalidad del crédito sobre cada parte de la cosa que forma el objeto, de modo que, si se ha entregado parte de esta, el derecho para ser pagado de la totalidad del crédito no sufre una disminución proporcional, y puede exigirse el pago de toda la acreencia, reteniéndose las demás cosas, porque cada una de ellas y todas en común responden al crédito[63], y *3*) es *cesible* y *transmisible*; por

[61] Borda, *Tratado. Obligaciones*, t. I, p. 290.

[62] Destaca Borda que la *exceptio non adimpleti contractus* permite no cumplir si la contraria a su vez no ha cumplido; se trata de un cumplimiento *ab initio*. En el caso del derecho de retención, el contrato se ha desarrollado normalmente hasta cierto momento: una de las partes ha entregado una cosa que le pertenece; la otra ha realizado con relación a esa cosa ciertas prestaciones; cuando ya no queda para consumarse el cumplimiento de la relación jurídica más que el pago de lo debido y la restitución de la cosa, nace la oportunidad de ejercer el derecho de retención, si el propietario no paga lo que debe, y, desde luego, este derecho a conservar la tenencia de la cosa produce ciertos efectos respecto de terceros que ni siquiera se plantean en la *exceptio* (*Tratado. Obligaciones*, t. I, p. 290 y 291).

[63] Machado, *Exposición y comentario del Código Civil argentino*, t. XI, p. 9.

ser accesorio, el derecho de retención puede cederse, siempre y cuando el crédito que le sirve de fuente y lo garantiza pueda transmitirse, cesión que debe ser obligatoriamente acompañada de la tradición de la cosa para que aquel no se extinga[64].

Existe consenso en la doctrina en que es un medio de garantía[65] para asegurar el pago de un crédito o el cumplimiento de una obligación. Se integra, de tal modo, dentro del sentido amplio de la acepción de garantía[66].

Asimismo, tiene el carácter de un derecho de preferencia, pero, como aclara VÉLEZ SÁRSFIELD en la nota al art. 3939 del Cód. Civil, no es propiamente un privilegio. En efecto, en el privilegio, el acreedor continúa en posesión de ese derecho privilegiado aun cuando la cosa se haya vendido a instancias de él; en cambio, si el retenedor vende la cosa sobre la que ejerce la retención, renuncia tácitamente a ese derecho[67].

El inc. *f* del art. 2592 del Cód. Civil y Comercial establece que en caso de concurso o quiebra la restitución queda sujeta a la ley de concursos y quiebras. En la ley concursal, el art. 131 dispone: "La quiebra suspende el ejercicio del derecho de retención sobre bienes susceptibles de desapoderamiento, los que deben entregarse al síndico, sin perjuicio del privilegio dispuesto por el art. 241, inc. 5. Cesada la quiebra antes de la enajenación del bien continúa el ejercicio del derecho de retención, debiéndose restituir los bienes al acreedor, a costa del deudor".

A su vez, el art. 241 de la LCQ establece: "Tienen privilegio especial sobre el producido de los bienes que en cada caso se indica: [...] 5) Lo adeudado al retenedor por razón de la cosa retenida a la fecha de la sentencia de quiebra".

De este modo, la ley de concursos y quiebras convierte el derecho del retenedor en un privilegio especial. Este privilegio especial del retenedor, si bien en el orden de prelación de

[64] SAGARNA, *Derecho de retención: concepto, caracteres y condiciones para su ejercicio, LL,* 1994-E-529.

[65] VILLEGAS, *Las garantías del crédito,* p. 63; LLAMBÍAS, *Tratado. Obligaciones,* t. I, p. 824; ARALDI, en CURÁ (dir.), *Código Civil y Comercial,* t. VII, p. 698, entre otros.

[66] BUERES - MAYO, *Lineamientos generales sobre las garantías de la obligación en el derecho privado,* p. 42.

[67] BUERES (dir.), *Código Civil y Comercial,* t. 2, p. 650.

los incisos del art. 241 aparece en quinto lugar, debe tenerse presente que, por imperio del inc. 2 del art. 243, prevalece sobre los créditos con privilegio especial si la retención comenzó a ejercerse antes de nacer los créditos privilegiados[68].

[68] Cfr. JUNYENT BAS - MOLINA SANDOVAL, *Ley de concursos y quiebras*, t. II, p. 589.

Capítulo II

FIDEICOMISO DE GARANTÍA

§ 7. *Introducción.* – El año 1995 marca el comienzo del desarrollo del fideicomiso en Argentina, al entrar en vigor la ley 24.441. Si bien hasta entonces era conocido el instituto y existían normas aisladas, dicha ley le brindó una regulación integral dando respuesta a la larga espera de implementación de un régimen normativo amplio del fideicomiso como contrato típico en nuestro derecho positivo[1].

Al ser una figura flexible, versátil, de carácter vehicular (pues constituye un medio dotado de seguridades y garantías para llevar a cabo una operación subyacente) y en la que impera el principio de la autonomía de la voluntad, ha tenido una notable proliferación en la práctica negocial, y en la actualidad es de frecuente utilización no solo en la actividad privada, sino también en la pública.

Las variantes que puede asumir el fideicomiso son numerosas y aumentan día a día (v.gr., de administración, inmobiliario, de acciones, financiero, agrícola, para actividades de beneficencia, etcétera[2]). Dentro de ellas se encuentra el fideicomiso de garantía –también denominado *fideicomiso en garantía* o *fideicomiso con fines de garantía*–, que no figuraba

[1] Vargas Balaguer, *Fideicomiso: regulación jurídica y posibilidades prácticas,* "Entre Abogados", n° 15, 1999, p. 41.

[2] Cabe acotar que una pretensión de realizar una clasificación o enumeración taxativa de los distintos fideicomisos está condenada al fracaso. Además, la mayoría de las veces ninguna clase de fideicomiso es pura, sino que se presenta en combinación con otras, por lo que incluso se puede hablar de casos de frontera.

expresamente en la ley 24.441. Por ello, en el régimen anterior la doctrina debatió sobre su admisibilidad en nuestro derecho, aun cuando la mayoría se inclinó por su admisibilidad y fue aceptado por la jurisprudencia.

Luego de veinte años de vigencia de la ley 24.441, la figura del fideicomiso fue incorporada al Código Civil y Comercial (arts. 1666 a 1707) y en el art. 1680 fue receptado el fideicomiso de garantía.

Según se destaca en los fundamentos de la Comisión Redactora del Anteproyecto, en el Código Civil y Comercial no hay cambios profundos en materia de fideicomiso, pues el régimen anterior no mostró grandes problemas de interpretación y aplicación, y demostró eficiencia en su implementación.

Por tal motivo, el nuevo ordenamiento se basa en las normas de ley 24.441 y en el texto del Proyecto de 1998, con mejoras en aspectos de redacción, modificaciones de cuestiones que la doctrina, autoral y judicial, habían marcado como necesarias, a las que se agregaron ciertas adecuaciones novedosas, algunas de las cuales se abordan en los párrafos siguientes.

En este capítulo, en primer lugar se analizaran los aspectos generales del fideicomiso en su regulación en el Código Civil y Comercial, para luego centrarnos en el fideicomiso de garantía en particular. Se ha seguido esta metodología expositiva pues resulta necesario y útil partir de lo general (contrato de fideicomiso) para recién llegar a lo particular (contrato de fideicomiso de garantía).

A) Fideicomiso común

§ 8. ***Concepto.*** – El fideicomiso es un contrato definido en el art. 1666 del Cód. Civil y Comercial, que establece: "*Hay contrato de fideicomiso cuando una parte, llamada fiduciante, transmite o se compromete a transmitir la propiedad de bienes a otra persona denominada fiduciario, quien se obliga a ejercerla en beneficio de otra llamada beneficiario, que se designa en el contrato, y a transmitirla al cumplimiento de un plazo o condición al fideicomisario*".

Esta norma corrige las deficiencias técnicas de redacción del régimen derogado.

Así, a diferencia del art. 1° de la ley 24.441, comienza la definición expresando *"Hay contrato de fideicomiso..."*, lo que despeja toda duda sobre su naturaleza jurídica contractual. Al ser un contrato, carece de personalidad jurídica[3], excepto a los efectos fiscales[4].

El contrato no es la única fuente de los fideicomisos, pues el art. 1699 del Cód. Civil y Comercial permite, a su vez, su constitución por testamento.

Asimismo, se reemplaza el vocablo "transmita" empleado en el art. 1° de la ley 24.441 por *"transmite o se compromete a transmitir"*, que refleja el verdadero carácter consensual de este contrato, y se supera de esta manera cierta discusión que se suscitó sobre la cuestión con la redacción del texto anterior.

Además, se distinguen con mayor precisión las figuras del beneficiario (sujeto en cuyo beneficio se ejerce o administra la propiedad fiduciaria) y del fideicomisario, cuya identificación era confusa en la ley 24.441. En la nueva definición, el fideicomisario claramente es el destinatario final de los bienes una vez extinguido el fideicomiso.

En cuanto a la doctrina, Carregal define el fideicomiso como el contrato por el cual una persona recibe de otra un encargo respecto de un bien determinado cuya propiedad se le transfiere a título de confianza, para que al cumplimiento de un plazo o condición le dé el destino convenido[5].

No debe confundirse esta particularidad de la transferencia de la propiedad con el carácter oneroso o gratuito del con-

[3] El Código Civil de Quebec (arts. 1260 y 1261) y la Ley de Mercados de Valores de Ecuador, regulan al patrimonio autónomo como sujeto de derecho.

[4] La ley 11.683, en su art. 5°, inc. *c*, dice: "Son contribuyentes, en tanto se verifique a su respecto el hecho imponible que les atribuyen las respectivas leyes tributarias, en la medida y condiciones necesarias que estas prevén para que surja la obligación tributaria: [...] *c*) Las sociedades, asociaciones, entidades y empresas que no tengan las calidades previstas en el inciso anterior, y aun los patrimonios destinados a un fin determinas, cuando unas y otros sean considerados por las leyes tributarias como unidades económicas para la atribución del hecho imponible".

[5] Carregal, *El fideicomiso*, p. 47.

trato de fideicomiso, ya que este será oneroso si el fiduciario recibe una retribución por la ejecución de los encargos encomendados, onerosidad que se presume salvo estipulación en contrario (art. 1677, Cód. Civil y Comercial), o gratuito si no es acreedor a contraprestación alguna.

Destaca el autor citado el elemento confianza (*fides*) como la característica principal del fideicomiso. No solo se requiere la confianza que el fiduciante deposita en el fiduciario, sino también la que este debe inspirar al fiduciante. Normalmente, el fiduciario inspirará confianza por sus antecedentes, por su solvencia moral y económica, y, en especial, por tratarse de un gestor profesional (particularmente en el fideicomiso financiero). El otro elemento en que pone el acento es el encargo que se debe cumplir, que puede tener las más variadas modalidades, dependiendo de la finalidad perseguida por el fiduciante, solo limitada por la legalidad intrínseca del encargo y por la imaginación humana.

§ 9. ***Contenido.*** – El art. 1667 del Cód. Civil y Comercial establece los contenidos mínimos del contrato de fideicomiso, reordenando y mejorando la redacción del art. 4° de la ley 24.441. Sin perjuicio de estos contenidos nucleares del contrato, las partes pueden estipular otros de acuerdo con los fines que persigan.

Dispone el art. 1667: "Contenido. *El contrato debe contener:*

a) *La individualización de los bienes objeto del contrato. En caso de no resultar posible tal individualización a la fecha de la celebración del fideicomiso, debe constar la descripción de los requisitos y características que deben reunir los bienes.*

b) *La determinación del modo en que otros bienes pueden ser incorporados al fideicomiso, en su caso.*

c) *El plazo o condición a que se sujeta la propiedad fiduciaria.*

d) *La identificación del beneficiario, o la manera de determinarlo conforme con el art. 1671.*

e) *El destino de los bienes a la finalización del fideicomiso, con indicación del fideicomisario a quien deben transmitirse o la manera de determinarlo conforme con el art. 1672.*

f) *Los derechos y obligaciones del fiduciario y el modo de sustituirlo, si cesa".*

§ 10. ***Plazo y condición.*** – Las modalidades a las que se sujeta la propiedad fiduciaria son *plazo* o *condición*, y así debe estar determinado en el contrato tal cual lo exige el inc. *c* del art. 1667 del Cód. Civil y Comercial. De lo contrario, no estaríamos en presencia de un contrato de fideicomiso pues ello es de la esencia del instituto.

Dispone el art. 1668 del nuevo ordenamiento que el plazo máximo de duración del contrato es de treinta años, los que se computan desde su celebración. Al respecto, compartimos la apreciación de Lisoprawski en el sentido de que se tendría que haber contemplado la posibilidad de una mayor extensión para fideicomisos constituidos con un fin de interés general o público, especialmente los de carácter cultural, educativo, filantrópico o científico, que –por su objeto y finalidad– requieren una mayor extensión del tiempo de vida[6].

La excepción al límite temporal de treinta años es cuando el beneficiario sea una persona incapaz o con capacidad restringida, caso en el que el contrato puede durar hasta el cese de la incapacidad o de la restricción de la capacidad o hasta su muerte. Si el incapaz fallece antes de los treinta años de la vigencia del contrato, sus derechos pueden transmitirse a sus herederos, excepto disposición en contrario del fiduciante (art. 1671, último párrafo).

En el supuesto de que se fije un plazo superior, se reduce de pleno derecho *"al tiempo máximo previsto"* (art. 1668, párr. 2°).

Cumplida la condición establecida en el contrato o transcurrido el plazo de treinta años sin haberse cumplido, cesa el fideicomiso y *"los bienes deben transmitirse por el fiduciario a quien se designa en el contrato"* (art. 1668, párr. 3°) o, a falta de estipulación, al fiduciante o a sus herederos.

§ 11. ***Forma.*** – La ley 24.441 no establecía ninguna forma en particular, salvo la referencia del art. 12 y las pautas de re-

[6] Lisoprawski, "Fideicomiso en el Código Civil y Comercial", en Stiglitz (dir.), *Contratos en el nuevo Código Civil y Comercial*, t. II, p. 744.

gistro público que estatuía el art. 13, pero aunque no se exigía expresamente, se entendía que siempre era necesaria la forma escrita pues de otra manera no se podían establecer las especificaciones que contemplaba el art. 4° derogado.

El Código Civil y Comercial llenó ese vacío legal al incorporar una norma expresa respecto a la forma del contrato (art. 1669), estableciendo que puede celebrarse por instrumento público o privado, excepto cuando se refiera a bienes cuya transmisión debe ser celebrada por instrumento público.

En el caso de que no se cumpla con esta última forma (instrumento público), la norma dispone –correctamente– que el contrato valdrá como promesa de otorgarlo.

Es decir que no es un contrato formal de solemnidad absoluta (dado que la forma no es exigida bajo sanción de nulidad), sino de solemnidad relativa, por cuanto, ante el incumplimiento de otorgarlo, lo podrá realizar el juez en sustitución de las partes.

Si se incorporan bienes que requieren instrumento público con posterioridad a la celebración del contrato, se deberá transcribir en el instrumento respectivo el contrato de fideicomiso.

Sin perjuicio de que no está en discusión que los bienes registrables deben ser inscriptos en el Registro pertinente (inmuebles, automotores, etc.), una cuestión que genera controversias es la disposición del art. 1669 en el sentido de que el contrato *"debe inscribirse en el Registro Público que corresponda"*. Esto fue un agregado en el trámite parlamentario y no estaba previsto en el Proyecto de la Comisión Redactora.

Como se aprecia, la norma no indica en qué Registro se debe inscribir. Ante esta inexplicable omisión del legislador, en algunas jurisdicciones los contratos de fideicomiso se inscriben en el Registro Público (ex de Comercio).

Tampoco se determinan los efectos de esa inscripción. Kiper y Lisoprawski[7] señalan que existen dos modelos: el francés, en el que la inscripción es constitutiva, y el uruguayo, en el que la registración del contrato es declarativa y con fines de oponi-

[7] Kiper - Lisoprawski, *Registración del contrato de fideicomiso en el Código Civil y Comercial. Una novedad. Efectos*, *LL*, 2014-F-800.

bilidad a terceros, y opinan que el régimen argentino debe ser interpretado de acuerdo con este último sistema[8], criterio al que adherimos.

§ 12. ***Objeto. Pactos sobre herencia futura.*** – En el fideicomiso se puede afectar cualquier especie de bienes o derechos, siempre y cuando los primeros se encuentren dentro del comercio y los segundos no sean de carácter estrictamente personal del fideicomitente. Los bienes, además, deben ser individualizados y, en caso de no ser posible su individualización a la fecha de celebración del contrato, debe constar la descripción de los requisitos y características que deben reunir (arts. 1666, 1667 y 1670, Cód. Civil y Comercial).

En el régimen anterior se debatía si las universalidades podían ser objeto del contrato. El nuevo ordenamiento pone fin a la controversia, al incluirlas expresamente en el art. 1670 como bienes objeto de un fideicomiso, pero aclarando que no pueden serlo las herencias futuras.

En relación con los pactos sobre herencia futura, el art. 1010 del Cód. Civil y Comercial, en su primer párrafo, establece: "Herencia futura. *La herencia futura no puede ser objeto de los contratos ni tampoco pueden serlo los derechos hereditarios eventuales sobre objetos particulares, excepto lo dispuesto en el párrafo siguiente u otra disposición legal expresa*".

Es decir que el Código Civil y Comercial mantiene la regla general de prohibición de los pactos sucesorios como la consagraba el viejo art. 1175 del Cód. Civil derogado.

No obstante –y este es el cambio sustancial que se incorpora–, el segundo párrafo del art. 1010 expresa: "*Los pactos relativos a una explotación productiva o a participaciones societarias de cualquier tipo, con miras a la conservación de la unidad de la gestión empresaria o a la prevención o solución de conflictos, pueden incluir disposiciones referidas a futuros derechos hereditarios y establecer compensaciones en favor de otros legitimarios. Estos pactos son válidos, sean o no parte el futuro causante y su*

[8] La doctrina uruguaya es crítica del sistema registral implementado por la ley 17.703, art. 17 y los decretos reglamentarios 516/2003 y 46/2004. Al respecto, ver Hernández Maestroni, "El fideicomiso en Uruguay", en Kiper - Lisoprawski, *Tratado de fideicomiso*, t. II, p. 838.

cónyuge, si no afectan la legítima hereditaria, los derechos del cónyuge, ni los derechos de terceros".

Tal dispositivo es una excepción al principio general en la materia y constituye una absoluta novedad en nuestro derecho positivo que ni siquiera se encontraba en el Proyecto de 1998.

Su destinatario tiene nombre y apellido: la empresa familiar.

En la Argentina, al igual que en cualquier país del mundo, las empresas familiares son uno de los principales agentes económicos y constituyen una pieza fundamental de motorización de cambios, crecimiento y creación de riqueza. No importa la dimensión para encuadrar a una empresa en familiar. Esta puede ser micro, pequeña, mediana o grande, cerrada o abierta, conforme a la organización y forma que se le haya dado al emprendimiento económico. Lo cierto es que en su conjunto representan más del 80 % de las empresas que funcionan en nuestro país[9].

Tras las etapas de creación y crecimiento, la transmisión es la tercera fase crucial en el ciclo de la vida de una empresa. Uno de los principales problemas que se plantean en la empresa familiar ha sido y continúa siendo su transmisión; cuando el fundador llega a la edad de jubilarse y tiene que pensar en pasar el relevo intergeneracional, hay muchos intereses y partes en juego, no solo familiares, sino también puestos de trabajo. De allí la importancia de planificar debida y ordenadamente la sucesión, para traspasar el negocio a la siguiente generación sin poner en peligro su continuidad ni crear fricciones o enemistades entre parientes.

En este contexto –como dijimos en otro trabajo de nuestra autoría referido al asunto[10]– la novel figura del pacto sobre herencia futura (también denominado *pacto sucesorio* o *pacto sobre sucesión futura*) se erige en un instrumento sumamente útil, pues, en vida del titular o titulares de la empresa, se organiza la transmisión del negocio mediante un convenio

[9] Vargas Balaguer, *Las sociedades de familia y el protocolo familiar*, "La Voz del Foro", año VII, nº 52, 2008, p. 18.

[10] Vargas Balaguer, *Pactos sobre herencia futura. Comentario al art. 1010 del Código Civil y* Comercial, "Revista Jurídica Región Cuyo - Argentina", nº 2, may. 2017.

en el cual se designa al miembro o a los miembros de la familia que recibirán la propiedad de la empresa familiar o de las participaciones sociales a la muerte del causante, estableciéndose compensaciones para los otros herederos. De esta manera, se asegura la estabilidad y continuidad de la empresa familiar.

Así, supongamos el caso de un padre que es titular de una empresa y tiene tres hijos; dos de ellos trabajan en la empresa con dedicación y esmero, y el tercero no muestra un mínimo interés por el negocio, salvo el de contar en un futuro con una cantidad de bienes para vivir cómodamente. Mediante un pacto sucesorio, el padre puede planificar la herencia estableciendo que los dos hijos que trabajan en la empresa lo sucederán en la dirección y propiedad de ella, mientras que el hijo que no tiene interés recibirá un campo u otros bienes, respetándose la legítima. Con ello se consigue que los hijos designados se impliquen de lleno en la gestión empresarial, con la motivación y seguridad de que la decisión de su padre es irrevocable y de que, en el futuro, ellos accederán a la propiedad de la empresa en la que trabajan. Asimismo, el hijo que no ingresará en la empresa queda conforme con el bien que recibirá.

La finalidad principal del pacto es la continuidad y la integridad de la empresa familiar, evitando su fragmentación o su disolución, tal como expresa el art. 1010, párr. 2°: *"con miras a la conservación de la unidad de la gestión empresaria"*. Asimismo, estos pactos pueden tener por finalidad *"la preservación o solución de conflictos"* familiares relacionados con la empresa o con las participaciones sociales del futuro causante.

En cuanto al objeto del pacto, dicha norma dispone que debe ser relativo a una *"explotación productiva"*[11] o a *"participaciones societarias de cualquier tipo"*. Por lo tanto, quedan comprendidos los tipos societarios del Capítulo II de la ley general de sociedades (LGS) –sociedad colectiva, en comandita simple, de capital e industria, sociedad de responsabilidad limitada, sociedad anónima y en comandita por acciones– y también

[11] No existe una definición jurídica de "explotación productiva", pero en nuestra opinión tal expresión se refiere al concepto de hacienda, fondo de comercio o establecimiento, entendido este como *el conjunto de los bienes organizados por el empresario para el ejercicio de su actividad* (cfr. FONTANARROSA, *Derecho comercial argentino*, p. 200).

los de la Sección IV del Capítulo I de dicha ley, denominados por la doctrina sociedades simples, libres o residuales. También se encuentran abarcadas las sociedades civiles existentes a la fecha de la entrada en vigor de la ley 26.994 –las conformadas con esas características con posterioridad quedan incluidas en el régimen previsto en los arts. 21 a 26 de la LGS–.

Solo eventuales herederos forzosos y el causante poseen aptitud para celebrar los pactos autorizados por el art. 1010, párr. 2°. Debe repararse que la norma dispone que estos pactos *"son válidos, sean o no parte el futuro causante y su cónyuge"*. Es decir, pueden celebrarse aun sin la intervención del futuro causante y su cónyuge, por todos o algunos de sus herederos forzosos; esto es diferente de lo previsto en el derecho italiano, que en el art. 768 *quater* del Cód. Civil exige la participación del futuro causante y su cónyuge en el pacto de familia, lo cual consideramos más atinado.

Si la redacción del art. 1010, párr. 2°, del Cód. Civil y Comercial permite la formalización del pacto entre los herederos forzosos omitiendo al futuro causante o al causante y su cónyuge, consideramos que representa un supuesto reñido con la buena fe, la moral y las buenas costumbres (arts. 9° y 10, Cód. Civil y Comercial), porque los herederos que celebran el pacto se están repartiendo los bienes del futuro causante en vida de este, pero sin su intervención (por lo general, es alguien que en ese momento se encuentra en una edad avanzada y sin poder de mando en la empresa familiar). Además, en la práctica se pueden presentar circunstancias que atentan contra la efectividad o viabilidad del pacto, y representan una potencial fuente de conflictos[12].

Una vez reseñada brevemente la novel figura cabe formularse la siguiente pregunta: ¿se puede utilizar el contrato de fideicomiso con fines sucesorios? Este es el caso del denominado fideicomiso de *planificación patrimonial sucesoria*.

Durante la vigencia del Código Civil de Vélez Sársfield, la doctrina se encontraba dividida sobre la validez de estos fideicomisos por la prohibición de los contratos sobre herencia fu-

[12] Vargas Balaguer, *Pactos sobre herencia futura. Comentario al art. 1010 del Código Civil y Comercial*, "Revista Jurídica Región Cuyo - Argentina", n° 2, may. 2017.

tura del art. 1175, cuya violación implicaba la nulidad absoluta. Así, autores de prestigio en la materia como KIPER y LISOPRAWSKI mostraban sus reparos al respecto y señalaban los problemas que se presentaban en la especie[13]. Por el contrario, HAYZUS no veía inconvenientes a su implementación y afirmaba que era un contrato tan válido como cualquier otro[14].

La actual redacción del art. 1010 del Cód. Civil y Comercial, con la excepción del segundo párrafo a la prohibición de los pactos sobre herencia futura y cuyo fin es la continuidad de la empresa familiar, sin duda abre las fronteras y, a nuestro juicio, posibilita los fideicomisos de "planeamiento familiar" o de "planificación patrimonial sucesoria", y sirve como vehículo para la transferencia de la propiedad fiduciaria de la empresa o de las participaciones societarias de la sociedad familiar a un fiduciario, con la finalidad de la *conservación de la unidad de la gestión empresaria* o de la *prevención o solución de conflictos*.

Ahora bien, hay que tener en cuenta que, según el caso, mediante un contrato de fideicomiso así estructurado, el futuro causante (fiduciante) está estableciendo una indivisión forzosa de su empresa o de sus participaciones societarias que subsistirá luego de su muerte, por lo que los herederos no podrán disponer de su porción legítima hasta el vencimiento del término del contrato. Asimismo, el "filtro" del contrato –como de cualquier pacto sobre herencia futura– es la apertura de la sucesión (es más, probablemente tampoco pueda efectuarse el cálculo hasta la partición, dado que las donaciones efectuadas por el causante se valúan en esa etapa del sucesorio, según el estado de los bienes al momento de la donación). Recién en ese momento se podrá saber si ha respetado o vulnerado la porción legítima, y si son correctas o no las compensaciones. Por lo tanto, y teniendo en cuenta la alta litigiosidad que existe en materia sucesoria, en la especie se debe ser cauto, y no pueden extraerse conclusiones apriorísticas o en abstracto, sino de acuerdo con los hechos y circunstancias concretos.

§ 13. ***SUJETOS INTERVINIENTES.*** – Son los siguientes.

[13] KIPER - LISOPRAWSKI, *Tratado de fideicomiso*, t. II, p. 577.

[14] HAYZUS, *Fideicomiso*, p. 110 y 111.

a) *Fiduciante o fideicomitente.* Es quien transfiere o se compromete a transferir la propiedad fiduciaria de los bienes e imparte las instrucciones al fiduciario.

b) *Fiduciario o fideicomitido.* Es quien recibe la propiedad fiduciaria asumiendo la obligación de darle el destino previsto en el contrato.

c) *Beneficiario.* Es el sujeto en cuyo beneficio se instituye el fideicomiso y en cuyo provecho se lo administra.

d) *Fideicomisario.* La ley 24.441 era confusa en la identificación del fideicomisario, pero se podía inferir de ella que es aquel a quien en definitiva se destinan los bienes fideicomitidos, por lo que entonces puede identificarse con el beneficiario, con el fiduciante o con un tercero. Tradicionalmente beneficiario y fideicomisario son sinónimos[15], es decir, dos denominaciones distintas para designar la misma persona. La ley 24.441, sin mayores precisiones, introdujo una novedad, convirtiendo en negocio de cuatro lo que en la mayoría de los países es de tres: se autorizó que el beneficiario y el fideicomisario sean sujetos distintos. Esta falta de claridad originó críticas de la doctrina.

El Código Civil y Comercial viene a despejar dudas sobre su función, al expresar que es el destinatario final de los bienes al cumplimiento del plazo o condición prevista en el contrato (art. 1666). En otros términos, es el llamado a recibir la propiedad al concluir el fideicomiso (art. 1672, párr. 1°).

En el Código Civil y Comercial, el rol de los sujetos se regula con mayor nivel de detalles respecto al régimen anterior, destinándose una sección específica para ello (Sección 2ª, Capítulo 30, Título IV, Libro III). A continuación, analizaremos cada uno de ellos.

a) *Fiduciante.* El fiduciante es un sujeto vital en la estructura del contrato de fideicomiso.

Según apunta Hayzus, en la base de la constitución del fideicomiso se encuentran las determinaciones del fiduciante sobre los siguientes puntos fundamentales: *1*) la designación del

[15] Así ocurre en las legislaciones de México, Colombia, Panamá, Costa Rica, entre otras; lo mismo opina Orelle entre los autores nacionales (*El fideicomiso en la ley 24.441, LL*, 1995-B-874).

fiduciario, en virtud de la confianza que se deposita en él; *2*) la decisión de desposeerse de ciertos bienes de su propiedad y transferirlos al fiduciario, y *3*) la especificación de los fines para los cuales es instituido el fideicomiso y, en particular, el nombramiento de los beneficiarios en interés de quienes habrá de actuar el fiduciario[16].

El fiduciante puede también ejercer la posición de beneficiario (art. 1671, Cód. Civil y Comercial) o de fideicomisario (art. 1672).

Asimismo, puede ceder su posición contractual a favor de un tercero durante la vigencia del contrato, salvo pacto en contrario.

El grado de protagonismo que asumirá el fiduciante dependerá de las circunstancias del caso concreto y, esencialmente, en la medida de la extensión de las previsiones contractuales que a tales efectos hubiera negociado con el otro protagonista del vehículo, el fiduciario[17]. En el fideicomiso de garantía es donde mayor gravitación tiene su figura.

Sin perjuicio de las facultades del fiduciante que se pacten en el contrato, a continuación enunciaremos algunos de los principales derechos que surgen del Código Civil y Comercial y los que receptan la jurisprudencia y la doctrina.

1) Exigir al fiduciario que cumpla sus obligaciones legales y contractuales, conforme a las pautas de actuación que establece el art. 1674, esto es, *"con la prudencia y diligencia de un buen hombre de negocios que actúa sobre la base de la confianza depositada en él"*.

2) Solicitar la remoción judicial del fiduciario por incumplimiento de sus obligaciones o por hallarse imposibilitado material o jurídicamente para el desempeño de sus funciones (art. 1678, inc. *a*).

3) Solicitar la rendición de cuentas del fiduciario (art. 1675). Este es un deber nuclear del fiduciario, inderogable por las partes[18]. La omisión de rendir cuentas será causal de remoción por incumplimiento y, por consiguiente, de responsabilidad.

[16] Hayzus, *Fideicomiso*, p. 127.

[17] Papa, *Fideicomiso*, p. 50 y 51.

[18] Márquez, en Lorenzetti (dir.), *Código Civil y Comercial*, t. VIII, p. 196.

4) Ejercer acciones de responsabilidad contra el fiduciario[19].

5) Revocar el fideicomiso si se hubiese pactado (art. 1697, inc. *b*). Caso contrario, el fideicomiso es irrevocable. Aclara el art. 1697, inc. *b*, que la revocación no tiene efecto retroactivo, por lo que quedan firmes los actos cumplidos con anterioridad.

6) Proveer una *mejora de garantía* por las deudas del fideicomiso, si está pactada. Esto ha sido una incorporación del nuevo ordenamiento al expresar en el art. 1687 que en las obligaciones contraídas en la ejecución del fideicomiso no responde el fiduciario con sus bienes propios, como tampoco el fiduciante, el beneficiario ni el fideicomisario, *"excepto compromiso expreso de estos"*.

7) Acción de revocación sobre actos realizados por el fiduciario con fraude. El art. 1681, último párrafo, dispone que el beneficiario y el fideicomisario pueden *"reclamar por el debido cumplimiento contractual y la revocación de los actos realizados por el fiduciario en fraude de sus intereses"*. Si bien tal remedio únicamente se prevé a favor del beneficiario y del fideicomisario, cierta doctrina –que compartimos– considera que debería ser extensivo al fiduciante[20].

8) ¿Intervención judicial del fideicomiso? Esto no está previsto en el plexo normativo del Código Civil y Comercial –tampoco lo estaba en la ley 24.441–. Sin embargo, en un precedente judicial se ordenó como medida cautelar la intervención de la administración del patrimonio fideicomitido, como accesoria de la acción de remoción del fiduciario, disponiendo la designación de un coadministrador judicial como fiduciario sustituto, a pe-

[19] "La responsabilidad civil del fiduciario será contractual frente el fiduciante, beneficiario y fideicomisario, cuando por su culpa se desbaraten derechos de estos por la insuficiencia patrimonial del fideicomiso. La responsabilidad contractual del fiduciario es subjetiva, basada en el dolo o culpa –propios o de los dependientes– que, bajo pena de nulidad, no puede ser dispensada (art. 7°, ley 24.441). En relación al resarcimiento de los daños que cause el fiduciario, comprenderá el daño emergente, lucro cesante y daño moral que se verifiquen, según los términos de los arts. 522 y 1078 del Cód. Civil" (CNCom, Sala B, 15/11/2011, "Construnoa SA y otro c/Banco Hipotecario SA s/ordinario").

[20] Papa, *Fideicomiso*, p. 57.

dido de los fiduciantes, quienes a su vez actuaban como beneficiarios[21].

9) Ejercer acciones en defensa de los bienes fideicomitidos, en sustitución del fiduciario cuando este no lo haga sin motivo suficiente, con autorización judicial previa (art. 1689, párr. 2°).

b) *Fiduciario.* El fiduciario es la figura central del sistema. Es la parte a quien se transmiten los bienes que conforman el patrimonio fiduciario y se le encarga la gestión a cumplir con ellos[22].

La ley 24.441 establecía en el art. 5° que podía ser cualquier persona física o jurídica, salvo en los casos de fideicomisos financieros, en los cuales el fiduciario debería ser necesariamente una entidad financiera autorizada según la ley 21.526 o bien una persona jurídica autorizada por la Comisión Nacional de Valores. También debían cumplir con estos requisitos los fiduciarios que se ofrecieran al público para actuar como tales.

El art. 1673 del Cód. Civil y Comercial, al igual que el régimen anterior, expresa que el fiduciario puede ser cualquier persona humana o jurídica, y continúa con la exigencia de un fiduciario profesional (entidad financiera o sociedad comercial autorizada por la Comisión Nacional de Valores) solo para el fideicomiso financiero.

El último párrafo de dicha norma incorpora la novedad de que el fiduciario puede ser beneficiario, estableciéndose para este caso que "*debe evitar cualquier conflicto de intereses y obrar privilegiando los de los restantes sujetos intervinientes en el contrato*".

El art. 1676 prohíbe al fiduciario que adquiera para sí los bienes fideicomitidos. Esta prohibición es congruente con la del art. 1672 que establece que el fiduciario no puede ser fideicomisario.

[21] JuzgNCom n° 20, Secretaría n° 39, "Ronugue SA y otros c/Pisano, Carla s/ordinario", expte. 056585, fallo inédito citado por Lisoprawski, *La asamblea de beneficiarios en el fideicomiso inmobiliario*, *LL*, 2011-B-810, y *LLonline*, AR/DOC/636/2011.

[22] Márquez, en Lorenzetti (dir.), *Código Civil y Comercial*, t. VIII, p. 190.

Conforme lo dispone el art. 1674 del Cód. Civil y Comercial en su primer párrafo –manteniendo la redacción del art. 6° de la ley 24.441–, el fiduciario debe cumplir las obligaciones legales y convencionales con la prudencia y diligencia del buen hombre de negocios. Dicha norma agrega en el segundo párrafo: *"En caso de designarse a más de un fiduciario para que actúen simultáneamente, sea en forma conjunta o indistinta, su responsabilidad es solidaria por el cumplimiento de las obligaciones resultantes del fideicomiso"*.

De la lectura de ese párrafo, se desprende que el Código Civil y Comercial prevé expresamente la existencia de cofiduciarios o fiduciarios plurales, con actuación en forma indistinta o conjunta, y cuya responsabilidad es solidaria. Concordante con ello, el art. 1688, párr. 3°, establece: *"Si se nombran varios fiduciarios, se configura un condominio en función de lo previsto en el art. 1674, los actos de disposición deben ser otorgados por todos conjuntamente, excepto pacto en contrario, y ninguno de ellos puede ejercer la acción de partición mientras dure el fideicomiso"*.

Respecto a los actos de administración, habrá que acudir a las reglas sentadas por los arts. 1993 y 1994, en el sentido de que, mediando oposición, decidirá la mayoría computada según el valor o –en caso de empate– la suerte[23].

En cuanto a la obligación de rendir cuentas por parte del fiduciario, que debe efectuarla por lo menos anualmente, el art. 1675 faculta para exigirla no solo al beneficiario, sino también al fiduciante y al fideicomisario; en el régimen anterior este derecho solo lo tenía el beneficiario (art. 7°, ley 24.441).

La rendición debe brindarse por escrito y ser clara y detallada, acompañada por los respectivos comprobantes[24].

[23] Lisoprawski, "Fideicomiso en el Código Civil y Comercial", en Stiglitz (dir.), *Contratos en el nuevo Código Civil y Comercial*, t. II, p. 758.

[24] "En el fideicomiso la rendición de cuentas debe brindarse por escrito y ser clara y detalladamente explicativa, incluyendo una suficiente exposición y narración –con todas las aclaraciones necesarias y la documentación que avale las operaciones descriptas– para que el beneficiario quede suficientemente informado de la gestión del patrimonio llevada a cabo por el fiduciario [...] Si bien la rendición de cuentas se asienta básicamente en lo numérico, también es menester que se adjunte una completa explicación de lo actuado por el mandatario –en el caso, un fiduciario de un fideicomiso

Al tratar este tema, surge la duda de si el fiduciario debe llevar contabilidad en su calidad de administrador del patrimonio fideicomitido, que no le es propio, sino ajeno. A tenor del art. 320 del Cód. Civil y Comercial, consideramos que es obligación del fiduciario llevar contabilidad del patrimonio fiduciario, confeccionando estados contables anuales. De esta manera, cumple con el estándar de prudencia y diligencia del buen hombre de negocios que le impone el art. 1674 del mismo ordenamiento.

Por su parte, el art. 1677 (en forma similar al art. 8° de la ley 24.441) le otorga al fiduciario el derecho al reembolso de gastos y a una retribución de los servicios, que, si no está estipulada contractualmente, la fijará el juez de acuerdo con los parámetros allí brindados.

Las causales de cesación del fiduciario están contempladas en el art. 1678 del Cód. Civil y Comercial, que prácticamente reproduce el art. 9° de la ley 24.441, con variantes y diversas precisiones.

c) *Beneficiario.* El art. 1671 del Cód. Civil y Comercial regula en forma detallada la figura del beneficiario y aclara algunos aspectos.

El beneficiario, que debe estar individualizado en el contrato (art. 1667, inc. *d*), puede ser una persona humana o jurídica, que podrá o no existir al tiempo del otorgamiento del contrato. En este último caso deberán constar los datos que permitan su individualización futura (arts. 1667, inc. *d*, y 1671).

En el régimen de la ley 24.441 era controvertida la posibilidad de identidad entre beneficiario y fiduciario. El Código Civil y Comercial, en su art. 1671, admite expresamente que puede ser beneficiario el fiduciario, con los cual se termina la discusión doctrinaria de si el fiduciario puede asumir el doble rol.

También pueden ser beneficiarios el fiduciante y el fideicomisario. En otras palabras, cualquiera de las partes del negocio puede ser beneficiario.

---

de garantía–, como modo de precisar a su mandante los alcances de su gestión y las razones que lo llevaron a actuar como lo hizo" (CNCom, Sala D, 9/5/2011, "Corbelli, Claudio P. A. c/Banco Hipotecario SA s/ordinario", *LL*, 2011-E-552, y *LLonline*, AR/JUR/289072011).

A continuación el art. 1671 establece que pueden designarse varios beneficiarios, quienes, salvo pacto en contrario, se benefician por igual. En el caso de que alguno no acepte o renuncie, o no llegue a existir, los demás beneficiarios designados pueden acrecer o se puede convenir el nombramiento de beneficiarios sustitutos.

Si ningún beneficiario acepta, todos renuncian o no llegasen a existir, beneficiario es el fideicomisario. De igual modo, si el fideicomisario renuncia o no acepta, o no llega a existir, beneficiario es el fiduciante.

Finalmente, la norma en análisis establece que el derecho del beneficiario –aunque no haya aceptado– puede transmitirse por actos entre vivos o por causa de muerte, salvo disposición en contrario del fiduciante. Existiendo tal convención en contrario, y ante la muerte del beneficiario, se aplican las reglas de sustitución previstas para la ausencia de beneficiario.

En cuanto a la aceptación del beneficiario, el art. 1681 se ocupa específicamente del tema. Como vimos, el beneficiario puede estar designado en el contrato o en un momento posterior a su celebración; es más, puede existir o no al tiempo del otorgamiento del contrato (art. 1671).

Ahora bien, el art. 1681 aclara que, para recibir las prestaciones del fideicomiso, el beneficiario debe aceptar su calidad de tal. La aceptación de la designación puede ser expresa o tácita; en este último caso se presume *–iuris tantum–* cuando: *1*) interviene en el contrato de fideicomiso; *2*) realiza actos que inequívocamente la suponen, o *3*) es titular de certificados de participación o de títulos de deuda, en los fideicomisos financieros.

A los efectos de evitar una indefinición o la prolongación de la aceptación, el art. 1681, en su párr. 3º, dispone: *"No mediando aceptación en los términos indicados, el fiduciario puede requerirla mediante acto auténtico fijando a tal fin un plazo prudencial. No producida la aceptación, debe solicitar al juez que la requiera sin otra substanciación, fijando a tal fin el modo de notificación al interesado que resulte más adecuado"*.

En cuanto a los derechos del beneficiario, sin perjuicio de otros que le pueden ser conferidos por contrato, el Código Civil y Comercial le otorga los siguientes.

1) Percibir los beneficios del fideicomiso (art. 1666). Este es el principal derecho del beneficiario.

2) Solicitar la rendición de cuentas al fiduciario (art. 1675).

3) Pedir la remoción judicial del fiduciario por incumplimiento de sus obligaciones o por hallarse imposibilitado material o jurídicamente para el desempeño de sus funciones (art. 1678, inc. *a*). Tanto si es requerida por el beneficiario como por el fideicomisario, el fiduciante debe ser citado a juicio.

4) Reclamar por el debido cumplimiento contractual y la revocación de los actos realizados por el fiduciario en fraude de sus intereses (art. 1681, último párrafo).

5) Proveer una *mejora de garantía* por las deudas del fideicomiso, si está pactada (art. 1687).

6) Ejercer acciones en defensa de los bienes fideicomitidos, en sustitución del fiduciario cuando este no lo haga sin motivo suficiente, con autorización judicial previa (art. 1689, párr. 2º).

7) Solicitar al juez la designación de un fiduciario judicial provisorio o el dictado de medidas de protección del patrimonio fideicomitido, en los casos de acefalía del fiduciario (art. 1679).

8) Ceder sus derechos, salvo disposición en contrario del fiduciante (art. 1671).

d) *Fideicomisario.* El Código Civil y Comercial viene a cubrir el vacío legal que existía en torno a este protagonista, estableciendo una regulación mínima específica en el art. 1672.

El fideicomisario es la persona –humana o jurídica– a quien se transmite la propiedad al concluir el fideicomiso.

Puede ser fideicomisario el fiduciante, el beneficiario o un tercero. Pero no puede ser el fiduciario.

Debe estar designado en el contrato (art. 1667, inc. *e*). A falta de designación en el momento de celebración del contrato, deben constar los datos que permitan su individualización futura (art. 1671, párr. 1º). La designación del fideicomisario puede quedar sujeta a la elección de un tercero.

Se pueden designar varios fideicomisarios, quienes, excepto disposición en contrario, se benefician por igual. En el supuesto de que alguno no acepte o renuncie, o no llegue a existir, los demás fideicomisarios designados pueden acrecer o se puede convenir el nombramiento de sustitutos.

Si ningún fideicomisario acepta, todos renuncian o no llegan a existir, el fideicomisario es el fiduciante.

Respecto a la aceptación de la designación por parte del fideicomisario, se aplica el art. 1681 del Cód. Civil y Comercial, cuyo texto hemos analizado al comentar la figura del beneficiario.

Bajo el Código Civil y Comercial se regulan una serie de facultades a favor del fideicomisario que eran omitidas en el régimen anterior. Tales derechos son los mismos que los del beneficiario, a los que hay que agregar el de recibir la propiedad fiduciaria de los bienes fideicomitidos al terminar el fideicomiso (arts. 1672, 1666, 1698 y 1701).

§ 14. ***Efectos del fideicomiso.*** – Son los siguientes.

a) ***Propiedad fiduciaria.*** La ley 24.441, en el art. 11, expresaba que sobre los bienes fideicomitidos se constituía una propiedad fiduciaria que se regía por el Título VII del Libro III del Código Civil de Vélez Sársfield y las disposiciones de la ley cuando se tratase de cosas, o las que correspondieran a la naturaleza de los bienes cuando estos no fueran cosas (aspecto este último pertinente para los créditos, título valores, obligaciones negociables, debentures, patentes de invención, etcétera).

El legislador, siguiendo a Carregal, prefirió utilizar el término propiedad y no dominio –no obstante que este último es el que empleaba el art. 2662 del Cód. Civil derogado– para poder incluir en el concepto no solo las cosas (sobre las cuales recae el dominio), sino también los objetos inmateriales de contenido patrimonial, que con aquellas integran la noción de "bienes" (art. 2312, Cód. Civil derogado)[25].

A su vez, en el art. 12 de la ley 24.441 se establecía que el carácter fiduciario del dominio tendría efectos frente a terceros desde el momento en que se cumplieran las formalidades exigibles de acuerdo con la naturaleza de los bienes respectivos. Aquella norma complementaba el art. 13 respecto a los bienes registrables.

[25] Carregal, *El fideicomiso*, p. 93 y 55.

El Código Civil y Comercial, en los arts. 1682 (propiedad fiduciaria) y 1683 (efectos frente a terceros), no introduce ningún cambio en cuanto a los citados arts. 11 y 12 de la ley 24.441. Tampoco el art. 1684 (registración) innova mayormente respecto del art. 13 de la ley 24.441.

Por lo tanto, en los aspectos analizados el nuevo ordenamiento ha mantenido el régimen anterior.

b) *Patrimonio fiduciario o patrimonio autónomo.* Diversas legislaciones latinoamericanas consagran el principio del patrimonio autónomo (art. 1233, Cód. de Comercio de Colombia) o de afectación (México, ley general de títulos y operaciones de crédito), determinante de una neta separación entre los bienes recibidos en fideicomiso y aquellos que constituyen el patrimonio del fiduciario.

La ley 24.441 –al igual que en los países donde el fideicomiso está legislado– estableció en los arts. 14, 15 y 16 toda una novedad para la legislación nacional de esa época: patrimonio separado o autónomo.

El art. 1685 del Cód. Civil y Comercial –siguiendo los lineamientos del art. 14 de la ley 24.441– mantiene el patrimonio separado como columna vertebral del sistema y elemento fundamental de la figura: *"Los bienes fideicomitidos constituyen un patrimonio separado del patrimonio del fiduciario, del fiduciante, del beneficiario y del fideicomisario"*.

Es decir, el fiduciario es propietario, pero de un patrimonio especial separado del resto de los bienes del fiduciario.

El propósito fundamental de dicha norma es sustraer al patrimonio fideicomitido de la acción de los acreedores del fiduciario y de la agresión de los acreedores del constituyente, del beneficiario y del fideicomisario.

No obstante, el acreedor de un beneficiario o de un fideicomisario puede embargar las sumas de dinero o los frutos que esos sujetos tengan para percibir en un fideicomiso[26].

[26] "1. Es procedente confirmar el embargo decretado sobre las sumas de dinero que el demandado tenga para percibir en un fideicomiso respecto del cual es fiduciante y fideicomisario, siendo que no se ha hecho mención alguna en el sentido de que la cautelar debiera hacerse efectiva sobre el patrimonio fideicomitido. 2. Los bienes que integran el patrimonio fideico-

Igualmente, un acreedor puede embargar los derechos del fiduciario a la compensación económica por su labor o el crédito de reembolso por los gastos erogados en la dinámica fiduciaria; estos derechos sí son embargables pues no conforman el patrimonio fideicomitido, sino que integran el activo personal del fiduciario[27].

Por su parte, el art. 1686 del Cód. Civil y Comercial continúa, respecto al régimen anterior (art. 15, ley 24.441), con el principio primordial de la separación patrimonial: *"Los bienes fideicomitidos quedan exentos de la acción singular o colectiva de los acreedores del fiduciario. Tampoco pueden agredir los bienes fideicomitidos los acreedores del fiduciante, quedando a salvo las acciones por fraude o de ineficacia concursal"*.

Como se observa, dicha norma deja a salvo la acción de fraude pues es el remedio necesario para combatir supuestos de transmisiones fiduciarias con fines fraudulentos (v.gr., transmisión de bienes con el fin de sustraerlos del alcance de los acreedores). A la acción de fraude se agrega expresamente –con buen criterio– la acción de ineficacia concursal de la ley de concursos y quiebras (arts. 118 y 119)[28].

Además, el art. 1686 del Cód. Civil y Comercial posibilita la subrogación de los acreedores del beneficiario y del fideicomisario en los derechos de estos a fin de hacer cumplir el contrato y percibir los beneficios.

---

mitido no pueden ser agredidos por los acreedores del fiduciante, dado que dichos bienes sujetos a las obligaciones emergentes del *pactum fiduciæ* constituyen un patrimonio separado del patrimonio del fiduciario y del fiduciante –art. 14, ley 24.441–, quedando incluso exentos de la acción singular o colectiva de los acreedores de aquellos sujetos –art. 15, ley 24.441–" (CNCom, Sala C, 9/5/2013, "Barmetal SRL c/Fundación Madres Plaza de Mayo s/incidente de apelación", *LLonline*, AR/JUR/25773/2013).

[27] MOLINA SANDOVAL, *El fideicomiso en la dinámica mercantil*, p. 207.

[28] "El fideicomiso por el cual el fallido se comprometió a aportar un inmueble para el desarrollo de un emprendimiento urbanístico y a solventar las sumas necesarias para su subdivisión debe declararse ineficaz de pleno derecho en los términos del art. 118, inc. 1, de la ley 24.522, pues se trata de un acto gratuito, ya que con su constitución aquel asumió las principales obligaciones contractuales y los mayores costos, sin recibir como contrapartida un beneficio equivalente, siquiera futuro" (CNCom, Sala F, 12/7/2012, "Chacras del Mar SA s/quiebra", *LL*, 2012-F-342, y *LLonline*, AR/JUR/36975/2012).

c) *Responsabilidad del fiduciario.* El art. 14 de la ley 24.441, en su segunda parte, contenía una polémica disposición[29] al establecer lo siguiente: "La responsabilidad objetiva del fiduciario emergente del art. 1113 del Cód. Civil se limita al valor de la cosa fideicomitida cuyo riesgo o vicio fuese causa del daño si el fiduciario no pudo razonablemente haberse asegurado".

La doctrina nacional, en su mayoría, criticó justamente la norma, por cuanto limitar la responsabilidad al "valor de la cosa fideicomitida" podía tornar en ilusoria la indemnización si esta (la cosa fideicomitida) tenía poco valor[30] (p.ej., muerte causada por la caída de una maceta, por una descarga eléctrica en un aparato electrodoméstico, etcétera).

El Código Civil y Comercial, receptando los severos cuestionamientos que efectuó la doctrina sobre el tema, en el art. 1685, párr. 2°, elimina la limitación de la responsabilidad objetiva al valor de la cosa, reemplazando el texto anterior por el siguiente: "*Sin perjuicio de su responsabilidad, el fiduciario tiene la obligación de contratar un seguro contra la responsabilidad civil que cubra los daños causados por las cosas objeto del fideicomiso. Los riesgos y montos por los que debe contratar el seguro son los que establezca la reglamentación y, en defecto de esta, los que sean razonables. El fiduciario es responsable en los términos de los arts. 1757 y concordantes cuando no haya contratado seguro o cuando este resulte irrazonable en la cobertura de riesgos o montos*".

Es decir, fija lo siguiente: *1*) es obligación del fiduciario contratar un seguro; *2*) ese seguro debe cubrir la responsabilidad civil por los daños causados por las cosas objeto del contrato de fideicomiso; *3*) la reglamentación que se dicte en el futuro establecerá los riesgos y montos por los que se deberá contratar el seguro y, en defecto de tal reglamentación, se de-

29 Este precepto se apartaba de todo precedente nacional, incluso del antecedente inmediato, el Proyecto de Reformas al Código Civil de la Comisión designada mediante decr. 268/1992 del Poder Ejecutivo nacional, y era desconocido en el derecho comparado.

30 Giraldi, *Fideicomiso*, p. 111 a 113; Gregorini Clusellas, *Fideicomiso. Apreciaciones sobre las nuevas normas, LL*, 1995-E-1232; Bono, *La ley 24.441, Financiamiento de la vivienda y la construcción*, p. 28 a 30; Funes, *Fideicomiso*, p. 46 y 47.

berán contratar los seguros que sean razonables, y *4*) si el fiduciario no contrata el seguro o los seguros, o cuando estos sean irrazonables en la cobertura de los riesgos o montos (infraseguro), será responsable personalmente por los daños causados a la víctima del siniestro, e igualmente responderá frente a las partes intervinientes en el contrato de fideicomiso.

d) *ACTOS DE DISPOSICIÓN Y ACCIONES DE PROTECCIÓN DEL PATRIMONIO FIDUCIARIO.* Uno de los efectos más relevantes del fideicomiso es la facultad del fiduciario de disponer o gravar los bienes fideicomitidos cuando lo requieran los fines del instituto, sin requerirse el consentimiento del fiduciante, del beneficiario o del fideicomisario (art. 1688, párr. 1°, Cód. Civil y Comercial).

En su segundo párrafo, dicha norma establece –con mayores precisiones que el derogado art. 17 de la ley 24.441– limitaciones o prohibiciones contractuales de esas facultades del fiduciario: *"El contrato puede prever limitaciones a estas facultades, incluso la prohibición de enajenar, las que, en su caso, deben ser inscriptas en los registros correspondientes a cosas registrables. Dichas limitaciones no son oponibles a terceros interesados de buena fe, sin perjuicio de los derechos respecto del fiduciario".*

Así, el fiduciario tiene la libertad de disponer de los bienes fideicomitidos[31], pero sujeto a dos limitaciones: *1*) siempre y cuando así lo requieran los fines del fideicomiso y, *2*) que no se hayan pactado limitaciones o prohibiciones sobre el particular.

En el tercer párrafo, la indicada norma, en consonancia con el art. 1674 del Cód. Civil y Comercial, prevé la existencia de cofiduciarios: *"Si se nombran varios fiduciarios, se configura un condominio en función de lo previsto en el art. 1674, los actos de disposición deben ser otorgados por todos conjuntamente, excepto pacto en contrario, y ninguno de ellos puede ejercer la acción de partición mientras dure el fideicomiso".*

[31] Al respecto, expresa MÁRQUEZ que la solución "es lógica desde una visión estrictamente jurídica: al ser propietario de los bienes, se encuentra legitimado para disponer de ellos sin el concurso de terceros. Y es necesario económicamente, pues precisamente el fin perseguido es delegar la administración al fiduciario, con facultades de propietario" [en LORENZETTI (dir.), *Código Civil y Comercial*, t. VIII, p. 235].

Respecto de las acciones de protección del patrimonio fiduciario, el art. 1689, párr. 1°, expresa que el fiduciario *"está legitimado para ejercer todas las acciones que correspondan para la defensa de los bienes fideicomitidos, contra terceros, el fiduciante, el beneficiario o el fideicomisario"*. Se incluyen las acciones de reivindicación, usucapión, desalojo, y otras respecto de cosas inmuebles; cobro de pesos en caso de créditos, defensa de los derechos intelectuales, etcétera. En el segundo párrafo, la norma dispone: *"El juez puede autorizar al fiduciante, al beneficiario o al fideicomisario, a ejercer acciones en sustitución del fiduciario, cuando este no lo haga sin motivo suficiente"*.

Como se advierte, el dispositivo en estudio continúa con la redacción del art. 18 de la ley 24.441, pero, además de los terceros y del beneficiario, también incluye al fiduciante y al fideicomisario como sujetos pasivos de la acción del fiduciario prevista en el primer párrafo de la norma. Asimismo, además del fiduciante y del beneficiario, también habilita al fideicomisario para ejercer acciones en sustitución del fiduciario, según lo establece el segundo párrafo.

§ 15. ***Insuficiencia del patrimonio fideicomitido.*** – En el caso de que los bienes fideicomitidos resultasen insuficientes para responder por las obligaciones contraídas en la ejecución del fideicomiso, el art. 16 de la ley 24.441 establecía que no habría quiebra del fiduciario ni del patrimonio de ese carácter (es decir, del patrimonio autónomo o separado). Como solución disponía que, en tal supuesto, "a falta de otros recursos provistos por el fiduciante o el beneficiario según previsiones contractuales, procederá a su liquidación, la que estará a cargo del fiduciario, quien deberá enajenar los bienes que lo integren y entregará el producido a los acreedores conforme al orden de privilegios previstos para la quiebra".

El poder que le otorgaba esa norma al fiduciario era desmesurado y hacía de él, en la práctica, dueño de la vida del fideicomiso, lo que despertó la crítica generalizada de la doctrina, crítica que igualmente se hacía extensiva ante la ausencia del modo, forma, alcances, publicidad, etc., en que se llevaría a cabo la liquidación.

No obstante el régimen de liquidación extrajudicial que preveía la norma mencionada, en el precedente "Fideicomiso Ordinario Fidag" se admitió la liquidación judicial, argumentándose lo siguiente: "Si bien en el procedimiento previsto en el art. 16 de la ley 24.441 para la liquidación del patrimonio fideicomitido predomina la extrajudicialidad, no existe óbice para que se lleva a cabo judicialmente si en el contrato de fideicomiso no se establecieron previsiones al respecto, siendo que se trata de una medida que evita dejar en exclusivas manos del fiduciario la oportunidad y forma en la que debe llevarse a cabo, con lo que se otorga una tutela adicional a los acreedores"[32].

En esa misma línea, en el fallo "Fideicomiso calle Chile 2286/94/96 s/liquidación judicial", se aceptó en forma pretoriana la liquidación judicial con fundamento en la ausencia de normativa específica reguladora de la liquidación forzosa del patrimonio fideicomitido y en las particularidades del caso (el fiduciario sucesor peticionante de la liquidación judicial invocó la falta de documentación recibida de su antecesor, lo que le impedía conocer la real situación económico-financiera). En tal fallo, se dispuso la aplicación analógica de las normas de la ley de sociedades relativas a la liquidación, de acuerdo con los arts. 101 y ss. de la ley 19.550[33].

El art. 1687 del Cód. Civil y Comercial, ante la insuficiencia de los bienes fideicomitidos, da una solución idéntica a la de la ley 24.441: *"La insuficiencia de los bienes fideicomitidos para atender a esas obligaciones, no da lugar a la declaración de su quiebra"*. Ello por cuanto el fideicomiso carece de personalidad jurídica. Cabe aclarar que si bien la figura contractual del fideicomiso crea un patrimonio de afectación, tal patrimonio no puede ser sujeto pasivo concursal conforme está diseñado en nuestro sistema. Así fue resuelto por la jurisprudencia en "Fideicomiso South Link Logistics I"[34]. En conclusión, tanto los acreedores como las partes del contrato solo tendrán

[32] CNCom, Sala F, 15/12/2010, *LL*, 2011-C-211; *LLonline*, AR/JUR/95437/2010.

[33] JuzgN 1ª Instancia en lo Comercial nº 17, secretaría nº 34, 12/9/2011, "Fideicomiso calle Chile 2286/94/96 s/liquidación judicial".

[34] CNCom, Sala A, 3/4/2009, "Fideicomiso South Link Logistics I s/pedido de quiebra promovido por Embal System SRL", expte. 68118/2008.

acceso a las acciones individuales, pero no a las colectivas de la ley de concursos y quiebras[35].

Luego expresa el art. 1687 que, frente a la situación de insuficiencia de los bienes fideicomitidos, *"y a falta de otros recursos provistos por el fiduciante o el beneficiario según previsiones contractuales, procede su liquidación, la que estará a cargo del juez competente, quien debe fijar el procedimiento sobre la base de las normas previstas para concursos y quiebras, en lo que sea pertinente"*.

El Código Civil y Comercial vigente, receptando la doctrina y jurisprudencia imperante, establece un régimen de liquidación judicial, pero con carácter subsidiario en el sentido de que procede en caso de ausencia de otros recursos provistos por el fiduciante o el beneficiario, es decir, medios de pago u otras soluciones o acuerdos que acepten los acreedores, previstos en las cláusulas contractuales o producto de negociaciones posteriores para evitar la liquidación.

De esta manera, la reforma adoptó una solución intermedia entre la extrajudicialidad extrema contemplada por la derogada ley 24.441 y la incorporación lisa y llana del fideicomiso como sujeto pasible de concurso preventivo o quiebra[36].

Respecto a la liquidación judicial, se presentan una serie de interrogantes:

a) ¿Quién la puede solicitar? La liquidación la puede pedir tanto el fiduciario como el resto de las partes del contrato (fiduciante, beneficiario y fideicomisario). También se encuentran legitimados para solicitarla los acreedores del patrimonio fideicomitido.

En cualquier supuesto, para que proceda la liquidación deberá demostrarse ante el juez que se configura el "presupuesto objetivo" de la *insuficiencia* del patrimonio fiduciario (o estado de cesación de pagos), en términos similares a lo establecido en el art. 1° de la LCQ.

b) ¿Ante qué juez tramita? El art. 1687 del Cód. Civil y Comercial establece que la liquidación *"estará a cargo del juez*

[35] LISOPRAWSKI, "Fideicomiso en el Código Civil y Comercial", en STIGLITZ (dir.), *Contratos en el nuevo Código Civil y Comercial*, t. II, p. 764.

[36] KIPER - LISOPRAWSKI, *El fideicomiso en el Proyecto de Código*, *LL*, 2012-E-812.

competente". Sabido es que la competencia del órgano investido de jurisdicción está dada por la materia sobre la cual versa la pretensión (competencia material) y con arreglo al sistema dispuesto por la ley orgánica del Poder Judicial de cada jurisdicción. Pero sin duda que los jueces comerciales son los más idóneos y cuentan con especialidad en la materia, teniendo en cuenta que en el procedimiento liquidativo se aplicarán las normas de la ley de concursos y quiebras *"en lo que sea pertinente"*, conforme lo indica el mismo artículo. Los jueces de otros fueros, cargados de asuntos y carentes de tiempo, puede que no conozcan o no sean especialistas en todas y cada una de las cuestiones concursales que regirán el procedimiento.

c) ¿Quién oficia de liquidador? En principio, la liquidación estará a cargo del fiduciario, quien revestirá el carácter de liquidador. También en el contrato se puede prever que la liquidación la realizará un sujeto distinto del fiduciario o designado en asamblea o reunión de alguna o de todas las partes restantes (fiduciante, beneficiario, fideicomisario).

En torno al tema, compartimos la opinión de LISOPRAWSKI en el sentido de que el fiduciario es la persona menos indicada para llevar adelante ese encargo, pues no parece congruente que quien condujo un fideicomiso que llega a un estado de insuficiencia patrimonial *prima facie* pueda ser calificado como *"buen hombre de negocios"*, al margen de considerar su posible falta de especialización para tal cometido[37]. Otra razón que postula el autor citado para evitar al fiduciario como liquidador es el potencial conflicto de interés que suscita la función, pues el fiduciario puede llegar a ser deudor del patrimonio fideicomitido por diversas razones (v.gr., fondos no rendidos), o bien acreedor de este por su remuneración o anticipo de gastos, o bien ser beneficiario como autoriza la ley (art. 1673, párr. 3°, Cód. Civil y Comercial).

Las funciones del liquidador representan una tarea ardua, para la cual se precisa capacitación académica y profesional específica. Para llevar adelante tal actuación de una manera adecuada y ajustada a las circunstancias, es necesario tener conocimientos contables y jurídicos, o contar con el asesora-

[37] LISOPRAWSKI, "Fideicomiso en el Código Civil y Comercial", en STIGLITZ (dir.), *Contratos en el nuevo Código Civil y Comercial*, t. II, p. 768.

miento de profesionales en ciencias económicas y en ciencias jurídicas. En nuestra opinión, los síndicos concursales (art. 253, LCQ) son los más idóneos para cumplir la función de liquidador, con la asistencia de un letrado. También puede cumplir perfectamente esa labor un abogado con título universitario de posgrado de especialización en sindicatura concursal, debiendo recibir el asesoramiento de un contador público. Asimismo, según la complejidad del caso, podría efectuarse la designación a modo de una sindicatura mixta (contadores y abogados).

d) *¿Qué normas de la ley de concursos y quiebras se aplican?* El art. 1687 del Cód. Civil y Comercial dice que el juez fijará el procedimiento sobre la base de las normas de la ley de concursos y quiebras *"en lo que sea pertinente"*. La fórmula utilizada es amplia, lo que no significa que se aplicarán todas y cada una de las disposiciones de la ley de concursos y quiebras pues, si fuese así, no se hubiera hecho la salvedad sobre lo pertinente. ¿Y qué es lo pertinente? Va de suyo que en el proceso de liquidación regirán los principios generales de universalidad patrimonial y de igualdad de trato entre todos los acreedores o *par condicio creditorum*.

Asimismo, a nuestro juicio resultan de ineludible aplicación, entre otras, las siguientes normas: las relativas a proceso de verificación (arts. 32, 126, 200 y concs., LCQ), a fin de obtener el reconocimiento de la legitimidad de las acreencias, así como la graduación de ellas (quirografaria o privilegiada); sobre el fuero de atracción del juez a cargo de la liquidación y la suspensión de los juicios de contenido patrimonial, con las excepciones a esas reglas generales (arts. 21 y 132, LCQ); sobre orden de prelación de los privilegios (arts. 239 a 250 y concs., LCQ), debiendo regir al efecto los principios de autosuficiencia o *numerus clausus* (art. 239, párr. 1°, LCQ), el de legalidad, según el cual los privilegios nacen solamente de la ley y no pueden crearse por la autonomía de la voluntad (art. 2574, Cód. Civil y Comercial), y el de interpretación restrictiva de todo lo atinente a privilegios; sobre liquidación de los bienes que conforman el patrimonio fideicomitido y distribución de su producido para la satisfacción de los créditos de los acreedores (arts. 203 a 218, LCQ); las reglas procesales del ordenamiento concursal (arts. 273 a 279, LCQ), etcétera.

Además, cabe acotar que una norma que puede servir como norte para el juez de la liquidación es el art. 159 de la LCQ.

§ 16. ***Dominio fiduciario.*** – Preliminarmente se destaca que, en puridad, no obstante el reenvío que efectúa el art. 1964 al Capítulo 31 del Título IV del Libro III del Código Civil y Comercial, hubiese correspondido que todo lo referido al dominio fiduciario, al tratarse de un dominio imperfecto, se insertara en el ámbito de los derechos reales, en Libro IV, Título III, Capítulo 3 (que se refiere al dominio imperfecto), y no en el marco del contrato del fideicomiso.

El dominio fiduciario, especie de dominio imperfecto, es definido en el art. 1701 del Cód. Civil y Comercial: *"Dominio fiduciario es el que se adquiere en razón de un fideicomiso constituido por contrato o por testamento, y está sometido a durar solamente hasta la extinción del fideicomiso, para el efecto de entregar la cosa a quien corresponda según el contrato, el testamento o la ley"*.

Esta norma reproduce literalmente el art. 2662 del Cód. Civil derogado (texto según art. 73, ley 24.441).

Se trata de un derecho real de dominio, pero imperfecto por hallarse desprovisto del carácter de perpetuidad, en virtud de que está sujeto a extinguirse por el vencimiento de un plazo o el cumplimiento de una condición resolutoria, y su efecto[38] es que el dominio de la cosa debe pasar a manos de un tercero, que puede ser uno o más beneficiarios, el fideicomisario o el propio fiduciante.

Sus caracteres son:

a) *Absoluto.* El dominio fiduciario, al igual que el dominio pleno, es absoluto, no en el sentido de que sea ilimitado en su ejercicio, sino en que le confiere a su titular la mayor cantidad de facultades posibles sobre una cosa, pero limitadas temporalmente por la sujeción a un plazo o condición resolutoria.

b) *Temporario.* Es un derecho real temporario porque su duración está subordinada al cumplimiento de la condición o vencimiento del plazo.

[38] Lisoprawski - Kiper, *Fideicomiso. Dominio fiduciario. Securitización*, p. 155.

c) *Exclusivo*. Esto implica la imposibilidad de coexistencia de dos derechos sobre una misma cosa y al mismo tiempo, pues, de no ser así, se estaría en presencia de un condominio[39].

El nuevo ordenamiento aclara las normas del dominio fiduciario y sus efectos en los arts. 1703 a 1707.

En primer lugar, el art. 1703 consagra la excepción a la normativa general del dominio y, en particular, del dominio imperfecto, por cuanto, como dispone el art. 1688, en el contrato se pueden establecer limitaciones a las facultades del propietario (fiduciario) para disponer y gravar los bienes fideicomitidos.

Luego, el art. 1704 reafirma las facultades del fiduciario –como dueño perfecto– establecidas en el art. 1688 para celebrar actos de disposición y gravamen cuando lo requieran los fines del fideicomiso y no exista un pacto en contrario.

El art. 1705 sienta el principio general de la irretroactividad de la extinción del dominio fiduciario, contemplando a su vez las excepciones a la regla: *"La extinción del dominio fiduciario no tiene efecto retroactivo respecto de los actos realizados por el fiduciario, excepto que no se ajusten a los fines del fideicomiso y a las disposiciones contractuales pactadas, y que el tercer adquirente carezca de buena fe y título oneroso"*.

Por su parte, el art. 1706 dispone que, cuando se extingue el fideicomiso, *"el fiduciario de una cosa queda inmediatamente constituido en poseedor* [debe entenderse "tenedor"] *a nombre del dueño perfecto"*. Es decir que desde el momento en que opera la extinción del fideicomiso el fiduciario se convierte automáticamente en tenedor de los bienes a nombre del fideicomisario, quien adquiere su dominio pleno, y no es necesaria, por ende, la tradición. Además, la norma prevé que si los bienes a transferir son registrables, deberá atenerse a si esa registración es constitutiva de dominio o meramente declarativa. Así, si la registración es constitutiva (como ocurre con los automotores), es necesaria la inscripción para la adquisición del dominio a favor del fideicomisario, y, si la registración es declarativa, se la requiere a efectos de su oponibilidad a terceros.

Finalmente, el art. 1707 complementa al art. 1705, estableciendo los efectos tanto de la irretroactividad como de la re-

[39] KIPER, *Régimen jurídico del dominio fiduciario, LL*, 1991-A-1129.

troactividad de la extinción del fideicomiso: *"Cuando la extinción no es retroactiva son oponibles al dueño perfecto todos los actos realizados por el titular del dominio fiduciario.*

Si la extinción es retroactiva el dueño perfecto readquiere el dominio libre de todos los actos jurídicos realizados".

B) Fideicomiso de garantía

§ 17. ***Introducción. Definición.*** – Dentro de la amplia gama de fideicomisos posibles –por la versatilidad de la figura– encontramos el fideicomiso de garantía.

Señala Carregal que todo fideicomiso tiene una función de garantía. Así, expresa que "aun los conocidos como fideicomisos puros de administración persiguen esta finalidad. Es así porque la función de garantía está implícita en la necesidad de que los bienes objeto del fideicomiso salgan del patrimonio del fiduciante para ingresar al patrimonio especial del fiduciario"[40]. Sin embargo, existen determinados fideicomisos en los cuales la función de garantía es su causa principal y sin la cual no existirían. En otras palabras, los fideicomisos de garantía son aquellos que se constituyen con la finalidad primordial de asegurar obligaciones propias del fiduciante o de un tercero con los bienes fideicomitidos[41].

Por su parte, Márquez lo define descriptivamente como "aquel en el cual el fiduciante transmite al fiduciario bienes individualizados en garantía de un crédito, propio o ajeno, con el encargo de que, en caso de incumplimiento del crédito garantizado, destine los frutos de los bienes o el producido de su liquidación al pago del crédito"[42].

A su vez, Kiper y Lisoprawski dan el siguiente concepto: "Contrato mediante el cual el fiduciante transmite la propiedad (fiduciaria) de uno o más bienes a un fiduciario con la finalidad de garantizar con ellos, o con su producido, el cumpli-

[40] Carregal, *Fideicomiso de garantía. Lícito y necesario, LL,* 2000-E-948.

[41] Malumián - Diplotti - Gutiérrez, *Fideicomiso y securitización. Análisis legal, fiscal y contable,* p. 43.

[42] Márquez, *Notas sobre el fideicomiso con fines de garantía, JA,* 2000-IV-1225.

miento de ciertas obligaciones a cargo de aquel o de un tercero, designando como beneficiario al acreedor o a un tercero en cuyo favor, en caso de incumplimiento, se pagará la obligación garantizada, según lo previsto en la convención fiduciaria"[43].

Para MALUMIÁN, DIPLOTTI y GUTIÉRREZ, el fideicomiso de garantía es "aquel por el cual se transfiere al fiduciario bienes para garantizar o asegurar con ellos y/o con su producido el cumplimiento de determinadas obligaciones a cargo del fiduciante o un tercero, designando como beneficiario al acreedor o a un tercero en cuyo favor, en caso de incumplimiento, se pagará una vez realizados los bienes, el valor de la obligación o el saldo impago de ella, de acuerdo a lo establecido en el contrato"[44].

Según CARREGAL, los fideicomisos de garantía son "aquellos fideicomisos por los cuales se transfiere al fiduciario un bien, con el encargo de que –en el supuesto de incumplimiento de la obligación del constituyente que se pretende garantizar– el fiduciario proceda a la venta del bien y entregue el producido obtenido, hasta la concurrencia del crédito, al acreedor en cuyo favor se ha constituido, cancelando así total o parcialmente la deuda impaga"[45].

El fideicomiso de garantía ofrece ventajas considerables con respecto a las garantías tradicionales (hipoteca y prenda), ya que es un instrumento más ágil y económico para la liquidación de la garantía, al evitar los complejos, prolongados y costosos procesos judiciales. Por esto se erige en una garantía autoliquidable por excelencia.

La ley 24.441 no mencionaba ni regulaba específicamente al fideicomiso de garantía, vacío legal este que generó debate doctrinario sobre su licitud en nuestro ordenamiento. Cabe aclarar que tal controversia no se reflejó en la jurisprudencia pues esta aceptó sin inconvenientes la figura[46], y su utilización fue

[43] KIPER - LISOPRAWSKI, *Teoría y práctica del fideicomiso*, p. 1.

[44] MALUMIÁN - DIPLOTTI - GUTIÉRREZ, *Fideicomiso y securitización. Análisis legal, fiscal y contable*, p. 43.

[45] CARREGAL, *El fideicomiso. Regulación jurídica y posibilidades prácticas*, p. 140.

[46] CNCom, Sala D, 9/9/2008, "Trenes de Buenos Aires SA s/concurso preventivo s/inc. de apelación", *LL*, 2009-A-357, y *LLonline,* AR/JUR/10966/ 2008.

considerada por la doctrina mayoritaria perfectamente viable[47] y legítima[48].

El Código Civil y Comercial le ha dado carta de ciudadanía formal al fideicomiso de garantía, al incorporarlo expresamente en el art. 1680.

Esta norma prevé una regulación mínima de la figura, enfocada exclusivamente a la facultad del fiduciario para realizar los bienes transmitidos con fines de garantía y con su producido cobrar la obligación garantizada.

Dispone el art. 1680: "Fideicomiso en garantía. *Si el fideicomiso se constituye con fines de garantía, el fiduciario puede aplicar las sumas de dinero que ingresen al patrimonio, incluso por cobro judicial o extrajudicial de los créditos o derechos fideicomitidos, al pago de los créditos garantizados. Respecto de otros bienes, para ser aplicados a la garantía el fiduciario puede disponer de ellos según lo dispuesto en el contrato y, en defecto de convención, en forma privada o judicial, asegurando un mecanismo que procure obtener el mayor valor posible de los bienes*".

§ 18. *Características*. – El fideicomiso de garantía, al ser una clase o especie de fideicomiso, tiene las mismas características generales que el fideicomiso ordinario o común, a saber:

a) Puede constituirse por contrato o por testamento.

b) El fideicomiso de garantía contractual existe desde su celebración y no desde la tradición de los bienes, y la entrega en propiedad de estos es un acto de ejecución del contrato.

c) En cuanto a la forma, puede celebrarse por instrumento público o privado, excepto cuando se refiera a bienes cuya

47 De hecho, y como lo apuntó Carregal, todo fideicomiso tiene una función de garantía: "Es así porque la función de garantía está implícita en la necesidad de que los bienes objeto del fideicomiso salgan del patrimonio del fiduciante para ingresar al patrimonio especial del fiduciario [...] Por supuesto que existen ciertos fideicomisos en los cuales la función de garantía es la causa principal de los mismos y sin la cual no existirían" (*Fideicomiso de garantía. Lícito y necesario*, *LL*, 2000-E-948).

48 Salvo alguna doctrina aislada que opinó lo contrario (ver Peralta Mariscal, *¿Fideicomiso de garantía? ¡Neuralgias y cefaleas garantizadas!*, *LL*, 2000-D-975).

transmisión debe ser celebrada por instrumento público (art. 1669, Cód. Civil y Comercial).

d) Puede tener por objeto todos los bienes que se encuentren en el comercio, incluso las universalidades, pero no pueden serlo las herencias futuras con la excepción de los pactos sucesorios establecidos en el art. 1010, párr. 2°, del Cód. Civil y Comercial (§ 12).

e) Es un contrato conmutativo pues las partes conocen *ab initio* las prestaciones a las que se encuentran obligadas.

f) Es un contrato típico ya que, a partir de la vigencia del Código Civil y Comercial, está previsto y regulado expresamente en el art. 1680.

g) El fiduciante de un fideicomiso de garantía transmite al fiduciario la propiedad fiduciaria de los bienes fideicomitidos (art. 1682).

h) El carácter fiduciario de la propiedad tendrá efectos frente a terceros desde el momento en que se cumplan los requisitos exigidos de acuerdo con la naturaleza de los bienes respectivos (art. 1683).

i) Los bienes fideicomitidos constituyen un patrimonio autónomo y separado del patrimonio de todos los sujetos que intervienen en el fideicomiso de garantía, esto es, del fiduciante, del fiduciario, del beneficiario y del fideicomisario (art. 1684).

j) Como consecuencia del principio de separación patrimonial, los acreedores del fiduciante y del fiduciario no pueden agredir los bienes fideicomitidos, salvo en caso de fraude (art. 1686).

§ 19. ***Sujetos intervinientes.*** – Son los siguientes.

a) ***Fiduciante.*** Es quien transmite o se compromete a transmitir la propiedad fiduciaria de bienes, en garantía de una obligación, garantizando deudas propias o de un tercero.

b) ***Fiduciario.*** Es quien administra el fideicomiso, pudiendo ser el acreedor de la obligación garantizada (desempeñando el rol de beneficiario) o no serlo.

El Código Civil y Comercial, como hemos visto, en los arts. 1671 y 1673 admite que el fiduciario asuma a su vez la calidad de beneficiario (ver § 20, *b*), más no la de fideicomisario (art. 1672).

También fiduciario puede ser un tercero no acreedor.

c) *Beneficiario.* Es el sujeto que recibe los beneficios durante la vida del fideicomiso. Puede ser beneficiario el fiduciante, el fiduciario (acreedor o no; usualmente es el primero), un tercero (acreedor o no; en este último caso, por ejemplo, puede ser beneficiaria una ONG con fin de beneficencia, cultural, artístico, etc.), y el fideicomisario.

d) *Fideicomisario.* Es el destinatario final de los bienes al concluir el fideicomiso de garantía; puede ser el fiduciante, el beneficiario o un tercero.

Para el caso de que el deudor pague la deuda garantizada, el fideicomisario adquirirá del fiduciario la propiedad plena de los bienes fideicomitidos objeto de la garantía.

Por el contrario, si el deudor no cancela la deuda y debe procederse a la ejecución de la garantía, el fideicomisario recibirá solamente el remanente, de existir; salvo que coincida con la figura del beneficiario, en cuyo caso percibirá el producido del bien fideicomitido realizado (en tanto acreedor beneficiario) y, además, el susodicho remanente (en tanto fideicomisario)[49].

§ 20. ***Coincidencia de la calidad dual del fiduciario como acreedor-beneficiario.*** – Una cuestión central que resultó polémica en el régimen de la ley 24.441 respecto a esta clase de fideicomiso fue si el fiduciario podía o no ser acreedor-beneficiario, es decir, si podía coincidir en una misma persona la calidad de fiduciario y la de beneficiario.

a) *Debate durante el régimen de la ley 24.441.* La postura que negó la posibilidad de que el fiduciario pudiera ser designado beneficiario de los bienes fideicomitidos en garantía sostuvo que existía una contraposición de intereses entre fiduciario y beneficiario, y que esta situación era incompatible con la

[49] Boretto, *Las garantías autoliquidables*, p. 258.

necesaria neutralidad que debía tener el fiduciario en la gestión de los bienes; se afirmó, a esos efectos, que el fiduciario siempre debe actuar en interés del fideicomiso y no en su propio interés, conforme el principio de lealtad con que tiene que obrar.

Otro de los obstáculos a la superposición de roles se encontró en la obligación de rendir cuentas por parte del fiduciario, contenida en el derogado art. 7° de la ley 24.441, sin admitir dispensa. Por tanto, de darse esta situación, la previsión legal no podía cumplirse[50].

En esta línea se enroló HAYZUS, quien manifestó que si el fiduciario y el beneficiario son uno, desaparece la figura del triángulo (fiduciante –deudor–, fiduciario y beneficiario –acreedor–) y solo queda la posibilidad de analizar la relación bilateral, entre deudor y acreedor[51]. Al acreedor nada le impide procurarse las garantías que estime necesarias para aceptar la obligación del deudor, pero no se entiende por qué ha de hacerlo a título fiduciario, cuando es claro que está actuando en su propio interés. Concluyó el autor citado que la confusión de roles empaña la figura del fideicomiso y es un ataque al principio de neutralidad e independencia del fiduciario.

Por otro lado, se encontraba la corriente que admitió que el fiduciario podía ser a su vez beneficiario.

Los argumentos en que se apoyaron quienes sostuvieron esta postura se fundaron principalmente en la ausencia de restricción legal, sin perjuicio de admitir la prohibición de adquirir para sí los bienes fideicomitidos (conf. art. 7°, ley 24.441). Consideraron que esta prohibición no obstaba a que el fiduciario acreedor realizara los bienes afectados al patrimonio separado y con su producido satisficiera el crédito insoluto, incorporando lo debido a su patrimonio general. Desde el punto de vista de la moralidad del contrato, rechazaron el presupuesto de lo inevitable del conflicto de intereses entre el fiduciante deudor y el fiduciario acreedor, ya que uno y otro coincidirían en un objeto común, que sería la obtención del mejor precio posible para satisfacer la acreencia del fiduciario[52].

[50] LORENZETTI, *Tratado de los contratos*, t. III, p. 309.

[51] HAYZUS, *Fideicomiso*, p. 115 a 117.

[52] KIPER - LISOPRAWSKI, *Teoría y práctica del fideicomiso*, p. 29.

Al respecto, BONO expresó que "el fiduciario ejercerá su derecho en beneficio de quien se designe en el contrato (art. 1°, ley 24.441) y si el designado es él, ejercerá en interés propio el derecho adquirido. En el Código Civil y en la ley 24.441 nada se opone a la oposición"[53].

En cuanto a la obligación de rendir cuentas, se dijo que el deber de rendir cuentas fue puesto en provecho del beneficiario por lo que es este el único interesado en que se realice dicha rendición, por lo que no se vería violado derecho alguno si el propio fiduciario coincidiera con el beneficiario, ya que sería inadmisible pensar que el propio fiduciario beneficiario actúe en contra de sus propios intereses[54].

En igual sentido se pronunció KELLY: "La rendición de cuentas es a favor del beneficiario y tal beneficio no se pierde si existe la imposibilidad de tal rendición por ser fiduciario y beneficiario una misma persona"[55]. Este autor, luego de analizar el asunto, concluyó que la confusión entre estas personas no estaba vedada en el régimen de la ley 24.441.

La opinión de quienes sustentaron la posibilidad de que el fiduciario asumiera también la posición de beneficiario fue compartida por MÁRQUEZ, quien sostuvo que, "desde el punto de vista negocial, esta modalidad de fideicomiso puede constituir un medio aún más económico que la designación de un tercero fiduciario para la administración de los frutos o la liquidación de los bienes dados en garantía, sin vulnerar la seguridad del deudor, la que puede ser garantizada mediante adecuadas cláusulas contractuales de protección"[56].

También CARREGAL expresó que nada se oponía a que el fiduciario pudiera ser a la vez beneficiario, mientras no fuese el único beneficiario. Agregó el autor que si el fiduciario es al mismo tiempo el acreedor, accede a la propiedad fiduciaria de los bienes para darles el destino previsto en la convención. Si la deuda se paga, se devuelve el bien. Si no se paga, se realiza

[53] BONO, *Fideicomiso. Algunos aspectos de la ley 24.441*, p. 298.

[54] MALUMIÁN - DIPLOTTI - GUTIÉRREZ, *Fideicomiso y securitización. Análisis legal, fiscal y contable*, p. 52.

[55] KELLY, *Fideicomiso de garantía*, *JA*, 1998-III-782.

[56] MÁRQUEZ, *Notas sobre el fideicomiso con fines de garantía*, *JA*, 2000-IV-1225.

el bien según las pautas contractuales y de existir, se entrega el remanente al fiduciante[57].

En la legislación de Brasil se permite la concurrencia del fiduciario y del beneficiario.

Con respecto a nuestra opinión sobre la coincidencia de la calidad dual en la ley 24.441, en la tesis doctoral en que se basa este trabajo, sostuvimos que el fiduciario podía ser a su vez beneficiario –lo que luego fue convalidado por el Código Civil y Comercial, en los arts. 1671 y 1673–. Es decir, nos enrolamos en la postura que admitía que una misma persona podía reunir el doble rol de fiduciario y beneficiario, por los siguientes motivos:

Ni la ley 24.441 ni el Código Civil derogado (art. 2662) impedían la posibilidad de que el fiduciario asumiera la calidad de beneficiario. Si bien el art. 7° de la ley 24.441 prohibía al fiduciario adquirir para sí los bienes fideicomitidos –al igual que lo establece el art. 1676 del nuevo ordenamiento–, tal dispositivo de manera alguna obstaba a la superposición de roles, en tanto lo que decía la ley era que el fiduciario no se podía quedar con los bienes, pero nada expresaba respecto de que no podía ser beneficiario; por tanto, todo lo que no está prohibido por la ley está permitido.

La obligación de rendir cuentas que establecía la ley 24.441 en su art. 7° (actual art. 1675, Cód. Civil y Comercial) no implicaba que el fiduciario y el beneficiario debían ser personas distintas, dado que, como lo señaló la doctrina mencionada anteriormente, dicha obligación fue puesta a favor del beneficiario, por lo que, en caso de que el fiduciario y el beneficiario coincidieran en una misma persona, no se vería afectado derecho alguno, toda vez que es inadmisible suponer una actuación del fiduciario-beneficiario en contra de sus propios intereses.

La ley 24.441 preveía –como también lo hace el Código Civil y Comercial vigente– mecanismos de protección de los intereses del fiduciante. De carácter preventivo, como la remoción del fiduciario vía lo dispuesto en el art. 9°, inc. *a*, o las acciones de defensa de los bienes fideicomitidos mediante lo que establecía el segundo párrafo del art. 18, o bien de carácter resarcitorio o sancionatorio por incumplimiento doloso o cul-

[57] CARREGAL, *Fideicomiso de garantía. Lícito y necesario*, *LL*, 2000-E-948.

poso del fiduciario (arts. 6º y 7º, ley 24.441, y art. 173, inc. 12, Cód. Penal, incorporado por ley 24.441)[58].

El conflicto de intereses entre el fiduciante deudor y el fiduciario acreedor –que alegaron los detractores– es relativo, pues ambos coinciden en un objetivo común: obtener el mayor precio para satisfacer la acreencia. Además, un fiduciante deudor que celebra con un fiduciario acreedor un fideicomiso de garantía sabe de antemano perfectamente las condiciones a las cuales se somete –salvo vicios de la voluntad–, por lo que, si luego cuestiona ese doble carácter, su actitud atentaría contra la doctrina de los actos propios, ya que importaría ejercer una conducta incompatible con su comportamiento anterior. Al respecto, tiene sentado la jurisprudencia: "Nadie puede ponerse en contradicción con sus propios actos ejerciendo una conducta incompatible con otra anterior deliberada, jurídicamente relevante y plenamente eficaz"[59].

Por otra parte, como lo manifestaron Kiper y Lisoprawski, el conflicto de interés no es de ocurrencia fatal, sino, al contrario, previsible y remediable, sin tener que llegar a una prohibición absoluta. Siempre es preferible una situación de transparencia en que la dualidad de la calidad acreedor-fiduciario se pone en evidencia, a los artilugios de triangulación en que el fiduciario, en definitiva, es impuesto por el acreedor-beneficiario, aunque luzca en el contrato como tercero en la relación crediticia garantizada por el fideicomiso[60].

Sin perjuicio de lo expuesto, no se desconoció en el citado trabajo de tesis lo que advertía cierta doctrina en el sentido de que la designación del acreedor como fiduciario podía dar lugar a conflictos e impugnaciones judiciales, máxime teniendo en cuenta la escasez de precedentes jurisprudenciales orientadores.

Dos fueron las soluciones que se vieron para evitar tal problema en el estado de evolución en que se encontraba la figura.

1) Detallar en el contrato de fideicomiso en forma precisa y clara los derechos y deberes del fiduciario, e insertar cláusu-

[58] Kiper - Lisoprawski, *Teoría y práctica del fideicomiso*, p. 29.

[59] CSJN, 16/2/1993, "Zambrano, Luis M. c/Saravia, José M., y otros", *Fallos*, 316:132.

[60] Kiper - Lisoprawski, *Teoría y práctica del fideicomiso*, p. 30.

las que protegieran al deudor frente a los abusos o desvíos del fiduciario a fin de subsanar tales anomalías.

2) Designar un cofiduciario que actuara solo a los efectos de la liquidación de los bienes y la distribución de su producido, mientras que el acreedor-fiduciario gestionaría la administración de los bienes[61].

El Código Civil de Québec adopta una posición intermedia en la materia, pues admite que el constituyente o el beneficiario sea fiduciario, pero en tal caso debe actuar conjuntamente con un fiduciario que no sea ni constituyente ni beneficiario (art. 1275).

b) ***Régimen del Código Civil y Comercial.*** El nuevo ordenamiento tomó posición por la tesis que admite la posibilidad de que el fiduciario sea a la vez beneficiario, asumiendo así el doble rol, por lo que la cuestión ya no ofrece discusión.

En tal sentido, tanto el art. 1671 como el art. 1673 expresan que el fiduciario también puede ser beneficiario.

Como recaudo para el supuesto de coincidencia de roles, el art. 1673 establece en el párrafo final que *"debe evitar cualquier conflicto de intereses y obrar privilegiando los restantes sujetos intervinientes en el contrato"*.

En relación con la prescripción (o prevención) de la norma de que el fiduciario debe *"obrar privilegiando los restantes sujetos intervinientes en el contrato"*, coincidimos con Lisoprawski en que "ya no se trata solo del patrón de conducta del buen hombre de negocios que actúa con prudencia y diligencia en base a la confianza que le fue depositada por los intervinientes (art. 1674), sino que llegado el extremo deberá relegar su interés a favor del resto de los sujetos intervinientes o bien encontrar una solución de equilibrio [...] habría un plus o una especie de agravamiento del *standard* normal de conducta cuando el fiduciario es también beneficiario. Un agravamiento del deber de lealtad"[62].

[61] Márquez, *Notas sobre el fideicomiso con fines de garantía, JA*, 2000-IV-1229.

[62] Lisoprawski, *Fideicomiso en garantía en el Código Civil y Comercial. Fiduciario-beneficiario. Cesión de créditos en garantía, LL*, 2015-B-934, y *LLonline*, AR/DOC/1076/2015.

De esta manera, al utilizar el legislador la expresión "privilegiar", se está refiriendo a que el fiduciario (beneficiario) debe postergar sus intereses frente a los restantes sujetos que intervienen en el contrato.

También la norma le impone al fiduciario el deber de *"evitar cualquier conflicto de intereses"*, lo que es propio del deber de lealtad de todo fiduciario[63].

A fin de prevenir el conflicto de intereses, que se puede acentuar en el fideicomiso de garantía pues el fiduciario –por lo general– es al mismo tiempo beneficiario y acreedor garantizado, una solución es detallar en el contrato en forma clara y precisa los deberes y derechos del fiduciario, estableciendo cláusulas preventivas a favor del deudor que lo protejan de eventuales desvíos o abusos del fiduciario en la realización de los bienes, por ejemplo, incorporando cláusulas que limiten o prohíban total o parcialmente los actos de disposición por parte del fiduciario (conforme lo permite el art. 1688). Otra alternativa es la designación de un cofiduciario (arts. 1674 y 1688) que no sea ni constituyente ni beneficiario, con la encomienda de que actúe de manera exclusiva en la realización y distribución de los bienes fideicomitidos, mientras que el fiduciario-acreedor gestionará o ejercerá la administración de los bienes. Cabe aclarar que, para que sea viable esa distribución de funciones entre los cofiduciarios, debe estar pactada expresamente en el contrato, caso contrario, al generarse un condominio, los actos de disposición deben ser otorgados por todos los fiduciarios conjuntamente (art. 1688, párr. 3°).

Sin perjuicio de lo expuesto, el deudor fiduciante dispone de otros recursos previstos en el plexo legal frente a incumplimientos o abusos del fiduciario, tales como demandar el cumplimiento del contrato o solicitar la revocación de los actos realizados en fraude a sus intereses[64] (art. 1681, último párra-

[63] LISOPRAWSKI, *Fideicomiso en garantía en el Código Civil y Comercial. Fiduciario-beneficiario. Cesión de créditos en garantía*, *LL*, 2015-B-934, y *LLonline*, AR/DOC/1076/2015; KIPER - LISOPRAWSKI, *Tratado del fideicomiso*, t. I, p. 295 - 296.

[64] El art. 1681 no menciona al fiduciante para estos cometidos (solo al beneficiario y al fideicomisario), pero se entiende que también se encuentra facultado. Asimismo, cabe señalar que los terceros de buena fe que hayan adquirido derechos del fiduciario no pueden verse perjudicados por la revo-

fo), pedir la remoción judicial del fiduciario (art. 1678, inc. *a*), ejercer la acción de responsabilidad por los daños ocasionados; además de las disposiciones de los arts. 9, 10, 11, 12, 13, 960, 961, 988 –en el caso de contrato por adhesión–, 1098, 1117 –contratos de consumo–, etc., y el art. 173, inc. 12, del Cód. Penal[65].

§ 21. *Funcionamiento de la garantía*. – A continuación, analizaremos las dos maneras más utilizadas para logar que los bienes afectados al fideicomiso de garantía sean usados con el propósito de asegurar el cumplimiento de obligaciones del deudor[66].

a) *Afectación de ingresos al pago de deudas.* Esta alternativa es a la que refiere el art. 1680 del Cód. Civil y Comercial al establecer que *"el fiduciario puede aplicar las sumas de dinero que ingresen al patrimonio, incluso por cobro judicial o extrajudicial de los créditos o derechos fideicomitidos, al pago de los créditos garantizados"*.

Bajo esta variante, el contrato de fideicomiso estipula que el fiduciario utilizará los fondos que ingresen al fideicomiso para la cancelación de la deuda allí especificada. El fiduciario asume aquí una función de administración de los bienes fideicomitidos para la cancelación de deudas. El contrato puede prever incluso la liquidación parcial o total de los bienes fideicomitidos para el pago de deudas, estableciendo las condiciones bajo las cuales pueden venderse los bienes.

b) *Liquidación de los bienes en caso de falta de pago.* La otra variante consiste en estipular que el fiduciario procederá a la liquidación de los bienes necesarios para cancelar los créditos garantizados, únicamente en caso de falta de pago del deudor. Una aplicación útil de esta modalidad es en aquellos casos en los que se pretende garantizar un saldo de precio. En

---

cación, como lo indica el art. 1681 en su parte final: *"sin perjuicio de los derechos de los terceros interesados de buena fe"*.

65 Lisoprawski, *Fideicomiso en garantía en el Código Civil y Comercial. Fiduciario-beneficiario. Cesión de créditos en garantía, LL,* 2015-B-934, y *LLonline,* AR/DOC/1076/2015.

66 Bisogno, en Curá (dir.), *Código Civil y Comercial*, t. V, p. 303.

este supuesto, el deudor constituye un fideicomiso en garantía con bienes suficientes para asegurar ese saldo, transfiriéndolos al fiduciario. Mientras el deudor paga las cuotas garantizadas en tiempo y forma, el fiduciario simplemente administra los bienes fideicomitidos. En cambio, en caso de mora del deudor, el fiduciario procederá a la liquidación de los bienes a los efectos del pago de los saldos insolutos, conforme a las especificaciones del contrato.

Al respecto, destaca LISOPRAWSKI que al liquidar bienes fideicomitidos frente al incumplimiento del deudor, en rigor de verdad, el fiduciario no ejecuta una garantía, sino que cumple con las instrucciones y la finalidad del contrato, en una de sus alternativas. La otra sería restituirle al deudor los bienes si cumple con la prestación garantizada[67].

§ 22. ***FACULTADES DEL FIDUCIARIO. APLICACIÓN O REALIZACIÓN DE LOS BIENES.*** – El art. 1680 del Cód. Civil y Comercial concede facultades al fiduciario para aplicar los bienes a la garantía, salvo disposición en contrario prevista en el contrato.

a) ***SUMAS DE DINERO.*** La norma establece en su inicio: *"Si el fideicomiso se constituye con fines de garantía, el fiduciario puede aplicar las sumas de dinero que ingresen al patrimonio, incluso por cobro judicial o extrajudicial de los créditos o derechos fideicomitidos, al pago de los créditos garantizados"*.

Es decir que, para el caso de que el patrimonio fideicomitido esté compuesto o ingresen a él sumas de dinero, se autoriza al fiduciario a aplicarlas directamente al pago de los créditos o de la obligación principal garantizada.

En este precepto ha de entenderse por sumas de dinero que ingresan al fideicomiso los intereses de los bienes fideicomisitos y los cobros judiciales o extrajudiciales de los créditos o derechos fideicomitidos[68].

b) ***OTROS BIENES.*** A continuación, el art. 1680 dispone: *"Respecto de otros bienes, para ser aplicados a la garantía el fiduciario*

[67] LISOPRAWSKI, *Fideicomiso en garantía en el Código Civil y Comercial. Fiduciario-beneficiario. Cesión de crédito en garantía, LL*, 2015-B-934, y *LLonline*, AR/DOC/1076/2015.

[68] BISOGNO, en CURÁ (dir.), *Código Civil y Comercial*, t. V, p. 304.

puede disponer de ellos según lo dispuesto en el contrato y, en defecto de convención, en forma privada o judicial, asegurando un mecanismo que procure obtener el mayor valor posible de los bienes".

Así, en el supuesto de que los bienes no consistan en sumas dinerarias, la norma otorga potestad al fiduciario para aplicarlos a los créditos o a la obligación principal garantizada, disponiendo de ellos en la forma acordada en el contrato o, en caso de ausencia de previsiones contractuales, disponiéndolos por vía privada o judicial, *"asegurando un mecanismo que procure obtener el mayor valor posible de los bienes".*

La fórmula empleada es amplia y permite al fiduciario buscar el mejor modo de liquidación, según cada clase de bienes y el mercado en el cual deberán disponerse[69]. Se reitera que ello es en ausencia de convención contractual.

§ 23. ***FIDEICOMISO EN GARANTÍA DE CUOTAS DE UNA SOCIEDAD DE RESPONSABILIDAD LIMITADA Y DE ACCIONES DE UNA SOCIEDAD ANÓNIMA.*** – Un supuesto en el que se puede utilizar el fideicomiso de garantía es respecto a cuotas sociales de una sociedad de responsabilidad limitada o acciones de una sociedad anónima.

Si se estructura un negocio de esta manera, tenemos que el fiduciante (deudor) transmite la propiedad fiduciaria de sus cuotas o acciones a un fiduciario con el fin de garantizar una obligación a cargo de aquel, designándose como beneficiario al acreedor o a un tercero.

En el caso de que se transmitan cuotas sociales de una sociedad de responsabilidad limitada, el carácter fiduciario del dominio tendrá efectos frente a la sociedad desde que el cedente o el cesionario comuniquen la cesión mediante la entrega a la gerencia de un ejemplar o copia del título de la cesión o transferencia, con autenticación de las firmas si obra en instrumento privado (art. 152, párr. 2°, LGS), y, frente a terceros, desde la inscripción en el Registro Público (art. 152, párr. 4°, LGS).

Si se transmiten acciones nominativas de una sociedad anónima, se deberá notificar por escrito a la sociedad emisora o sociedad que lleve el registro e inscribirse en el libro de registro de acciones o cuenta pertinente, a fin de que dicha transfe-

[69] MÁRQUEZ, en LORENZETTI (dir.), *Código Civil y Comercial*, t. VIII, p. 213.

rencia surta efectos contra la sociedad y los terceros (art. 215, párr. 1°, LGS y art. 2°, ley 24.587)[70].

En el supuesto de acciones escriturales, la sociedad emisora o la entidad que lleve el registro debe cursar aviso al titular de la cuenta en que se efectúe un débito por transmisión de acciones, dentro de los diez días de haberse inscripto, en el domicilio que se haya constituido (art. 215, párr. 2°, LGS).

Tratándose de un fideicomiso de acciones en garantía, la res. gral. 2/2006 de la Inspección General de Justicia exige, en el art. 1°, inc. 8, que consten en el dictamen precalificatorio los siguientes datos: "*a*) Si el acreedor garantizado, o uno de ellos en caso de pluralidad, es el mismo fiduciario; *b*) Si el acreedor garantizado y/o el fiduciario son sociedad controlante, controlada o vinculada a la sociedad emisora". En su parte final, el artículo mencionado dispone: "A los fines de cumplir con la información indicada en los incisos 2, 4, 7 y 8, *a*, el profesional dictaminante podrá adjuntar copia certificada del contrato de fideicomiso o de las partes pertinentes del mismo y remitirse a sus términos".

Al haberse operado la transferencia de la propiedad de las partes sociales del fiduciante al fiduciario, este adquiere el dominio (fiduciario) de las cuotas o acciones hasta que se cumpla el plazo o condición prevista en el contrato (en el caso de una cesión en garantía, hasta el cumplimiento de la obligación principal subyacente o del plazo establecido para tal fin).

Por ende, el fiduciario, al detentar la titularidad de las cuotas o acciones, ejercerá, en principio, todos los derechos sociales: *parapolíticos* (voz y voto, participación en la reunión de socios o asamblea, información, control del órgano de administración, etc.) y *patrimoniales* (participación en las ganancias, en la cuota de liquidación, suscripción preferente, etcétera).

[70] La transmisión de las acciones nominativas se opera con la entrega material del título, la anotación en el registro de acciones de la sociedad emisora y la inscripción en el respectivo título. Dado que se trata de un acto integrativo y constitutivo de la transmisión y no una simple exigencia formal, aquella no se perfecciona si no se efectúa la inscripción en el libro correspondiente (CNCom, Sala B, 22/11/1993, "Guccerelli, Liliana B. c/Cira SA", *ED*, 157-64; íd., Sala B, 23/9/1998, "Rodríguez, Marcela S. c/Transportes Rodríguez Cozar y Cía. SA s/sum.", *JA*, 1999-I-741).

Ahora bien, se debate en doctrina si los derechos que resultan del *status socii* los ejerce exclusivamente el fiduciario, o si, por el contrario, el fiduciante puede reservarse el ejercicio de ciertos derechos. Sin ánimo de profundizar en la temática, pues excede los objetivos de este trabajo, a continuación se analizarán sucintamente algunas cuestiones controvertidas.

a) ***Derecho de voto.*** Opina Molina Sandoval que el derecho de voto, en principio, no podría quedar reservado para su ejercicio por el fiduciante, pues importaría una traba esencial en el ejercicio del derecho de propiedad fiduciaria por parte del fiduciario[71]. Sin embargo, expresa que es factible que el fiduciario otorgue mandato (art. 239, LGS) al fiduciante, siempre que se den las siguientes condiciones: *1*) tenga carácter temporal (no sea un mandato irrevocable); *2*) no se trate de un fraude al sistema prohibitivo; *3*) no encubra una lisa y llana cesión del derecho a votar en las asambleas; *4*) sea para una determinada asamblea y no para todas; *5*) el derecho sea ejercido por el fiduciante conforme los fines del fideicomiso y no según sus propios intereses; *6*) no exista disposición en contrario en el contrato de fideicomiso, y *7*) el poder general de administración habilite el voto en asamblea.

En cuanto al fideicomiso de garantía, el autor mencionado entiende que la situación sería distinta: el fiduciante puede reservarse el derecho a votar en las asambleas siempre que esta facultad tenga carácter limitado y no importe la escisión encubierta y definitiva entre el derecho de voto y la nuda propiedad[72].

Por su parte, Favier Dubois (h.) expresa que la ley 24.441 (actual Capítulo 30, Título IV, Libro III, Código Civil y Comercial) admite la posibilidad de que el contrato de fideicomiso limite, restrinja, sujete a instrucciones o condiciones las facultades del fiduciario (art 4°, ley 24.441; actual art. 1667, Cód. Civil y Comercial). Por tales motivos, considera que en el fideicomiso accionario puede existir un desdoblamiento del estatuto de socio y de los diversos derechos, obligaciones, prohibiciones e incompatibilidades del accionista, debiendo ser atribuidos, según el caso y con previa indagación, al fiduciario, al fiduciante o al beneficiario. En el caso particular del fideicomiso de ga-

[71] Molina Sandoval, *El fideicomiso en la dinámica mercantil*, p. 421 a 423.

[72] Molina Sandoval, *El fideicomiso en la dinámica mercantil*, p. 423.

rantía a favor de un acreedor del socio, sostiene que, si se confiere el derecho de voto al fiduciario conforme a instrucciones del acreedor beneficiario, se estaría quebrantando el principio básico de que el acreedor no vota y que la ley 19.550 consagra al disponer que en la prenda de acciones el acreedor queda obligado a facilitar el ejercicio de los derechos del propietario de las acciones (art. 219, párr. 2°)[73].

b) ***Derecho a convocar a asamblea.*** El fiduciario, si es a su vez director de la sociedad, se encuentra claramente legitimado para convocar a asamblea (art. 236, LGS). Caso contrario, si no integra el órgano de administración, al ser propietario o "titular fiduciario" de las acciones, puede solicitar –detentando por lo menos el 5 % del capital social– la convocatoria a los órganos sociales competentes y, si estos omiten hacerlo en el plazo de cuarenta días de recibida tal petición, podrá requerir la convocación de la asamblea a la autoridad administrativa de contralor o al juez de comercio (art. 236, LGS).

No obstante lo expuesto, en una polémica resolución de la Inspección General de Justicia (820/2005), se le negó al fiduciario la legitimación para requerir el llamado a asamblea, aduciendo primariamente que el conflicto suscitado entre accionistas excede la órbita administrativa, en tanto controversia de derechos subjetivos que debe ser dirimida por el órgano judicial (criterio este que no genera mayores debates, más allá de que se lo comparta o no). Sin embargo, el referido acto administrativo se introduce en el análisis de la naturaleza del fideicomiso de acciones, en particular, del fideicomiso de garantía, negándole al peticionante (fiduciario) el carácter de accionista, al expresar: *1*) "el peticionante [...] *no reviste estrictamente el carácter de accionista*, sino de *titular fiduciario* de determinadas acciones", y *2*) "el fideicomiso no puede avasallar las prohibiciones establecidas por otros contratos de naturaleza análoga [...] mal pueden superarse tales escollos legales mediante el sencillo expediente de *disfrazar a la prenda mediante el ropaje del fideicomiso*"[74].

[73] Favier Dubois (h.), *Fideicomiso y régimen societario. El fideicomiso sobre acciones de sociedad anónima*, *LL*, 2010-F-842.

[74] Caso "Buenos Aires Broadcast SA". El expediente que dio lugar a la res. IGJ 820/2005 registra como hechos relevantes la presencia de un conflicto entre acreedor y deudor, partes de una operación financiera garantizada me-

Las conclusiones de la res. 820/2005 fueron criticadas por Paolantonio. Este autor –cuyos argumentos compartimos–, comienza destacando que "cumplida la formalidad legal del art. 215, ley 19.550, pareciera prima facie indiscutible que el fiduciario tendrá la legitimación para realizar todos los actos propios del socio, a salvo las eventuales limitaciones contractuales y la restricción genérica del art. 17, ley 24.441 (actual art. 1688, Cód. Civil y Comercial), para actos de disposición ajenos a los fines del fideicomiso". Luego, afirma que ninguna de las consideraciones de la resolución en cuestión resulta acorde a derecho, constituyendo una interpretación *contra legem* de claras disposiciones de la ley 24.441 (actual Capítulo 30, Título IV, Libro III, Cód. Civil y Comercial), e incluso de la ley 19.550 (art. 215). En cuanto al primer fundamento de la res. 820/2005, relativo a que el fiduciario no es estrictamente un accionista, sostiene que "se es o no se es accionista, y el titular fiduciario adquiere indudablemente esa calidad, sin perjuicio de las limitaciones que su actuación pudiera tener bajo las previsiones legales o del contrato de fideicomiso suscripto". Y respecto al segundo argumento –que considera el más peligroso para la viabilidad de la fiducia en garantía–, expresa que con ello se reduce a la fiducia a un negocio de garantía que las partes interesadas desecharon; en otros términos, se otorga al acreedor un tratamiento similar al correspondiente al que hubiera tenido de haber celebrado un contrato que, pudiendo hacerlo, no celebró: el contrato de prenda. Interpretación esta que cuestiona pues "la elección del tipo contractual pertenece al ámbito propio de la autonomía de la voluntad", no pudiendo válidamente integrarse la regulación del contrato querido por las partes, de modo que so pretexto de analogía, se elimine la autonomía negocial de la fiducia *cum creditore*[75].

Como se apuntó anteriormente, solo se han enunciado algunas cuestiones relacionadas con los derechos y facultades de los sujetos que intervienen en el fideicomiso, y han quedado

---

diante un fideicomiso que incluyó las acciones de la sociedad anónima deudora. El fiduciario solicita la convocatoria de asamblea de la sociedad deudora, lo que es resistido por esta, y se llega entonces a la instancia administrativa.

[75] Paolantonio, *El fiduciario como accionista. A propósito de la resolución 820/2005 de la Inspección General de Justicia, LL,* 2005-E-1473, y *LLonline,* AR/DOC/3087/2005.

pendientes otros interesantes asuntos que plantean dudas o dificultades (tales como el derecho de receso, el derecho de suscripción preferente, el derecho de información, el voto del fiduciario en conflicto o en interés contrario al social –art. 248, LGS–, el o los sujetos facultados para percibir el dividendo).

C) Situación frente al concurso del fiduciante en el fideicomiso de garantía

§ 24. ***Introito.*** – Conforme lo establece el Código Civil y Comercial, el fiduciante transmite la propiedad (fiduciaria) de sus bienes al fiduciario (art. 1666), creándose, en consecuencia, un patrimonio autónomo (art. 1685).

Así, realizando una interpretación exegética de las normas del fideicomiso, la primera idea que surge es que, si ha operado la transmisión de dominio, el acreedor (beneficiario) no tiene que verificar el crédito como tampoco reintegrar las sumas de dinero aplicadas al crédito garantizado o los importes provenientes de los bienes realizados para esos fines.

Sin embargo, la doctrina y jurisprudencia está lejos de ser pacífica en torno a este punto, pues una corriente entiende que el crédito transmitido no se debe insinuar en el pasivo concursal y otra, por el contrario, opina que hay que verificarlo.

A continuación, examinaremos las dos posiciones que existen en la especie.

1) Verificación del crédito

§ 25. ***Postura en contra de la verificación del crédito.*** – Sostienen Kiper y Lisoprawski: "Es claro que los bienes fideicomitidos, en cabeza del fiduciario de garantía, se hallan exentos de la acción singular o colectiva de los acreedores del aquel. Tampoco podrán agredir los bienes fideicomitidos los acreedores del fiduciante, salvo por acción de fraude (art. 15, ley 24.441; actual art. 1686, Cód. Civil y Comercial). Mirado desde la perspectiva del riesgo del deudor (fiduciante de los bienes puestos en fideicomiso de garantía), la figura ofrece ventajas innegables. Desde que están fuera del patrimonio del deudor no están comprendidos en el principio de universalidad y por ende no son alcanzados por el concurso preventivo o la quiebra del fideicomitente. Salvo para prevenirse frente a la eventualidad de que los bienes fideicomitidos (o su producido) no alcancen para satisfacer al acreedor insatisfecho, garantizado por un fideicomiso, no existe la necesidad de que este se deba insinuar en el pasivo concursal, como se exige para los acreedores prendarios e hipotecarios (arts. 21 y 23, ley 24.522). Tampoco se impone la necesidad de ejecución especial, ni se corre el riesgo, ínsito en la realización de las garantías reales, de la suspensión temporaria de la subasta de los bienes gravados (art. 24, ley citada). El fideicomiso de garantía solo tiene en común con aquellas, o con otros actos de disposición del deudor, la posibilidad de cuestionamientos por vía de revocatoria concursal, como consecuencia de la no oposición de los actos perjudiciales a los acreedores del concurso, según la previsión de los arts. 117 y 118 de la referida ley 24.522.

En resumidas cuentas, en el concurso o quiebra del fideicomitente, el acreedor garantizado puede perseguir directamente el cobro de su crédito contra el patrimonio separado del fiduciario garante, sin necesidad de verificar en el pasivo concursal, o bien hacerlo informando al concurso los pagos recibidos al fiduciario. Según Manrique Nieto, es aconsejable que el fiduciario de garantía informe al concurso preventivo o quiebra del fideicomitente los pagos que haga el acreedor beneficiario en cumplimiento de la fiducia, no solo por un principio de buena fe, sino porque al desagotarse el activo del patrimonio separado, el crédito del fideicomitente se habrá disminuido o extinguido, a la vez que, en la misma medida y efectos, el pasivo concursal"[76].

En su apoyo, citan doctrina y jurisprudencia mexicana, según la cual los bienes afectados al fideicomiso no quedan sujetos al juicio de suspensión de pagos del fideicomitente[77].

[76] Kiper - Lisoprawski, *Teoría y práctica del fideicomiso*, p. 14 a 16.

[77] Kiper - Lisoprawski, *Teoría y práctica del fideicomiso*, p. 16.

Cabe destacar que uno de los autores antes mencionados –LISOPRAWSKI– luego cambió su posición[78] y se inclinó por la de la verificación, conforme a los argumentos que se verán más adelante (§ 26).

En la causa "Litoral Citrus SA" se rechazó una medida cautelar solicitada por el concursado tendiente a que cesara el fiduciario en la administración y disposición de los fondos ingresados en virtud del contrato de fideicomiso que los unía, pues manifestó el tribunal que "los activos que constituyen objeto de un contrato de fideicomiso, conforman un patrimonio separado tanto del patrimonio del fiduciario como del fiduciante, que no puede ser agredido por los acreedores de ninguno de ellos, ya que esa 'autonomía' tiende, precisamente, a asegurar el cumplimiento del destino del fideicomiso"[79]. Se agrega en el fallo citado que la medida solicitada por el concursado puede afectar contratos de cesión de derechos y constitución de fideicomisos en garantía.

Por su parte, afirma LORENZETTI: "Frente al concurso o la quiebra, si hay transmisión fiduciaria el acreedor garantizado tiene una mayor protección, porque es dueño, y no tiene que verificar el crédito ni reintegrar el dinero que perciba de la ejecución del mismo contra el tercero"[80].

Asimismo, la Cámara Nacional de Apelaciones en lo Comercial dictó un importante fallo en materia de reconocimiento de la validez y eficacia del fideicomiso de garantía, en el que consideró que el beneficiario no tiene que verificar su crédito en el concurso del fiduciante[81].

Entre los argumentos esgrimidos en la sentencia, reseñamos los siguientes:

a) El contrato de fideicomiso de garantía celebrado para garantizar un préstamo sindicado otorgado al deudor resul-

[78] LISOPRAWSKI, *Ineficacia de pleno derecho de un fideicomiso en garantía, LL,* 2012-A-227, comentario a CNCom, Sala B, 15/11/2011, "Fluidmec SA s/quiebra s/incidente de ineficacia concursal", *LLonline,* AR/JUR/76376/2011.

[79] CNCom, Sala C, 12/7/2002, "Litoral Citrus SA s/conc. prev.", *LL,* 2002-E-683.

[80] LORENZETTI, *Tratado de los contratos,* t. II, p. 80.

[81] CNCom, Sala D, 9/9/2008, "Trenes de Buenos Aires SA s/concurso preventivo s/inc. de apelación", *LL,* 2009-A-357, y *LLonline,* AR/JUR/10966/ 2008.

ta inoponible al concurso preventivo de este, pues el concurso del deudor fiduciante no afecta la continuidad y cumplimiento del contrato de fideicomiso en tanto tal activo pasó a integrar un patrimonio ajeno afectado a un fin específico bajo titularidad del fiduciario.

b) Toda vez que el bien que sirve de asiento de la garantía ya salió del patrimonio del deudor-fiduciante, el beneficiario del fideicomiso de garantía no tiene que verificar su crédito en el concurso del fiduciante.

c) El acreedor garantizado con fiducia de garantía goza de pago preferencial sobre los demás acreedores del deudor, pero no en virtud de un privilegio sobre la cosa, sino que en tanto los bienes no están en el patrimonio del deudor, sino en el del fiduciario.

d) El fiduciario debe informar la existencia del contrato de fideicomiso de garantía, porque si bien no queda sometido al concurso preventivo del fiduciante, es factible que una vez realizada la garantía pueda quedar un remanente a favor de aquel, que debe ingresar a la masa de acreedores, una vez cancelado el pasivo.

e) La homologación del acuerdo preventivo presentado por el deudor-fiduciante no produce la novación, en los términos del art. 55 de la ley 24.522, de la obligación de garantía fiduciaria, pues esta reviste carácter accesorio y la novación solo afecta a la obligación principal.

Según Camerini, el fallo "Trenes de Buenos Aires SA" viene a coronar una posición que ha defendido desde antaño[82], y que consiste en señalar que, si ante el concurso del fiduciante, el beneficiario debe someterse al proceso concursal, con todas las implicancias que ello tiene, la figura del fideicomiso de garantía no tiene sentido de ser como herramienta jurídica[83]. Considera que la solución de tener que proceder a pedir la verificación de un crédito en un concurso preventivo o en una quiebra del fiduciante, por parte de un beneficiario, de un fideicomiso de garantía, constituye un proceso que desnaturaliza la herme-

[82] Camerini, *El fideicomiso de garantía frente al concurso del fiduciante*, *LL*, 2009-E-356.

[83] Camerini, *El contrato de fideicomiso de garantía y el concurso preventivo del fiduciante. El necesario camino de definir su alcance*, *ED*, 215-997.

néutica de la ley 24.441 (actuales arts. 1666 a 1700, Cód. Civil y Comercial) en cuanto a lo que es la figura del fideicomiso y quita toda ventaja a la garantía que otorga un fideicomiso de garantía, ya que hace desaparecer la autoliquidación, volviéndose mucho más ventajoso la constitución de una garantía real para el acreedor del fiduciante[84].

Sostiene el autor citado que la transmisión de los bienes al fiduciario por parte del fiduciante, implicó que dejó se ser propietario, por lo cual no forma parte del patrimonio del concursado, por lo que mal puede pretenderse que el beneficiario-acreedor deba verificar su crédito en el concurso preventivo del fiduciante, sino que debe solicitar rápidamente la enajenación de los bienes al fiduciario, ya que el concurso del fiduciante es la confirmación de su cesación de pagos, la que le es ajena en cuanto a la recuperación de su crédito.

A su vez, Heredia afirma que el acreedor-beneficiario no debe verificar su crédito en el proceso respectivo ni rendir cuentas en caso de remate no judicial, tal como sí sería exigible para el caso de los acreedores de garantías reales, y la misma tesis es sostenida por Márquez[85].

§ 26. ***Postura a favor de la verificación del crédito.*** – Dentro de esta postura se enrolan Games y Esparza, quienes han estudiado en profundidad los aspectos concursales del fideicomiso[86] y en un importante trabajo abordan en particular el fideicomiso de garantía ante el concurso y la quiebra[87].

Respecto al punto de si puede sostenerse que el proceso concursal afecta o incide o no sobre el fideicomiso de garantía, comienzan por unos párrafos generales (o conceptuales) que operan en forma común a todos los sujetos del fideicomiso y al propio contrato: "El proceso concursal tiene como uno de sus principios el de la colectividad, es decir abarcar, a to-

[84] Camerini, *Verificación de crédito como mecanismo de desnaturalización del fideicomiso de garantía, LL,* 2008-E-155.

[85] Heredia, *Tratado exegético de derecho concursal,* t. 1, p. 677; Márquez, *El fideicomiso de garantía y el concurso del fiduciante,* "Revista de Derecho Privado y Comunitario", 2003-1-143.

[86] Games - Esparza, *Fideicomiso y concurso.*

[87] Esparza - Games, *El fideicomiso de garantía ante el concurso preventivo y la quiebra, ED,* 194-1014.

dos los acreedores, por lo tanto el beneficiario (y el fiduciario) no pueden hallarse ajenos a este proceso y ejercer sus derechos a espaldas del mismo. Desde la perspectiva de la universalidad también tenemos que el deudor concursado o fallido y fiduciante conserva bajo determinadas condiciones (en caso de incumplimiento) el derecho al recupero del bien en forma total (o parcial si debe ser ejecutado y liquidado, y hay remanente). En los casos de existencia de fideicomisario este para perfeccionar su título debe pasar por el filtro del concurso. Lo expuesto como aplicación de los principios generales, y lo que se desprende de una sana doctrina que emana del juego armónico de los arts. 1°, 32, 56, 125, 200 y concs. de la LCQ".

Luego, analizan la cuestión de si el fiduciario puede liquidar los bienes y pagar al acreedor beneficiario sin estar este verificado. Dicen que "posiblemente lo más adecuado, y teniendo en cuenta sobre todo la diligencia y el parámetro de apreciación de la gestión que debe hacerse del fiduciario (arg. art. 6°, LF [actual art. 1674, Cód. Civil y Comercial]: 'la prudencia y diligencia del buen hombre de negocios que actúa sobre la base de la confianza depositada en él', a lo que se suma que normalmente será un operador profesional, arg. art. 5°, LF [actual art. 1673, Cód. Civil y Comercial]), sería que para evitar cualquier planteo lo acorde sería que el fiduciario pague al acreedor beneficiario, habiendo este verificado. Si el fiduciario es garante de la operación, también sería aconsejable en el supuesto de acciones de repetición –si las tuviera contra el concursado– pagara cuando el acreedor beneficiario tenga verificado su crédito"[88]. Citan en su apoyo a MAFFÍA, quien se pronuncia por la necesidad de la verificación en estos casos[89].

Sostienen estos autores que ello no lo exige específicamente la ley, pero ven la solución a la cuestión y por analogía en la aplicación del dispositivo contemplado en el art. 23 de la LCQ. Sobre tal art. 23 dicen: "Ante todo es una norma que puede aplicarse por analogía (arg. art. 16, Cód. Civil [actual art. 2°, Cód. Civil y Comercial]). Su estructura y mecánica funcional es perfectamente compatible con la figura que opera bajo el

[88] ESPARZA - GAMES, *El fideicomiso de garantía ante el concurso preventivo y la quiebra*, *ED*, 194-1023.

[89] MAFFÍA, *Verificación de créditos*, p. 512 a 520.

llamado fideicomiso de garantía. A su vez el fideicomiso de garantía en los hechos opera como garantía real (aunque no lo sea) toda vez que la transmisión del bien a un tercero hace que este tenga un mayor poder de disposición sobre el mismo que un acreedor munido de garantía hipotecaria o prendaria. También esta disposición asegura una adecuada publicidad y posibilidad de oportuna impugnación para el supuesto de que el deudor concursado, el síndico o los demás acreedores quisieran impugnar el cumplimiento del contrato o su 'ejecución', o cumplimiento del pacto de disposición"[90].

A esos argumentos agregan que "la actuación del fiduciario tiene como requisitos mínimos la irrenunciabilidad a la rendición de cuentas (arg. art. 7°, LF [actual art. 1675, Cód. Civil y Comercial]), lo que concuerda perfectamente con el citado art. 23 de la LCQ. A ello debemos sumar que en un sentido amplio también serían aplicables (por integración de la normativa concursal y de fideicomiso, arg. art. 207, Cód. de Com. y título preliminar igual ordenamiento) al caso las disposiciones del art. 585 del Cód. de Com. [actual art. 2229, Cód. Civil y Comercial] referido a los pactos o convenios sobre ejecución o liquidación de la prenda de carácter comercial, dispositivo que tuvo en miras el legislador concursal al normar el art. 23 de la LCQ"[91].

Por último, en cuanto a la rendición de cuentas, opinan que "deben ser rendidas y más allá de los argumentos de Manrique Nieto, porque al fiduciario le son aplicables tanto las disposiciones particulares del art. 7° de la LF [actual art. 1675, Cód. Civil y Comercial], que expresamente dispone: 'El contrato no podrá dispensar al fiduciario de la obligación de rendir cuentas', como asimismo la disposición general del art. 68 del Cód. de Com. [actual art. 858, Cód. Civil y Comercial] que también es aplicable, pues el concepto general del citado artículo [...] toda negociación es objeto de una cuenta [...], es totalmente compatible con la función fiduciaria e integra complementariamente la normativa de la LF"[92].

[90] Esparza - Games, *El fideicomiso de garantía ante el concurso preventivo y la quiebra, ED,* 194-1023.

[91] Esparza - Games, *El fideicomiso de garantía ante el concurso preventivo y la quiebra, ED,* 194-1023 y 1024.

[92] Esparza - Games, *El fideicomiso de garantía ante el concurso preventivo y la quiebra, ED,* 194-1024.

También se expide por la opción verificatoria KELLY: "No vemos en las normas del fideicomiso disposición alguna que permita al acreedor garantizado beneficiario eximirse de la carga de pedir la verificación de su crédito. Entendemos que la propiedad fiduciaria que adquiere un fiduciario en un fideicomiso de garantía, por el fin particular de este fideicomiso –cual es el garantizar el pago de obligaciones– sujeta dicha propiedad a las normas de orden público que informan a tales obligaciones –entre ellas las de la verificación del crédito correspondiente en caso de concurso del deudor–"[93].

En el fallo "Dinar Líneas Aéreas SA", se hizo lugar a una medida cautelar solicitada por el concursado, ordenándose al banco abstenerse de retener fondos originados en un fideicomiso en garantía[94]. Este había sido convenio entre Dinar y el Banco de la Nación Argentina por un préstamo otorgado por dicha entidad. En garantía, se celebró un contrato de fideicomiso sobre créditos de Dinar provenientes de la venta de pasajes mediante tarjetas de crédito, y el banco quedó autorizado, en caso de mora, a retener esos fondos para aplicarlos al pago de la deuda. Cuando Dinar solicitó su concurso preventivo, antes de que se decretara la apertura, pidió una medida cautelar a fin de evitar la retención por parte del banco de los créditos objeto del contrato de fideicomiso, argumentando el colapso que enfrentaba la empresa frente al bloqueo de su recaudación ordinaria, principal fuente de recursos para seguir funcionando. También invocó el principio de la *par condicio creditorum* y la improcedencia de las vías directas y ejecución de garantías frente a lo establecido por el art. 32 de la LCQ. El juez –como indicamos– concedió la medida por treinta días y ordenó al banco que se abstuviera de retener los fondos. Sin embargo, dejó aclarado que, dado que es una medida cautelar, la verosimilitud exigida no compete a una comprobación acabada de la existencia del derecho que se pretende asegurar, sino que tan solo demanda mera apariencia.

En un comentario al fallo citado, ISASMENDI manifiesta: "Mas allá de la cuestión sobre la validez legal, el fideicomiso en

[93] KELLY, *Fideicomiso de garantía*, *JA*, 1998-III-782.

[94] JuzgConc, Quiebras y Soc, 2ª nominación, Salta, 9/8/2002, "Dinar Líneas Aéreas SA s/conc. prev.", *LL*, 2003-D-20.

garantía debe presentarse al concurso a verificar. Esto no admite discusión en la jurisprudencia más allá de las discusiones doctrinarias"[95].

Destaca dicho autor que la jurisprudencia –en los pocos casos que se pueden encontrar– ha exigido que la cesión de derechos en garantía se verifique en el proceso concursal o falencial, impidiendo que el acreedor se apodere del producto de los derechos cedidos sin pasar antes por el tamiz del proceso de insinuación de los créditos en el pasivo concursal. "Es que como dice Peralta Mariscal, no puede legitimarse un instituto cuya mayor defensa sea alienar el derecho de defensa del deudor y por consiguiente de los restantes acreedores, sacar de la posibilidad de ser justiciable una determinada relación jurídica, que responda a la obsesión financiera de evitar el sometimiento a la jurisdicción, y plantear al tribunal solamente hechos consumados. El único argumento legal que se utiliza es que dicho escape de la jurisdicción se sustenta en que los bienes no pertenecen ya al concursado o fallido, sino que por efecto del mágico art. 14 de la ley 24.441 [actual art. 1685, Cód. Civil y Comercial], han salido de su patrimonio [...] Y dista de ser cierta –esa afirmación– porque no hay ninguna transferencia en propiedad porque esa no es la intención ni fin de las partes. El fideicomiso mismo no ha sido pensado para esto, como no lo ha sido la cesión de derechos, estos instrumentos están pensados para transmitir verdaderamente la propiedad de los bienes en relación con un fin determinado que necesita de esta transmisión para llevar a cabo un determinado programa sustantivo en sí mismo. La utilización abusiva de la figura para fines que no tienen relación con la transferencia de la propiedad de los bienes, como es el caso de la transferencia en garantía, no deja de ser una garantía como tal y no una transferencia de bienes. Y por lo tanto resulta alcanzada por las prohibiciones de los arts. 3876 y 2502 del Cód. Civil" (actuales arts. 2574 y 1884, Cód. Civil y Comercial)[96].

En la causa "Copla Cooperativa de Provisión de Servicios", se declaró la nulidad del remate extrajudicial de bienes del concursado efectuado por un acreedor –en el caso, el Banco Fi-

[95] Isasmendi, *El fideicomiso en garantía en el derecho nacional, LL*, 2003-D-20.

[96] Isasmendi, *El fideicomiso en garantía en el derecho nacional, LL*, 2003-D-26 y 27.

nansur SA en su carácter de fiduciario– por haber incumplido los recaudos exigidos por el art. 23 de la ley 24.522, esto es, comunicar al tribunal qué bienes iban a ser subastados, los títulos justificativos de su crédito, como asimismo la fecha, lugar, día y hora fijados para la realización de tales eventos, en tanto los edictos ya habían sido publicados[97].

Dijo el tribunal que, contrariamente a lo sostenido por la parte recurrente –quien argumentó que no debía verificar al ser fiduciario–, es ineludible la presentación del pedido verificatorio como consecuencia de lo dispuesto por el art. 21, inc. 2, de la LCQ.

Además, se declaró la prescripción de la instancia verificatoria por aplicación del art. 56 de la LCQ, en tanto habían transcurrido más de dos años de la presentación en concurso de la concursada.

Destacamos que esto último resuelto por la Cámara –prescripción– es importante tenerlo en cuenta al momento de decidirse por la insinuación o no en el pasivo concursal, pues, si no se verifica el crédito impago, se corre el riesgo de que prescriba la acción de verificación (conf. art. 56, ley 24.552), transformándose el crédito en una obligación natural (obligación o deber moral o de conciencia, según el art. 728 del Cód. Civil y Comercial).

Para Alegria también es necesaria la verificación del crédito en el concurso del deudor. El autor parte de la premisa de que la constitución de un fideicomiso en garantía no produce la novación de la obligación garantizada ni significa, por ende, la extinción de sus otras garantías legales o convencionales, para así concluir: "Consecuencia natural de la inexistencia de novación del crédito al ser garantizado por el fideicomiso y no existiendo liberación del deudor original, es que el crédito debe ser verificado en el concurso del deudor (argumento del art. 32, ley 24.522) [...] Por tanto no podría predicarse que la constitución del fideicomiso ha excluido al crédito del pasivo concursal y, tampoco, que es un abuso de derecho la verificación concursal cuando existen bienes de afectación especial fiduciaria. En primer lugar porque la garantía puede renunciarse total o par-

[97] CNCom, Sala A, 11/12/2001, "Copla Cooperativa de Provisión de Servicios s/conc. prev.", *LL*, 2002-B-617.

cialmente (argumento del art. 43, ley 24.522) o, incluso, resultar insuficientes los bienes fideicomitidos y estar expedita la acción del acreedor respecto de sus otras garantías o, en caso, de los bienes del deudor que respaldan a los créditos quirografarios"[98].

La inexistencia de efecto novatorio igualmente fue juzgada en "Pino Camby SA"[99] y en "Feroanco SA"[100]. Tomando esta premisa, se sostuvo en el último fallo aludido que, si se admite que la constitución del fideicomiso no produjo la novación del crédito ni liberó al deudor original ni produjo la exclusión del crédito del pasivo concursal, necesariamente debe concluirse que el crédito debe ser verificado en el concurso del deudor.

Al comentar el fallo "Fluidmec SA" –en el que se declaró la ineficacia de pleno derecho, en los términos del art. 118 de la ley 24.522, de un contrato de fideicomiso de garantía celebrado en el período de sospecha[101]–, LISOPRAWSKI cambia la posición que venía sosteniendo en el sentido de que no existía la carga de insinuarse en el concurso o quiebra del fiduciante-deudor, por la contraria, es decir, que el beneficiario-acreedor tiene la carga de insinuarse[102].

Para tal fin, luego de analizar los argumentos de ambas posiciones, el nombrado autor advierte las consecuencias negativas que podrían producirse si se omite el "filtro" concursal. Expresa que al ser el crédito que da origen al contrato de fideicomiso, con finalidad de garantía, de causa o título anterior a la presentación en concurso o quiebra del fiduciante (deudor), esa característica *per se* no es indiferente en los escenarios con-

[98] ALEGRIA, *Fideicomiso en garantía (efecto sobre los créditos garantizados y verificación en el concurso del fiduciante)*, *LL*, 2004-D-847.

[99] CNCom, Sala E, 24/11/2003, "Pino Camby SA s/concurso preventivo s/inc. de verificación por: Acosta, José L., y otros", *LL*, 2004-D-847.

[100] CNCom, Sala E, 24/11/2003, "Pino Camby SA s/concurso preventivo s/inc. de verificación por: Acosta, José L., y otros", *LL*, 2004-D-847; íd., íd., 14/7/2010, "Feroanco SA s/concurso preventivo s/inc. de verificación por: Sinsbur SA", *LL*, 24/2/2011, p. 3, y *LLonline*, AR/JUR/91539/2010.

[101] CNCom, Sala B, 15/11/2011, "Fluidmec SA s/quiebra s/inc. de ineficacia concursal", *LL*, 2011-F-718, y *LLonline*, AR/JUR/76376/2011.

[102] LISOPRAWSKI, *Ineficacia de pleno derecho de un fideicomiso en garantía*, *LL*, 2012-A-227. Igual criterio ya había enunciado este autor en: *El fideicomiso en garantía sobre flujos de fondos, peajes, facturación. Impugnabilidad y riegos frente al concurso del deudor y la crisis económica*, *LL*, 2009-C-851.

cursales. Además de estas razones legales, manifiesta que la práctica parecería evidenciar la necesidad de que se verifique el crédito; argumento este que en lo personal lo considera decisivo. Finalmente, señala el dilema e incertidumbre que afecta al fiduciario cuando se encuentra frente al concurso del deudor (fiduciante). Y bien concluye: "El fiduciario –por su carga de responsabilidad– es uno de los grandes interesados en que el crédito garantizado sea admitido en el concurso"[103].

Por su parte, GIOVENCO entiende que la transmisión de propiedad (fiduciaria) del deudor-fiduciante al fiduciario no libera al deudor de la obligación (solo crea un patrimonio afectado al pago de esta última, pero sin extinguir la relación crediticia) ni tiene efecto novatorio de la obligación garantizada. Ello es así toda vez que la transmisión fiduciaria en modo alguno determina que el fideicomiso de garantía constituya una dación en pago (*pro soluto*)[104].

En tal sentido, agrega que ni siquiera cabe calificar la transmisión de propiedad fiduciaria en garantía de una deuda como una transferencia *pro solvendo,* pese a que esta última es una transmisión del deudor al acreedor (y no a un tercero, como es el fiduciario), de manera irrevocable, para el pago de una deuda. Por ende, concluye que ".si la transmisión de propiedad fiduciaria no es una dación *pro soluto* ni *pro solvendo,* no cabe atribuirle el efecto de extinguir la deuda así garantizada. Y si la deuda garantizada subsiste, no advierto por qué el acreedor-beneficiario debe limitarse a denunciar la existencia del contrato de fideicomiso[105], cuando en realidad debería insinuar su crédito (quirografario, para más detalles) como cualquier otro acreedor concursal".

El citado autor brinda otro argumento más al comparar el fideicomiso de garantía con la garantía otorgada por un tercero[106].

[103] LISOPRAWSKI, *Ineficacia de pleno derecho de un fideicomiso en garantía, LL,* 2012-A-227.

[104] GIOVENCO, *Fideicomiso de garantía: un importante fallo, LL,* 2009-A-357.

[105] Esta acotación la efectúa GIOVENCO en alusión a lo que se resolvió en el fallo "Trenes de Buenos Aires SA s/con. prev.", CNCom, Sala D, 9/9/2008, *LL,* 2009-A-357; *LLonline,* AR/JUR/10966/2008.

[106] GIOVENCO, *Fideicomiso de garantía: un importante fallo, LL,* 2009-A-357.

En ambos casos hay un tercero ajeno a la relación creditoria que debe pagar la deuda correspondiente a esta última (más allá del alcance de la obligación patrimonial del tercero en un caso y en otro) y, si como está fuera de duda, todo acreedor titular de un crédito garantizado por un tercero tiene la carga de verificar su crédito en el concurso del deudor, aun cuando el garante se encuentre *in bonis*, Giovenco no advierte por qué razón, en el fideicomiso de garantía, el acreedor-beneficiario no debe presentarse a verificar su crédito.

Según Barreira Delfino, el acreedor-beneficiario debe verificar su crédito contra el deudor-fiduciario, atento a que existe una relación jurídica directa entre ellos. Agrega este autor que el acreedor-beneficiario debe verificar su crédito resguardado por la garantía fiduciaria, a cuyos efectos debe informar su existencia, pero no verificarla porque no genera un privilegio o preferencia de cobro sobre el patrimonio del concursado[107].

En la corriente que sostiene que el acreedor-beneficiario tiene la carga de presentarse a verificar su crédito en el concurso del deudor-fiduciante, también se enrolan Carregal, Balestra y Raisberg[108].

§ 27. ***Carácter del crédito que se debe verificar en la postura a favor de la verificación.*** – Dentro de la posición que se pronuncia a favor de la verificación en el concurso del deudor-fiduciante surge el siguiente interrogante: ¿con qué carácter debe verificarse el crédito?

a) ***Privilegiado.*** Alegria sostiene que, ante el concurso del deudor, el acreedor de un fideicomiso de garantía debe verificar como privilegiado. Expresa que el resultado de la solución contraria enfrenta dos alternativas insostenibles: "La primera, significaría que el acreedor con garantía de un fideicomiso constituido por el deudor, se verificará como acreedor quiro-

[107] Barreira Delfino, *El fideicomiso de garantía y la ley de quiebra, ED,* 217-754.

[108] Carregal, *El concurso del fiduciante en los fideicomisos de garantía, LL,* 2004-B-1217; Balestra, *Acerca de la carga de verificar el crédito garantizado con un fideicomiso de garantía y la preferencia emanada del mismo, LL,* 2011-A-530; Raisberg, *El fideicomiso en garantía frente al concurso, LL,* 2006-A-1169.

grafario, lo que es inexacto porque tiene una garantía constituida por el deudor sobre bienes que integraban su patrimonio y que tienen vocación eventual de retornar al mismo. De otro lado, si el crédito fuere quirografario, podría intervenir en las decisiones del concurso en tal carácter, lo que resultaría inequitativo para los demás acreedores. Sería inequitativo para él si se lo sometiera a las reglas del acuerdo o a las de distribución del concurso, afectando su crédito sin poder utilizar su garantía. Esto último desnaturalizaría el fideicomiso y es insostenible"[109].

A su vez, CARREGAL entiende que el acreedor que cuente con un fideicomiso de garantía, aunque se lo designe como una simple cesión de derechos en protección de su crédito, debe insinuarlo como *preferente* en el concurso del cedente y con esta preferencia deberá ser admitido[110].

Para arribar a esta conclusión, el citado autor comienza por destacar que, si bien el art. 239 de la ley 24.522 establece que solo gozarán de privilegio los créditos enunciados en el respectivo capítulo, y en el art. 241 no figuran los amparados con garantía fiduciaria, corresponde recordar que las leyes 24.441 y 24.522 fueron sancionadas con un intervalo de pocos meses, pero reconocen diferente gestación y tiempos de discusión, por lo cual es comprensible que el legislador de la ley de concursos y quiebras no haya reparado que era menester incluir los fideicomisos de garantía entre los privilegios.

Por otra parte –continúa diciendo CARREGAL–, la doctrina ha señalado el carácter relativo del art. 239 de la LCQ y esa interpretación es sustentada por el art. 126, que establece: "Todos los acreedores deben solicitar la verificación de sus créditos y preferencias". El empleo del término preferencia y no privilegios autorizaría a sostener que, si bien todos los privilegios especiales son preferencias, no todas las preferencias serían privilegios especiales en sentido estricto (dado lo señalado por el artículo). Sin embargo, en la medida en que afecten el derecho al tratamiento *pari passu* que en principio asiste a los

[109] ALEGRIA, *Fideicomiso en garantía (efecto sobre los créditos garantizados y verificación en el concurso del fiduciante)*, *LL*, 2004-D-847.

[110] CARREGAL, *El concurso del fiduciante en los fideicomisos de garantía*, *LL*, 2004-B-1217. El autor opina que las preferencias serían algo así como el género, y los privilegios, la especie.

demás acreedores sobre el valor patrimonial en consideración –que pertenece al concursado o a la masa–, en todos los casos tales preferencias deben ser sometidas a verificación. Este criterio resulta compatible con la improcedencia de verificar preferencias o privilegios que deban hacerse efectivos sobre patrimonios de terceros ajenos al concurso (casos de garantías personales o reales otorgadas por terceros en seguridad de obligaciones contraídas por el concursado). La verdadera preferencia que confiere la garantía fiduciaria a favor de su beneficiario es la de evitar el reingreso del bien fideicomitido al patrimonio del deudor o de la masa hasta ser cancelado su crédito, sea por haberse operado la extinción de la obligación o por la ejecución o realización del bien afectado. De allí que en última instancia quien soporta la preferencia es siempre el patrimonio del fiduciante-deudor y, si este es además el concursado, corresponde que esa preferencia sea verificada como tal, asimilándola a un privilegio especial[111].

b) *Quirografario.* Según Lisoprawski y Martorell, técnicamente, el acreedor beneficiario siempre lo será con carácter de quirografario, toda vez que ni el activo fiduciario afectado en garantía ni el contrato que lo instituye implican privilegio o preferencia alguna[112]. Sencillamente, porque a través del contrato de fideicomiso con finalidad de garantía no se crea un derecho real.

En torno a la naturaleza jurídica de esta garantía, Iturbide –citada por los autores mencionados– sostiene que se trata de una garantía de tipo personal y que no participa de los caracteres de las garantías reales, ya que el simple hecho de que para su efectivización sea menester la transferencia del dominio fiduciario no es suficiente a los efectos de asignar naturaleza real a este tipo de garantía[113]. Agrega Iturbide que la transferencia fiduciaria del bien dará nacimiento a un derecho real (dominio fiduciario), pero el acto de garantía propiamente

[111] Carregal, *El concurso del fiduciante en los fideicomisos de garantía, LL*, 2004-B-1217.

[112] Lisoprawski - Martorell, *El fideicomiso en garantía sobre flujos de fondos, peajes, facturación. Impugnabilidad y riegos frente al concurso del deudor y la crisis económica, LL*, 2009-C-851.

[113] Iturbide, *Reflexiones sobre la naturaleza del derecho del acreedor en el fideicomiso de garantía, LL*, 2005-A-1322.

dicho tendrá matices personales, ya que el fiduciario ejercerá el dominio fiduciario a favor del acreedor y esta afectación a la garantía del acreedor no tiene matices reales, sino meramente personales. A su vez, ESPARZA y GAMES y también MOLINA SANDOVAL entienden que es una garantía de naturaleza personal: según los primeros, la conformación de un patrimonio de afectación es un efecto del contrato de fideicomiso, pero no le otorga carácter de derecho real o de garantía real[114], y, para el otro autor, la transferencia fiduciaria del bien da nacimiento a un derecho real (dominio fiduciario), pero el acto de garantía propiamente dicho tendrá matices personales, ya que el fiduciario ejercerá el dominio fiduciario a favor del acreedor, y esta afectación a la garantía del acreedor no tiene matices reales, sino personales[115].

En contra se pronuncia MÁRQUEZ, quien sostiene que es una garantía real[116].

Por su parte, PÉREZ HUALDE estima que se trata de una figura de naturaleza mixta o compleja[117].

Luego de revisar la naturaleza de esta peculiar garantía, LISOPRAWSKI y MARTORELL concluyen que el crédito del acreedor-beneficiario no es privilegiado, porque no hay garantías personales que hayan sido receptadas como privilegios en la ley concursal; en consecuencia, jamás podría ser verificado como privilegiado, porque no lo establecen de tal manera las normas de la ley de concurso referidas a la calidad de los créditos[118].

Al preguntarse cómo debe ser insinuado este crédito, RAISBERG responde que sin lugar a dudas como quirografario[119].

114 ESPARZA - GAMES, *El fideicomiso de garantía ante el concurso preventivo y la quiebra, ED,* 194-1014.

115 MOLINA SANDOVAL, *El fideicomiso en la dinámica mercantil,* p. 390.

116 MÁRQUEZ, *El fideicomiso de garantía y el concurso del fiduciante,* "Revista de Derecho Privado y Comunitario", 2003-1-129, y *Rubinzalonline,* RC D 1188/2012.

117 PÉREZ HUALDE, "El fideicomiso en garantía y las posiciones del negocio fiduciario en la ley 24.441", en MAURY DE GONZÁLEZ (dir.), *Tratado teórico y práctico del fideicomiso,* p. 244 y 245.

118 LISOPRAWSKI - MARTORELL, *El fideicomiso en garantía sobre flujos de fondos, peajes, facturación. Impugnabilidad y riegos frente al concurso del deudor y la crisis económica, LL,* 2009-C-851.

119 RAISBERG, *El fideicomiso en garantía frente al concurso, LL,* 2006-C-1240.

En tal sentido, expresa la nombrada autora que la garantía proveniente del fideicomiso no crea un privilegio especial ni un derecho real sobre cosa ajena, pues los bienes fideicomitidos a favor del beneficiario son de su propiedad y no pertenecen al activo del concursado, sino como un crédito eventual. A tal fin, brinda las siguientes razones: "En primer lugar, por cuanto, aunque se parece a la hipoteca o prenda, el beneficiario del fideicomiso en garantía solo posee un derecho personal y no real sobre los bienes fideicomitidos. En segundo término, porque el derecho personal del acreedor-beneficiario debe ser ejercido contra el fiduciario y no contra el concursado-fiduciante, y eso lo asemeja a la garantía proveniente de un tercero [...] La tercera razón es por cuanto no podría nunca ser un acreedor privilegiado especial, si consideramos que los bienes fideicomitidos no pertenecen al patrimonio del concursado y su futuro reingreso al mismo es meramente eventual. Por último, puesto que todos los privilegios concursales deben encontrarse previstos en la ley concursal (art. 239 de la LC)"[120].

Igualmente, GIOVENCO coincide en que el acreedor-beneficiario de un fideicomiso de garantía debe insinuar su crédito como quirografario[121].

La doctrina y la jurisprudencia mayoritarias sostienen que el crédito debe ser verificado como quirografario.

c) *EVENTUAL.* Esta tesis –a la cual adherimos– le añade al carácter de quirografario el de crédito eventual o condicional.

En "Feroanco SA", se resolvió que la acreedora –Sinsbur SA– "como beneficiaria del fideicomiso resulta, así, titular de un crédito condicional, también sometido a la carga verificatoria, aun cuando todavía no se encuentre expedita su percepción por vía concursal. [...] En esa inteligencia, el crédito debe ser verificado con carácter de quirografario eventual"[122].

[120] RAISBERG, *El fideicomiso en garantía frente al concurso, LL*, 2006-C-1240.

[121] GIOVENCO, *Fideicomiso de garantía: un importante fallo, LL*, 2009-A-357.

[122] CNCom, Sala E, 14/7/2010, "Feroanco SA s/concurso preventivo s/inc. de verificación por: Sinsbur SA", *LL*, 24/2/2011, p. 3, y *LLonline*, AR/JUR/91539/ 2010.

De tal manera, se ratifica el criterio que se sustentó en el fallo "Cía. de Serv. Hipotecarios SA", en el cual se declaró verificado, con carácter eventual, el crédito insinuado por el banco fiduciario (Banco Hipotecario) en la quiebra de la sociedad que actuó como "originante" en los contratos de fideicomiso de garantía celebrados a fin de financiar varios emprendimientos inmobiliarios[123].

En otro importante precedente judicial dictado por el Superior Tribunal de Justicia de Santiago del Estero, en la causa "Maud, Elías", se declaró admisible el crédito del Banco Hipotecario en su condición de "eventual quirografario". Dentro de las cuestiones que resolvió este fallo, reseñamos las que interesan en este trabajo:

> *1*) Corresponde desestimar el recurso de casación interpuesto por el concursado y declarar "admisible" el crédito insinuado por el banco en su condición de eventual quirografario, pese a su doble carácter de fiduciario y beneficiario del fideicomiso en garantía, toda vez que el contrato de fideicomiso en garantía no puede valorarse como contrario a la moral ni a las buenas costumbres en tanto el art. 17 de la ley 24.441 faculta expresamente al fiduciario a disponer de los bienes fideicomitidos cuando lo requieran los fines del fideicomiso, por lo que el ingreso al patrimonio del acreedor del producido de su venta no puede considerarse violatorio de norma alguna.
>
> *2*) El fideicomiso en garantía, aunque coincida el fiduciario con el beneficiario principal, es lícito siempre y cuando se lo haya concebido en forma prudente y se hayan determinado en forma clara y precisa los procedimientos a seguir en caso de incumplimiento del fiduciante y el destino de los posibles remanentes que queden luego de liquidados y satisfecho el crédito, no siendo óbice al respecto la prohibición del fiduciario de adquirir para sí los bienes fideicomitidos del art. 7° de la ley 24.441[124].

En cuanto a la doctrina, MARTÍNEZ DE PETRAZZINI afirma que el beneficiario del fideicomiso en garantía posee un derecho personal en contra del fiduciario, en su calidad de tal, a ejercer sobre los bienes fideicomitidos. Por lo tanto, la situa-

[123] CNCom, Sala E, 3/4/2008, "Cía. de Serv. Hipotecarios SA (CASH) s/ conc. prev." *LL*, 2008-C-231.

[124] ST SdelEstero, Sala CivCom, 17/11/2005, "Maud, Elías s/conc. prev.", *LLNOA*, 2006-273, y *LLonline*, AR/JUR/6618/2005.

ción se asemeja más bien a la garantía otorgada por un tercero, de lo que deriva que, en el concurso del deudor cesante, el crédito revista calidad de quirografario. Agrega esta autora que en tanto el monto definitivo del crédito está pendiente de la ejecución del contrato de fideicomiso, se ha de verificar como eventual, para el supuesto de que su liquidación no permita el cobro total del crédito del beneficiario, en cuyo caso integrará la masa pasiva por el saldo insoluto de la liquidación del fideicomiso[125].

2) Ejecuciones por remate no judicial y fideicomiso de garantía. ¿Verificación del crédito?

§ 28. ***Planteo del asunto.*** – Del tratamiento de los temas anteriores, se deriva la necesidad de analizar el dispositivo contemplado en el art. 23 de la LCQ, con relación al fideicomiso de garantía; este campo, como veremos, abre un nuevo foco de discusión doctrinaria.

El art. 23 se refiere a los acreedores munidos con garantía real que, por disposición de las respectivas leyes que regulan esos créditos o garantías, pueden ejecutar el bien gravado sin necesidad de previo juicio; por ejemplo, ejecución privada de la prenda con registro (art. 39, decr. ley 15.348/1946, ratificado por ley 12.962, con las modificaciones introducidas por decr. 897/1995); ejecución especial de la hipoteca cuando se han emitido letras hipotecarias (arts. 52 y ss., ley 24.441); ejecución privada del warrant (arts. 16 a 22, ley 9643).

También quedan comprendidos en esta categoría los acreedores titulares de garantías autoliquidables: fideicomisos en garantía, cesión de créditos en garantía, prenda de créditos, etcétera[126].

El precepto impone al acreedor dos deberes:

a) Rendir cuentas. Dicha rendición debe ser instruida y documentada, y se sustancia por incidente (art. 280, LCQ) con intervención del concursado y del síndico.

[125] Martinez de Petrazzini, en Martorell (dir.), *Ley de concursos y quiebras*, t. III, p. 674.

[126] Rivera, *Instituciones de derecho concursal*, t. I, p. 354.

b) Comunicar el remate. Debe hacerse si el concurso preventivo ha sido abierto y la resolución respectiva se ha publicado (art. 27, LCQ) antes de los avisos de remate extrajudicial. Respecto a esta previsión, expresan JUNYENT BAS y MOLINA SANDOVAL que su falta de cumplimiento es grave: no importa la ineficacia, sino la nulidad del remate (y el adquirente en subasta –usualmente de buena fe– deberá restituir el bien y tendrá derecho a reclamar el monto erogado por la subasta); la nulidad podrá ser decretada de oficio por el juez concursal[127].

Cabe aclarar que las previsiones del art. 23 de la LCQ son aplicables a la quiebra, habida cuenta de lo dispuesto por el art. 210[128].

No hay duda de que las ejecuciones judiciales de garantías reales se suspenden o no podrán deducirse hasta tanto no se haya presentado el pedido de verificación respectivo (art. 21, inc. 2, LCQ).

En cambio, existe una fuerte polémica cuando se trata de dilucidar si la misma carga verificatoria pesa en las ejecuciones extrajudiciales de garantías autoliquidables, conforme se analiza a continuación (§ 29 y 30).

§ 29. ***POSTURA A FAVOR DE LA VERIFICACIÓN.*** – Según esta corriente –la cual compartimos–, en las ejecuciones de las garantías, sean judiciales o extrajudiciales, se debe verificar el crédito como paso previo al remate o ejecución de la garantía.

En esta postura doctrinaria se enrola PUERTA DE CHACÓN, quien sostiene que de la letra de la ley de concursos y quiebras no se deriva la excepción a la carga verificatoria de los créditos con garantías reales, sea que gocen o no de un trámite de ejecución por remate no judicial[129]. En efecto, la norma que rige

[127] JUNYENT BAS - MOLINA SANDOVAL, *Ley de concursos y quiebras,* t. I, p. 244.

[128] Por error de transcripción en la aprobación parlamentaria de la ley 24.522, el art. 210 remite al art. 24, pero debería remitir al art. 23, norma esta que reproduce, con algunos retoques, el contenido del viejo art. 24 de la ley 19.551.

[129] PUERTA DE CHACÓN, El *remate no judicial. ¿Un permiso legal para eludir el concurso?, LLGranCuyo,* 4/9/1997, p. 65 a 79, comentario a CSJN, 6/5/1997, "Cía. Financiera Luján Williams SA c/González, Jorge A. s/acc. priv. prendaria". En la ponencia presentada por la misma autora en las Jornadas de Derecho Concursal organizadas por la Facultad de Ciencias Económicas y

en materia concursal la obligación de verificar es el art. 32 de la LCQ y ella ningún crédito excepciona. El mismo art. 21, inc. 2, de la LCQ exige a estos acreedores presentar el pedido de verificación, sin distinguir la ejecución judicial o extrajudicial de la garantía real. Solo a través del proceso de conocimiento en que participan todos los acreedores, como es el trámite verificatorio, se asegura la efectividad del principio de la *par condicio creditorum* y el debido derecho de defensa.

Concluye que la solución debe ser conciliadora y ello requiere interpretar sistemáticamente el régimen legal. En el concurso, como en la quiebra, todos los acreedores deben someter sus créditos y privilegios a la instancia verificatoria, no deben eludirla. El beneficio de una ejecución especial o privada solo alcanza a la fase de realización de la garantía real, más no la transforma *–per se–* en un título inatacable.

Para Boretto, la necesidad de tutelar el crédito con garantía autoliquidable no es incompatible con la protección de los demás sujetos involucrados en el proceso concursal. Las ventajas que confieren estas garantías, la seguridad y celeridad de cobro, deben compatibilizarse con el debido control de legalidad, y debe por ello exigirse el trámite verificatorio con el fin de asegurar, si bien en forma acotada, el conocimiento previo a la ejecución.

Manifiesta el autor citado que la legislación mercantil debe ser interpretada en forma armónica (arts. 23, 32 y concs., LCQ, y arts. 585, 587 y concs., Cód. de Comercio; actuales arts. 2229 y 2234, Cód. Civil y Comercial) y en consonancia con el resto de nuestro ordenamiento jurídico (art. 18, Const. nacional), de manera tal de respetar todos y cada uno de los intereses en juego en el proceso concursal. Por lo tanto, la necesidad de la verificación, como paso previo a la ejecución de la garantía prendaria, se impone no solo por un argumento de jerarquía constitucional, sino también por una cuestión de seguridad jurídica y justicia, consistente en que, con el debido control de legalidad tanto del crédito como de su garantía por parte del órgano jurisdiccional, se asegura al concursado y al resto de los acreedores la tutela del derecho de propiedad y el respeto a la garantía del debido proceso legal, al ejecutarse una garantía "autoliquidable" de manera regular.

---

la Facultad de Derecho de la Universidad Nacional de Cuyo, Mendoza, 9 a 11 nov. 2004, reafirma esta postura.

Concluye BORETTO que "tanto en el concurso como en la quiebra, todos los acreedores deben someterse a la instancia verificatoria sin distinguir la naturaleza de sus créditos y las garantías con que los mismos cuentan" [130].

Por su parte, GRISPO entiende que "pesa sobre todos los acreedores del concursado por causa o título anterior la obligación de proceder a verificar sus créditos indicando sus títulos y causas conforme la normativa concursal. Incluimos necesariamente, dentro de esta regla, a aquellos acreedores que tengan derecho a remate extrajudicial. Nos parece que con mayor razón debe pensarse en la necesidad de la verificación previa de estos acreedores, pues si el art. 21, en su inc. 2 establece que las ejecuciones de garantías reales –y estas lo son– se suspenden, o no podrán deducirse, hasta tanto no se haya presentado el pedido de verificación respectivo, no vemos argumento alguno que releve a estos acreedores de obrar de la misma manera que los demás. La circunstancia de que por vía incidental se presenten a rendir cuentas y procedan, en caso de remate, al depósito de los fondos correspondientes, no los releva de verificar si la ejecución ya se ha realizado, y, de no haberse producido, la misma se suspenderá hasta tanto opere la verificación respectiva" [131].

En esta postura se alista QUINTANA FERREYRA, quien sostiene: "En consecuencia, es ineludible la sumisión al proceso de verificación de créditos. La facilidad acordada por otras leyes y reconocida en el texto legal que comentamos, para rematar al margen de la intervención judicial, no exime de requerir la verificación, y en estos supuestos, con mayor razón por tratarse de créditos privilegiados"[132].

La tesis de que es insoslayable el trámite verificatorio del acreedor con garantía autoliquidable también es seguida por NISSEN[133].

[130] BORETTO, *Ejecución de la garantía prendaria constituida sobre cheques de pago diferido de terceros y el concurso preventivo del deudor endosante de los mismos, ED,* 189-745.

[131] GRISPO, *Tratado sobre la ley de concursos y quiebras,* t. I, p. 371 y 372.

[132] QUINTANA FERREYRA, *Concursos,* t. 1, p. 296.

[133] NISSEN, *Prenda de documentos y facultades del banco frente al concurso preventivo de la deudora prendaria,* quien anota el fallo dictado por la CNCom, Sala D, 24/10/1994, "Neuberger Hnos. SA s/concurso preventivo", *LL,* 1995-C-201.

§ 30. ***Postura en contra de la verificación.*** – Sostiene que es innecesario el cumplimiento de la carga verificatoria en las ejecuciones extrajudiciales.

La Corte Suprema de Justicia, durante la vigencia de la ley 19.551, en el precedente "Banco Financiero Argentino SA", sentó el criterio de que el art. 22 de la LCQ (actual art. 21, ley 24.522) se refiere a los juicios de ejecución prendaria promovidos contra el concursado, carácter que no tiene el trámite previsto en el art. 39 de la ley de prenda con registro (consid. 3°)[134]. Este último trámite, al que la propia ley denomina "venta extrajudicial", no resulta abarcado por la previsión del art. 22, inc. 1, de la ley 19.551 (actual art. 21, inc. 1, ley 24.522), razón por la cual no rige en el caso la obligación de verificar el crédito en el concurso que esta última norma legal impone, la que solo alcanza a los procesos en los que se ejecuta judicialmente el derecho real de garantía (consid. 4°).

En el caso "Cía. Fin. Luján Williams SA", se suscitó un conflicto positivo de competencia entre el juzgado donde tramitaba una acción privada prendaria de conformidad con el art. 39 de la ley 12.962 (Juzgado Civil, Comercial y Minas n° 12 de la 1ª Circunscripción Judicial de Mendoza) y el que entendía en el concurso preventivo del deudor prendario (Juzgado Civil, Comercial y de Conciliación de la localidad de Huinca Renancó, provincia de Córdoba). La Corte Suprema de Justicia de la Nación, al dirimir la contienda, resolvió la inaplicabilidad del fuero de atracción y la competencia del juez de la provincia de Mendoza para seguir conociendo en el proceso, sin ingresar a la cuestión relativa a la obligación de verificar[135]. En lo que

[134] CSJN, 12/5/1987, "Banco Financiero Argentino SA c/Criaderos y Semilleros Rumbo SCA y otros", *Fallos,* 310 :928.

[135] CSJN, 6/5/1997, "Cía. Financiera Luján Williams SA c/González, Jorge A. s/acc. priv. prendaria", *LLGranCuyo,* 4/9/1997, p. 65 y siguientes. El conflicto positivo de competencia se originó por los siguientes motivos: el juez a cargo del Juzgado Civil, Comercial y de Conciliación de Huinca Renancó, provincia de Córdoba, comunicó al Juzgado en lo Civil, Comercial y Minas n° 12 de Mendoza la apertura del concurso preventivo de "Gómez, Mateo, y Jorge A. González" y en virtud de ello y lo dispuesto por el art. 21, incs. 1 y 2, de la ley 24.522, solicitó la remisión de la ejecución prendaria para ser agregada al proceso concursal. Recibida la pertinente rogatoria por el juzgado de la provincia de Mendoza, su titular resistió a la solicitud de inhibitoria, alegando que la norma citada no era aplicable al caso, por darse uno

aquí interesa destacar, el juez mendocino, apoyándose en la jurisprudencia del máximo tribunal[136], consideró que el proceso denominado "venta extrajudicial" regulado por el indicado art. 39 no resulta atraído por el concurso del deudor prendario, en razón de que la obligación de verificar impuesta por el art. 21, inc. 1, de la ley 24.522 se refiere específicamente a "juicios", mientras que la pretensión que ejercita el acreedor prendario por el trámite dispuesto por el art. 39 de la ley de prenda con registro no da lugar a un "juicio", en el sentido de un tipo de procedimiento con efectiva contienda defensiva. Sostiene que la verificación no es necesaria, por la simple circunstancia de que existe una norma que excepciona expresamente el normal proceso verificatorio, cual es el art. 23 de la ley 24.522, que impone, en cambio, una rendición de cuentas. Y concluye: "Por lo que en una interpretación sistemática de la nueva normativa, no podría sostenerse que las ejecuciones por remate no judicial (como bien titula la ley) se encuentren abarcadas por el fuero de atracción del concurso, ya que si no necesitan siquiera verificar, resulta absurdo que se vieran sometidas a una limitación ampliamente superior como es el desplazamiento de su competencia hacia ese mismo concurso"[137].

Asimismo, en otra causa se expresó: "Si el peticionario denunció la realización de un remate extrajudicial en los términos de la ley 24.522, art. 23, y presentó la rendición de cuentas respectiva, que se encuentra pendiente de aprobación, resulta improcedente que el magistrado resuelva intimar al acreedor a verificar el crédito y depositar el importe percibido hasta tanto recaiga decisión firme acerca de la legitimidad del crédito, ello si –como en el caso– se verifica que se trató de una venta extrajudicial regida por la ley 12.962, art. 39, pues no rige la obligación de verificar el crédito en el concurso que solo alcanza a

---

de los supuestos de excepción al fuero de atracción que ejercen los juicios universales, cual es el previsto en los arts. 21, inc. 2, y 23 de la LCQ.

[136] CSJN, 12/5/1987, "Banco Financiero Argentino SA c/Criaderos y Semilleros Rumbo SCA y otros", *Fallos*, 310:928. Este fallo fue dictado durante la vigencia de la ley 19.551, el cual, según el juez del Juzgado Civil, Comercial y Minas nº 12, 1ª circunscripción judicial, de Mendoza, se aplica al sistema de la ley 24.522.

[137] Precedente comentado por Puerta de Chacón, El *remate no judicial. ¿Un permiso legal para eludir el concurso?*, *LLGranCuyo*, 4/9/1997, p. 65 a 79.

los procesos en los que se ejecuta judicialmente el derecho real de garantía"[138].

También en otros precedentes se sostuvo que las ejecuciones extrajudiciales se rigen por los arts. 23 y 24 de la LCQ, de acuerdo con los cuales el concurso preventivo del deudor no tiene en principio incidencia alguna en la marcha de tales ejecuciones. Solo pesa sobre los eventuales ejecutantes un mero deber de información, de rendición de cuentas y de depósito de un eventual remanente (si así correspondiere) y no más que eso. Por ello, el principio general es que en ese tipo de ejecuciones no juega –como regla– la suspensión concursal ni se aplica a ellas la norma del art. 21 de la LCQ[139].

Afirman Junyent Bas y Molina Sandoval "El principio del art. 21, LCQ, para la ejecución de garantías reales (que señala que la ejecución de garantías reales se suspende o no puede deducirse hasta que no se haya presentado el pedido de verificación de crédito) no se aplica cuando se trata de una ejecución extrajudicial en los términos del art. 23, LCQ"[140]. Sin embargo, destacan los autores mencionados que existe discusión doctrinaria sobe la necesidad de la verificación del crédito en el concurso.

La tesis de que no es necesaria la verificación en las ejecuciones extrajudiciales de garantías autoliquidables es igualmente sostenida por Rivera y Tonón[141].

Respecto al alcance de la rendición de cuentas que estatuye el art. 23 de la LCQ, en la causa "Knitax Argentina" se dijo que este incidente comporta un proceso de verificación con características propias que suple la insinuación del art. 32 de dicha ley. En tal fallo, se parte del interrogante de si todos los acreedores sin excepción deben recurrir al proceso típico que instauran los arts. 33 y ss. de la 19.551 (actual art. 32,

[138] CNCom, Sala B, 10/3/1997, "Empresa Bernasconi Turismo y Excusiones SRL s/inc. rendición de cuentas", dictamen del fiscal de Cámara.

[139] CNCom, Sala A, 13/2/2007, "Licursi, Ricardo O. s/concurso preventivo s/incidente de apelación"; íd., íd., 12/3/2008, "Reynoso Hnos. SA s/quiebra s/inc. de automotores s/incidente de apelación".

[140] Junyent Bas - Molina Sandoval, *Ley de concursos y quiebras*, t. I, p.

[141] Rivera, *La cesión de créditos en garantía y el concurso preventivo del cedente*, *ED*, 173-445; Tonón, *Derecho concursal. Instituciones generales*, t. I, p. 349.

ley 24.522), es decir, si esta es la única vía apta para admitir la participación en el concurso. Luego de interpretar el sentido del art. 33 de la vieja ley 19.551 (actual art. 32, ley 24.522), se concluye que no hay óbice legal expreso en orden a concebir la posibilidad de que, en relación con cierta clase de acreedores, pueda haberse instaurado otro medio para acceder al pasivo. En otras palabras, que no puede existir una única vía para llegar a ese fin. Al adentrarse en el análisis particular del art. 24 de la ley 19.551 (actual art. 23, ley 24.522), el tribunal concluye que en él se encuentra perfilado un proceso de verificación con características propias. A continuación, expresa: "En su defecto carecería de justificación la orden de exhibir los títulos impuesta al acreedor y la subsiguiente rendición de cuentas por incidente separado si de todos modos para legitimar la percepción del crédito tuviera que ocurrir nuevamente ante el síndico en los términos y plazos previstos por los arts. 33 y siguientes [actual art. 32] [...] Añádase a ello que a dicho funcionario se lo considera –expresamente– parte necesaria en aquel incidente cuya sustanciación, a su tiempo, naturalmente debe ser previa. Es decir, si la rendición de cuentas tiene por objeto determinar la corrección del monto numérico del remanente y con anterioridad a la legitimación del crédito, no se ve la razón por la cual debería reeditarse, en términos similares, una cuestión cuya consideración y análisis ha sido realizada y concluida anteriormente"[142].

Idéntico criterio adopta GEBHARDT, para quien el incidente de rendición de cuentas en los términos del art. 23 de la LCQ implica un proceso de verificación peculiar que torna innecesaria la insinuación del art. 32 de dicha ley[143].

§ 31. ***NUESTRA OPINIÓN. VERIFICACIÓN DEL CRÉDITO.*** – Entendemos que el acreedor beneficiario debe verificar su crédito en el concurso o quiebra del deudor fiduciante. Ello, conforme a las siguientes razones:

a) Por aplicación del principio de la *universalidad* o *colectividad* del proceso concursal, la ley de concursos y quiebras es clara al disponer, en el art. 32 –al igual que en los arts. 126

[142] CNCom, Sala B, 15/8/1980, "Knitax Argentina", *LL*, 1981-A-380.

[143] FASSI - GEBHARDT, *Concursos y quiebras*, p. 95.

y 200–, que todos los acreedores por causa o título anterior a la presentación y sus garantes deben formular al síndico el pedido de verificación de sus créditos, indicando monto, causa y privilegios, y no excepciona a ningún acreedor cuyo crédito se encuentre en el pasivo concursal o quebrado.

En la regulación del fideicomiso tampoco existe norma alguna que exima al acreedor beneficiario de la carga de insinuarse en el concurso o quiebra del deudor fiduciante.

Al margen de lo expuesto, cabe señalar que la figura del fideicomiso no es un compartimento estanco separado del ordenamiento jurídico general, pues ninguna rama de las ciencias jurídicas puede bastarse a sí misma, ya que entre todas hay un vínculo material, una relación de parentesco, que deriva del origen común. En tal virtud, no corresponde interpretar en forma aislada o con criterio sumamente exegético las disposiciones relativas al fideicomiso, sino conjugándolas con el resto de la legislación.

Así, del juego armónico de la normativa del fideicomiso con las disposiciones de la ley de concursos y quiebras y con los principios allí informados, deviene necesaria la verificación que aquí postulamos.

b) Mediante la verificación del crédito del acreedor beneficiario se resguarda la *par condicio creditorum*; una solución contraria a la enunciada implicará la violación de este principio fundamental del régimen falencial, y se tornarían aplicables los arts. 16 y 17 de la LCQ.

c) Sabido es que la verificación de créditos es el núcleo sustancial del proceso concursal, que permite un debido control de legalidad del crédito y de la garantía. A través de la verificación, el acreedor puede obtener el reconocimiento de su derecho y legitimar sus pretensiones[144].

Consecuentemente, el acreedor beneficiario debe insinuarse en el pasivo para lograr el reconocimiento de la legitimidad de la acreencia que invoca.

d) En el fideicomiso de garantía existe una relación base o principal que es la que da causa a dicha garantía. En otras palabras, el fideicomiso de garantía es una obligación accesoria en

[144] Junyent Bas - Molina Sandoval, *Ley de concursos y quiebras*, t. I, p. 245.

relación con la obligación creditoria principal que subyace a ella o le da origen. Este crédito principal (v.gr., mutuo) es un pasivo del deudor fiduciante –no así el bien que sirve de asiento de la garantía, ya que salió del patrimonio del deudor fiduciante–.

Por lo tanto, el acreedor debe presentarse a verificar su crédito principal y denunciar su garantía. Esto de ninguna manera implica que el acreedor haya renunciado implícitamente a su garantía.

e) Vinculado con lo anterior, tenemos que la constitución de un fideicomiso en garantía no importa novación de la obligación principal garantizada.

Como consecuencia de la inexistencia de novación de la obligación principal y de la falta de liberación del deudor original, el crédito debe ser verificado en el concurso del deudor fiduciario.

Cabe aclarar que la homologación del acuerdo preventivo presentado por el deudor fiduciante no produce novación, en los términos del art. 55 de la LCQ, de la obligación de garantía fiduciaria, pues esta reviste carácter accesorio y la novación solo afecta a la obligación principal.

f) El fideicomiso de garantía comparte con la garantía otorgada por un tercero la característica de que en ambos casos hay un tercero ajeno a la relación creditoria que debe pagar la deuda de esta última. Si el acreedor titular de un crédito garantizado por un tercero tiene la carga de verificar su crédito en el concurso del deudor, aun cuando el garante se encuentre *in bonis*, no existen motivos para que el acreedor beneficiario no deba verificar su crédito.

g) Los titulares de créditos dotados con garantía real, como la prenda o hipoteca, no están exentos de la carga verificatoria; por el contrario, deben acreditar la insinuación de su crédito y privilegio como paso previo para proseguir con la ejecución de la garantía (art. 21, inc. 2, LCQ). Así, no vemos razones para que la carga verificatoria la deban cumplir el resto de las garantías salvo el fideicomiso.

h) El art. 1674 del Cód. Civil y Comercial establece que el fiduciario debe actuar *"con la prudencia y diligencia del buen hombre de negocios"*. Por ende, a los efectos de un debido cumplimiento de tal pauta de conducta legal, debe presentar la solicitud de verificación.

A su vez, el art. 1675 le impone al fiduciario la obligación de rendir cuentas. Consecuentemente, es importante que informe todo lo atinente al desempeño del fideicomiso a su cargo, no solo para cumplir con esa obligación y en resguardo de su responsabilidad, sino porque una vez realizada la garantía puede quedar un saldo remanente a favor del deudor fiduciante (concursado), que debe ingresar a la masa de acreedores, una vez cancelado el crédito así garantizado y los gastos causídicos, así como también las retribuciones devengadas a su favor y los reembolso de gastos incurridos (los que deben ser verificados en el concurso).

También el deudor fiduciante (concursado) debe informar la existencia del fideicomiso en su presentación en concurso preventivo o pedido de propia quiebra, a tenor de lo dispuesto por los arts. 11, inc. 5, y 86 de la LCQ.

i) La verificación es aconsejable para el acreedor fiduciario a fin de no quedar expuesto a acciones por parte del deudor fiduciante (concursado), del síndico o de los demás acreedores. Difícil es pensar que el síndico, el deudor concursado y el resto de los acreedores permanecerán pasivos en caso de que el acreedor fiduciario ejerza sus derechos a espaldas del proceso concursal. Por ende, si verifica su crédito y transparenta la situación, se evitará riesgos.

En suma, el acreedor beneficiario debe pasar por el filtro del concurso, para obtener el reconocimiento de la legitimidad de su acreencia. Ello redundará no solo en su propio interés, sino también en interés del deudor fiduciante y de la masa de acreedores.

Queda, pues, por expedirnos sobre la calidad del crédito que se debe verificar. En tal sentido, adscribimos a la tesis que sostiene que el crédito debe ser verificado como *quirografario eventual*. Los fundamentos que abonan nuestra posición son los siguientes.

La constitución de un fideicomiso importa extraer del patrimonio del fiduciante un bien determinado, constituyéndose los bienes fideicomitidos en un patrimonio separado afectado a un fin específico (art. 1685, Cód. Civil y Comercial), que no puede ser agredido por los acreedores del fiduciante, salvo por acción de fraude o de ineficacia concursal (art. 1686).

Trasladando este principio al fideicomiso en garantía, tenemos que el bien fideicomitido en garantía se ha parágrafo del patrimonio del deudor fiduciante. Vale aclarar que el contrato de crédito principal –que le dio causa a la garantía fiduciaria– sigue integrando el pasivo del deudor fiduciante. No ocurre lo mismo con la garantía fiduciaria, pues el bien que le sirve de asiento salió del patrimonio del deudor fiduciante y, por lo tanto, ya no integra su pasivo concursal.

En virtud de que el bien fideicomitido ya no pertenece al patrimonio del deudor fiduciante, el crédito debe ser verificado como *quirografario*, pues no existe garantía alguna en el patrimonio del deudor concursado.

Así, no corresponde que el acreedor se insinúe en el pasivo como privilegiado especial, pues, como dijimos, el activo fiduciario afectado en garantía ya no integra el patrimonio del deudor fiduciario (y sabido es que los privilegios especiales deben recaer sobre bienes del patrimonio del deudor).

Además, ni la garantía fiduciaria ni el contrato que la instituye implican privilegio alguno.

Asimismo, hay que tener en cuenta que el art. 239 de la LCQ dispone que en el concurso solo gozarán de privilegio los créditos enumerados en el Capítulo I, del Título IV de tal cuerpo legal, y dicho capítulo no incluye entre sus privilegios el fideicomiso. Aun considerando que existen privilegios más allá de esa norma específica, no hay discrepancia doctrinaria ni jurisprudencial acerca de que todos los privilegios son de fuente legal y no pueden crearse por la autonomía de la voluntad. En el caso, no existe norma –concursal u otra– que reconozca su existencia en cabeza del beneficiario de un fideicomiso en garantía[145].

A mayor abundamiento de lo expuesto en el párrafo anterior, cabe destacar que la interpretación de todo lo concerniente a privilegios debe ser restrictiva y, en caso de duda, ha de estarse en contra de la existencia del privilegio. También en esto la jurisprudencia se ha mostrado tradicionalmente concordante, asignando carácter quirografario al crédito cuyo encuadre privilegiado fuera razonablemente dudoso[146].

[145] Favier Dubois (p.), *Fideicomiso de garantía ¿sí o no?*, *DSE*, nº 165, ago. 2001, p. 135.

[146] Rouillon, *Régimen de concursos y quiebras*, p. 344.

Ahora bien, el monto definitivo del crédito permanecerá indefinido hasta tanto se realice la garantía. En consecuencia, el crédito debe ser verificado con carácter de *quirografario eventual*. Así, para el supuesto de que exista un saldo insoluto luego de ejecutada la garantía, el acreedor beneficiario puede cobrarlo a prorrata del acervo concursal y, si existe un remanente a su favor, deberá ingresarlo a la masa de acreedores.

De esta manera, se salvaguardan los derechos del acreedor beneficiario así verificado, ya que, ante la eventualidad de la insuficiencia de los bienes fideicomitidos, podrá reclamar el saldo insoluto en el concurso.

En torno a los acreedores eventuales, expresan RIVERA, ROITMAN y VÍTOLO "Son eventuales o condicionales quienes tienen su derecho de crédito, frente al deudor fallido, sujeto a una condición o a una eventualidad, y son admitidos al concurso conforme a las circunstancias de su eventualidad"[147].

Al ser un acreedor con crédito eventual, mientras no se determine el posible saldo insoluto (o remanente), no podrá ejercer ningún derecho en el concurso, entre otros, participar y votar en la propuesta concordataria[148].

Por ello, la verificación como quirografario eventual también es justa para los restantes acreedores quirografarios del deudor fiduciante, ya que el acreedor beneficiario así verificado no podrá participar del procedimiento de aprobación del acuerdo preventivo.

3) LAS MEDIDAS CAUTELARES CONCURSALES Y EL FIDEICOMISO DE GARANTÍA

§ 32. ***INTRODUCCIÓN***. – Otra cuestión conflictiva que se presenta en torno a la figura que nos ocupa son las medidas cautelares solicitadas por el deudor concursado (fiduciante) por las que pretende la suspensión de los efectos del contrato de fidei-

[147] RIVERA - ROITMAN - VÍTOLO, *Ley de concursos y quiebras*, t. III, p. 412.

[148] De esta forma se salva la apreciación de ALEGRIA, en el sentido de que, si se verifica el crédito como quirografario, el acreedor podrá intervenir en las decisiones del concurso en tal carácter, lo que resultaría inequitativo para los demás acreedores [*Fideicomiso en garantía (efecto sobre los créditos garantizados y verificación en el concurso del fiduciante)*, *LL*, 2004-D-847].

comiso de garantía o la restitución de lo cobrado por el acreedor (beneficiario).

Las posiciones se encuentran divididas con relación a la procedencia o no de la cautelar.

§ 33. *Tesis amplia*. – En la causa "Dinar Líneas Aéreas SA" se concedió la medida cautelar de no innovar solicitada por la concursada antes de la apertura del concurso, consistente en que el banco fiduciario se abstuviera de retener los fondos provenientes de su recaudación por la venta de pasajes mediante tarjetas de créditos y en agencias de viajes, hasta tanto se insinuase el crédito en el pasivo concursal[149]. Dicha recaudación integraba un fideicomiso en garantía por el pago de un préstamo otorgado a Dinar por el Banco de la Nación Argentina, en el cual se convino que, en caso de mora, la entidad bancaria quedaba autorizada a retener el dinero de la venta de pasajes con tarjetas de crédito y en agencias de viajes, para imputarlos al pago del préstamo. En su presentación, la compañía aérea argumentó el colapso que enfrentaba frente al bloqueo de su recaudación ordinaria –que significaba alrededor del cincuenta por ciento de sus ingresos por venta de pasajes–, principal fuente de recursos para poder seguir funcionando, e invocó la *par condicio creditorum* y la improcedencia de las vías directas y ejecución de garantías frente a lo establecido por el art. 32 de la LCQ. Atendiendo a esos motivos, el juez hizo lugar a la medida cautelar por treinta días y ordenó al banco fiduciario –que era simultáneamente beneficiario– que se abstuviera de retener los fondos.

En el fallo "Kayders SA", se admitió por el término de noventa días la cautelar de no innovar solicitada respecto de la venta de un campo de propiedad de la concursada objeto de un fideicomiso en garantía, pues ello –dijo la Cámara– compatibiliza los intereses de la empresa y los sociales involucrados en toda decisión que tienda a preservar fuentes de producción y de trabajo con los de los acreedores del fideicomiso y los concursales[150].

[149] JuzgConc, Quiebras y Soc, 2ª nominación, Salta, 9/8/2002, "Dinar Líneas Aéreas SA s/conc. prev.", *LL*, 2003-D-20.

[150] CNCom, Sala E, 17/11/2006, "Kayders SA s/conc. preventivo", *LL*, 2006-F-483, y *LLonline*, AR/JUR/ 6214/2006.

Ahora bien, en el fallo se dejó aclarado que: "Toda vez que el fideicomiso tiene por objeto sustraer al acreedor de los avatares que puede sufrir la economía del deudor, constituyendo un patrimonio de afectación de rápida liquidación y ajeno a la acción de los acreedores del fiduciante y del fiduciario, la adopción de la medida cautelar de no innovar solicitada respecto del bien fideicomitido, aun en el marco de un concurso preventivo, debe ser adoptada con criterio sumamente restrictivo".

En la doctrina, TON se pronuncia a favor de las medidas cautelares frente al concurso del deudor. Así, el citado autor afirma: "Un arma poderosa es garantizar la deuda con un fideicomiso de garantía, pero si es mal utilizada, una buena defensa es admitir medidas cautelares como la medida de no innovar u otras, pero siempre basadas en la certeza del derecho, cuando hay peligro en la demora y con una buena contracautela"[151].

Por su parte, FAVIER DUBOIS (H.) concluye que, con fundamento en la carga de verificar la obligación principal que pesa sobre el acreedor-beneficiario basada en la accesoriedad, la consecuente improcedencia de que el fiduciario realice el bien fideicomitido hasta que la verificación tenga lugar, y la tutela de la continuidad de la empresa y de la igualdad de los acreedores, corresponde decretar por parte del juez del concurso preventivo del deudor fiduciante una medida cautelar de no innovar sobre la ejecución del fideicomiso de garantía hasta que se admita la verificación[152].

§ 34. ***TESIS RESTRICTIVA.*** – En la línea contraria a la tesis citada precedentemente, encontramos la causa "Litoral Citrus SA", en la cual se rechazó una medida cautelar solicitada por el concursado tendiente a que cesara el fiduciario en la administración y disposición de los fondos ingresados en virtud del contrato de fideicomiso que los unía, pues manifestó el tribunal que "los activos que constituyen objeto de un contrato de fideicomiso, conforman un patrimonio separado tanto del patrimonio del fiduciario como del fiduciante, que no puede ser

[151] TON, "La medida de no innovar en el fideicomiso de garantía", en AA. VV., *Las medidas cautelares en las sociedades y los concursos*, p. 194.

[152] FAVIER DUBOIS (H.), "Medidas cautelares no tipificadas en los actuales procesos concursales: 'cuota Hilton', APE y fideicomiso", en AA.VV., *Las medidas cautelares en las sociedades y los concursos*, p. 141.

agredido por los acreedores de ninguno de ellos, ya que esa autonomía tiende, precisamente, a asegurar el cumplimiento del destino del fideicomiso"[153].

En esta última posición se enrolan JUNYENT BAS y MUSSO[154]. El juez del concurso –expresan– no puede disponer medidas cautelares sobre los bienes fideicomitidos, pues en virtud del contrato estos bienes han salido del patrimonio del fiduciante, conformando un patrimonio de afectación separado del patrimonio del fiduciante y del fiduciario, con efectos frente a terceros desde el momento en que se cumplen las formalidades exigibles de acuerdo con la naturaleza de los bienes respectivos.

También BARACAT adhiere a la tesis negativa del dictado de medidas cautelares en el caso en estudio. Manifiesta este autor: "Más allá de la postura que se adopte en torno a este tema por ahora tan polémico, ha de tenerse presente que el fideicomiso tiene por objeto sustraer al acreedor de los avatares que puede sufrir la economía del deudor concursado, constituyendo un patrimonio de afectación de rápida liquidación y ajeno a la acción de los acreedores del fiduciante y del fiduciario, de tal forma, no puede despacharse ligeramente medidas cautelares, desde que su libramiento se encuentra sujeto a una valoración judicial "estricta"[155].

§ 35. ***NUESTRA OPINIÓN.*** – Las medidas cautelares frente al concurso del deudor (fiduciante) deben estar a las situaciones de hecho de cada caso en particular que invaliden o no presuntamente un negocio. Entendemos que solo pueden ser decretadas con *criterio restrictivo* y ante situaciones o circunstancias *extraordinarias*, en las cuales la tutela inmediata resulta imprescindible a fin de no frustrar las reales posibilidades de éxito del concurso.

En este tema, el juez del concurso deberá ser sumamente cauteloso y prudente antes de admitir una cautelar.

153 CNCom, Sala C, 12/7/2002, "Litoral Citrus SA s/conc. prev.", *LL*, 2002-E-683.

154 JUNYENT BAS - MUSSO, *Las medidas cautelares en los procesos concursales*, p. 136.

155 BARACAT, *Medidas cautelares en los concursos*, p. 262.

Planteada una medida de tal naturaleza, el juez se encontrará frente a una delicada y difícil decisión, pues por un lado debe velar por la conservación de la empresa y la protección del crédito, asegurando la intangibilidad del patrimonio en crisis como universalidad jurídica, y, por el otro, debe resguardar la figura del fideicomiso de garantía para no crear inseguridad jurídica. Por esa razón, el juez deberá extremar el análisis de tal solicitud y, en caso de duda o disyuntiva, deberá rechazarla. De lo contrario, si adopta un criterio amplio o permisivo, puede prestarse al juego de litigantes o concursados aviesos que, so pretexto de mantener la integridad o igualdad de la masa, utilicen desviadamente las cautelares para forzar cuestiones de fondo o para dilatar el proceso. Ello, a la postre, implicará no solo desvirtuar el fin propio de la cautelar, sino, lo que es peor aún, desnaturalizará la figura del fideicomiso de garantía.

Con acertado criterio, Favier Dubois (h.) ha dicho con relación al tema que "el juez del concurso tiene facultades para dictar medidas cautelares no tipificadas por la ley, pero ellas no pueden ser ejercidas en forma indiscriminada sino valorando, en cada situación, los derechos de terceros, el ordenamiento jurídico general, la defensa de la integridad del patrimonio del deudor y la buena marcha del trámite concursal hacia su finalidad específica"[156].

Amén de lo expuesto, y para el excepcional y restrictivo supuesto de que el juez admita la cautelar innovativa, esta –en principio– debe tener carácter temporal.

Sobre el particular, autorizada doctrina afirma que la medida cautelar debe durar hasta que sea admitida la verificación del crédito del acreedor, lo cual es una alternativa válida[157].

Sin embargo, el inconveniente que puede presentar la solución apuntada es que la suspensión de la ejecución o cumplimiento del contrato de fideicomiso de garantía, hasta tanto se

[156] Favier Dubois (h.), *Las medidas cautelares concursales, RDCO,* 1991-117.

[157] Favier Dubois (h.), "Medidas cautelares no tipificadas en los actuales procesos concursales: 'cuota Hilton', APE y fideicomiso", en AA.VV., *Las medidas cautelares en las sociedades y los concursos*, p. 141; Tevez, "Suspensión preventiva de la ejecución del fideicomiso de garantía en caso de concurso preventivo del fiduciante", en *X Jornadas Nacionales de Institutos de Derecho Comercial*, p. 283.

tenga por verificado el crédito del acreedor, puede durar meses o años. No por el trámite de la insinuación, dado que la emisión del informe individual y la resolución verificatoria son por lo general rápidas, sino por los eventuales incidentes de revisión que pueden insumir un prolongado tiempo (máxime si quien promueve el incidente no tiene la intención de que el proceso avance, sino que lo guían fines meramente dilatorios).

En tal caso, en ejercicio de las facultades conferidas por los arts. 34 y 204 del Cód. Proc. Civil y Comercial, el juez puede optar por limitar temporalmente la medida en cuestión, tal cual se dispuso en el fallo "Kayders SA"[158].

De tal manera, una vez transcurridos los días de vigencia de la medida –a cuyo término caduca de pleno derecho–, si se mantienen o agravan las circunstancias que fundaron su adopción, se puede analizar –a pedido del cautelante– la prórroga o el dictado de una nueva cautelar, conforme las constancias que obren en el expediente, y la conducta y diligencia procesal del solicitante de la medida.

[158] CNCom, Sala E, 17/11/2006, "Kayders SA s/conc. preventivo", *LL*, 2006-F-483, y *LLonline*, AR/JUR/6214/ 2006.

Capítulo III

CESIÓN EN GARANTÍA

A) Nociones generales

§ 36. *Introducción.* – Asistimos a una época de profundos y revolucionarios cambios que se operan en todos los órdenes de la vida. Donde con mayor claridad se refleja este fenómeno es en el ámbito negocial, debido al impulso y a la creatividad de los hombres de negocio.

La movilidad y mutación permanentes de las transacciones mercantiles originan nuevas modalidades de contratación que escapan a los esquemas tradicionales, que resultan insuficientes para dar una adecuada solución a los problemas que plantean esas innovaciones. Como expresa Farina, las figuras contractuales clásicas previstas por nuestros códigos son hoy, más que nunca, figuras rígidas y vacías, y por ello el contrato, como herramienta de las transacciones, debe adaptarse a las necesidades del tráfico de bienes y servicios (finalidad de los contratos)[1].

Así, observamos como la legislación concreta es superada con creces por una realidad que no se detiene y que requiere de nuevas figuras.

Este acelerado proceso evolutivo le genera inconvenientes al jurista, ya que, por la rigidez de la formación jurídica heredada del derecho romano, muchas veces se ve desbordado por los acontecimientos del giro económico.

[1] Farina, *Contratos comerciales modernos*, p. 281.

No es de extrañar el vertiginoso desarrollo que se está produciendo en el tráfico mercantil –hoy más acentuado que en otros tiempos–, pues, desde la génesis del comercio, la dinámica y la renovación permanente son componentes ínsitos en él; de lo contrario, sucumbe. Por algo una de las características básicas del derecho comercial, que regula la materia mercantil, ha sido y seguirá siendo la progresividad, en tanto necesita acomodarse a las innumerables situaciones que a diario se operan en la realidad económica[2]. Pero ello no tiene por qué inmovilizar al hombre de derecho, sino más bien debe representar un desafío inédito y arduo que le imponen las circunstancias modernas, para adaptarse a los cambios y aprehender pacientemente de ellos, a fin de encausarlos jurídicamente.

Dentro de este marco, encontramos la *cesión en garantía* (conocida también con la expresión *cesión de créditos en garantía*) como uno de los exponentes de la nueva generación de contratos que hizo su aparición en el mundo comercial.

Básicamente, la figura consiste en lo siguiente: un deudor (cedente) transfiere a un acreedor (cesionario) un derecho de crédito de su titularidad que ostenta frente a un tercero (tercero deudor) para garantizarle el pago de una obligación.

Si la obligación principal se cumple, la cesión queda sin efecto y el cesionario debe restituir el crédito. En caso contrario, el cesionario tiene derecho a gestionar el cobro del crédito y aplicar su producido al pago de la obligación garantizada.

De esta institución, que tiene su origen en las necesidades prácticas de la vida crediticia y que en esas mismas necesidades encuentra su justificación, aún antes que en la dogmática jurídica, se ha comenzado a hablar de a poco, y es la práctica de los negocios la que ha contribuido a su desarrollo y estructuración.

No obstante, desde su irrupción resultó problemática su naturaleza y discutibles sus efectos.

[2] Enseña el maestro Fontanarrosa que el derecho comercial se ha constituido y desarrollado sobre la base de las necesidades económicas (*Derecho comercial argentino*, p. 18).

§ 37. ***Concepto.*** – Definir el contrato de cesión en garantía no es una tarea sencilla. El Código Civil derogado no contemplaba la figura, y el Código Civil y Comercial establece solo las reglas que se le aplican, lo que dificulta su conceptualización al no poder partir de la caracterización que realiza una norma jurídica.

Tampoco en este aspecto podemos acudir a la doctrina, pues los pocos autores que se han ocupado del tema describen su funcionamiento y naturaleza jurídica, sin encarar ninguna definición. Otro tanto sucede con los aislados precedentes jurisprudenciales publicados.

Sin embargo, recurriendo a la aplicación que de esta figura se hace en la práctica negocial, podríamos intentar una definición de este contrato.

La utilización de la cesión en garantía puede tener muchas modalidades.

Prescindiendo del sinnúmero de situaciones que se dan en la práctica, las que serán analizadas más adelante, en sustancia siempre existe una relación base de crédito-débito, en la que un sujeto deudor puede garantizarle el pago al acreedor con un crédito o derecho de su propiedad, utilizando la cesión.

Es decir, las partes contratantes toman la cesión como un vehículo para transmitir derechos, no en propiedad, sino con una finalidad de garantía.

Señala Aranda Rodríguez que la práctica del tráfico bancario presenta múltiples operaciones que responden, básicamente, al siguiente esquema: "*A* (normalmente un empresario), necesitando de liquidez para desarrollar su actividad, solicita de *B* (un banco) un préstamo. En garantía del pago de dicho crédito más los intereses, *A* afecta o transfiere un derecho de crédito que ostenta frente a *C* (tercero deudor)"[3].

Así, entendemos que el contrato de cesión en garantía es aquel por el cual un deudor (cedente) afecta o transfiere a un acreedor (cesionario) un derecho de su titularidad que ostenta frente a un tercero (tercero deudor) para garantizarle el pago de una obligación.

[3] Aranda Rodríguez, *La prenda de créditos*, p. 29

Como representación gráfica de lo expresado podemos efectuar la siguiente:

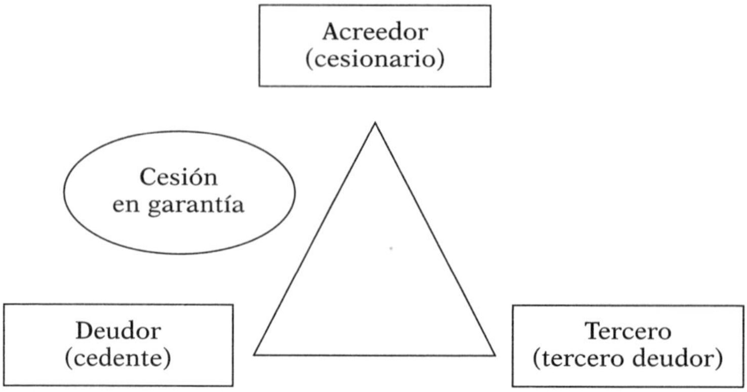

§ 38. ***Interés práctico de la cesión en garantía.*** – La cesión con fines de garantía reviste interés práctico desde varios puntos de vista, tanto para el cedente como para el cesionario:

a) Para el cedente, puede ser el medio de obtener financiamiento si tiene necesidad de fondos, garantizando el pago de la obligación que ha contraído con créditos a su favor que tenga para cobrar. A tal fin, cede esos créditos al garantizado facultándolo para cobrar y percibir el importe de estos hasta un monto determinado (igual o menor al valor del crédito cedido). En el caso de que el cedente pague la deuda principal, el crédito cedido se le restituye.

b) Para el cesionario, la operación puede representar una buena y segura colocación de capital, ya que cuenta con una garantía autoliquidable que se realiza en forma privada y sin intervención judicial. Si la obligación principal garantizada no es cumplida, el cesionario tiene derecho de gestionar el cobro del crédito cedido y aplicar inmediatamente su producido al pago de la obligación garantizada.

Es decir, esta figura le permite al cesionario liquidar la garantía por un procedimiento expedito y extrajudicial. Esto es fundamental para el buen fin de esta clase de operaciones, pues le evita al cesionario recurrir a un proceso judicial para recuperar su crédito.

Además, hay que tener en cuenta que como el cedente garantiza al cesionario la existencia y legitimidad del crédito al tiempo de la cesión, cuenta con su interés en el buen fin del derecho cedido.

§ 39. ***Problemática de la materia.*** – No obstante que a simple vista el esquema de la figura parece claro y sencillo, en la especie se presentan una serie de dificultades e interrogantes jurídicos.

De acuerdo con Kemelmajer de Carlucci, podemos enunciar algunas complicaciones que encierra la materia en cuestión, a saber[4]:

a) No podemos recurrir a la costumbre para extraer principios interpretativos, pues no es una figura de derecho consuetudinario.

b) La cesión de créditos se presenta, en la práctica, bajo muy diversas modalidades: dación en pago –*cessio pro soluto* o *in solutum*–; operación de anticipo de fondos; operación independiente de créditos; cesión *pro solvendo*, con sus dos variantes, etcétera.

c) La terminología que utiliza la doctrina no es unívoca, precisamente por las diferentes concepciones acerca de la calificación jurídica que merece la figura, lo que hace más confuso el abordaje frente al caso concreto.

d) No existe tampoco una jurisprudencia consolidada sobre la materia.

e) La paradoja llega al extremo de que mientras algunos niegan validez a la cesión en garantía y permiten el camino de la prenda sobre créditos, otros estrechan el campo de validez de la prenda sobre créditos y abren, para estos casos, la alternativa de la cesión en garantía.

Cabe destacar que muchas de las dificultades apuntadas, en especial la última, han sido superadas con la entrada en vigor del Código Civil y Comercial, al regular el instituto como un contrato típico.

[4] SC Mendoza, Sala I, 6/8/1997, "Banco de Mendoza en j: 22216, compulsa en Carbometal SAIC p/conc. prev. s/casación", *ED*, 180-154.

§ 40. ***Modalidades de utilización de la cesión.*** – En la práctica negocial se utiliza la cesión de créditos con diversas variables, que van desde el pago de una obligación hasta el otorgamiento de una simple garantía para el cobro. Dentro de la operatoria involucrada en la cesión de créditos, pueden configurarse alguna de las modalidades que se especifican seguidamente.

a) *Modalidad que importa una cesión "pro soluto".* En este caso el deudor (cedente) transmite en propiedad al acreedor (cesionario) un crédito contra un tercero en pago de una obligación preexistente. El efecto de la extinción del débito del cedente frente al cesionario se verifica apenas se realiza la cesión.

Podríamos hacer la siguiente representación de la cesión *pro soluto*:

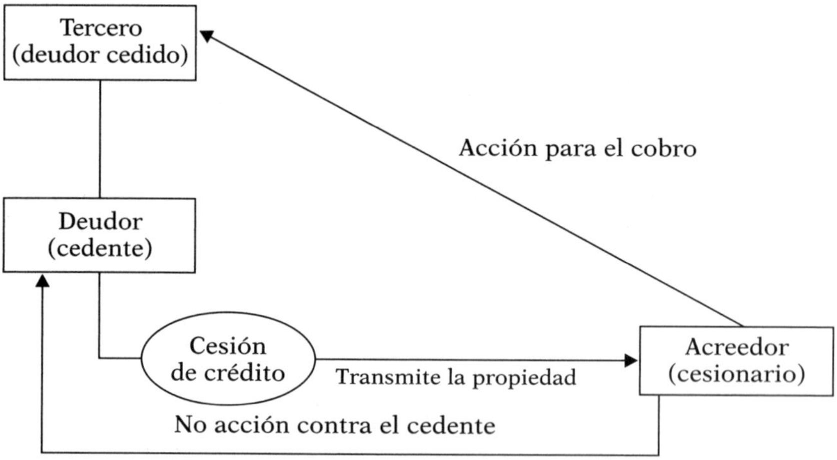

b) *Modalidad que importa una cesión "pro solvendo".* En este supuesto el deudor (cedente) tiene una deuda en dinero, pero al no poder pagarla en efectivo le cede al acreedor (cesionario) el derecho de exigir el crédito que posee contra un tercero y de retener el importe cobrado hasta el monto de su acreencia, debiendo restituir el excedente. A diferencia de la modalidad anterior, el efecto de la extinción del débito del cedente frente al cesionario se difiere hasta la realización del crédito cedido; si el cesionario le cobra su acreencia al tercero, el cedente queda liberado de su obligación, pero, si el cesionario no logra su cometido por insolvencia del tercero, subsiste su acreencia contra el cedente hasta que este pague su obligación. Por ello, el cesionario primero debe agotar su acción contra el tercero, para recién dirigirse contra el cedente.

Gráficamente, lo expuesto puede representarse de la siguiente manera:

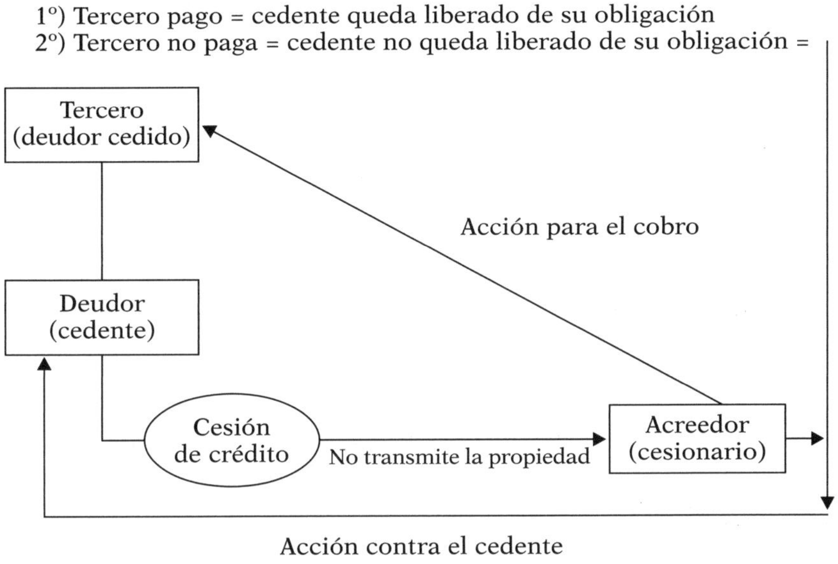

c) ***Modalidad que importa una cesión en garantía.*** En este caso el deudor (cedente) transmite a su acreedor (cesionario) un crédito sobre el cual es titular para garantizarle el pago de otro crédito independiente (p.ej., un mutuo) y, si se cumple la obligación principal garantizada, la cesión queda sin efecto. Aquí se presenta una situación de completa y paritaria coexistencia entre los dos vínculos obligatorios, de modo tal que el cesionario puede indiferentemente dirigirse para el cumplimiento tanto al cedente cuanto al tercero, sin tener que agotar previamente su acción contra el tercero (como ocurre en la cesión *pro solvendo*). Es decir, el acreedor tiene dos deudores: el deudor-cedente y al tercero-deudor del crédito cedido, y puede cobrarle a cualquiera de ellos; si el deudor-cedente cumple, se debe devolver el crédito cedido. Si el deudor-cedente no cumple, o aun antes, puede cobrarse del tercero-deudor, porque, como dijimos, ambas deudas quedan en paridad.

Así graficaríamos lo expresado:

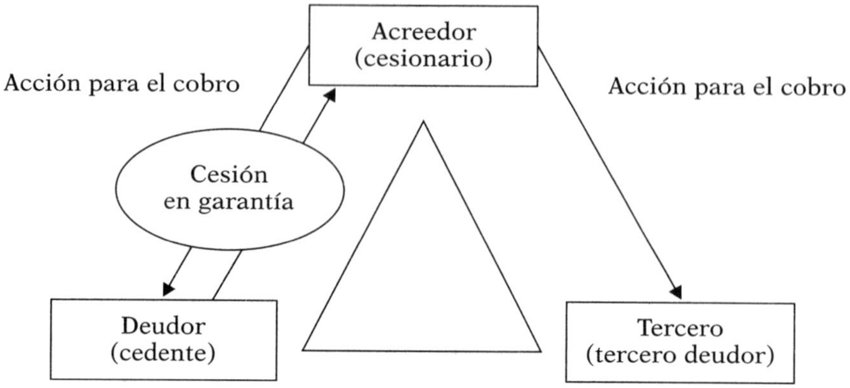

Dado que estas modalidades muchas veces son confundidas entre sí, a continuación serán tratadas comparativamente con la intención de aclarar las ideas.

§ 41. ***Cesión "pro soluto" y cesión "pro solvendo".*** – Ya señalamos que la cesión de créditos puede adoptar la modalidad de una cesión *pro soluto* o de una cesión *pro solvendo.*

En la cesión *pro soluto,* o *in solutum,* el deudor da al acreedor un crédito en pago de su obligación; esto supone que el cedente es deudor del cesionario y le entrega en pago un crédito contra un tercero.

Las reglas aplicables, en este caso, serían las de la dación en pago; el deudor quedaría liberado aunque el deudor del deudor resulte insolvente y el acreedor no pueda hacer efectivo aquel crédito[5].

En la cesión *pro solvendo,* el deudor cede al acreedor un crédito contra un tercero para que sea cobrado, con facultades para que el acreedor se cobre.

[5] López Cabana, en Belluscio (dir.) - Zannoni (coord.), *Código Civil,* t. 3, comentario al art. 780, § 1, p. 612, con cita de Messineo, *Manual de derecho civil y comercial,* t. IV, § 110, p. 193, nº 4, quien observa que en la cesión *pro soluto* el cedente, en general, se ve sustituido por el cesionario "también en cuanto al riesgo de la eventual insolvencia del deudor cedido".

En este supuesto no se produce automáticamente la extinción de la obligación, sino hasta el momento en que el acreedor haga efectivo el crédito que se le cedió, evitándose así las consecuencias de aquella insolvencia[6].

En la doctrina española, NAVARRO PÉREZ sostiene que, en sustancia, mediante la cesión *pro solvendo*, el cedente atribuye al cesionario el derecho a exigir el crédito que posee frente a un tercero y de apropiarse el importe cobrado hasta un determinado montante (igual o menor al valor del crédito cedido), pactando expresamente que no pase al cesionario el *periculum nominis* (de modo que la cesión no libera al cedente del derecho)[7]. En cuanto a las razones que determinan a las partes para realizar un negocio de tal naturaleza, son de dos tipos. El cedente efectúa la cesión para extinguir el propio débito o para garantizarlo; en la primera hipótesis, la extinción solo se produce una vez verificada la cobranza del crédito cedido; en la segunda, este viene cobrado al vencimiento y el montante retenido en garantía del puntual pago del débito, si este no ha vencido todavía (o ha sido retenido en pago del débito mismo, si ha vencido).

Indica el autor citado que, entre esas dos finalidades que pueden alcanzarse con la cesión *pro solvendo*, la que domina el cuadro en la casi totalidad de los supuestos no es la primera señalada, sino la segunda.

Entre la cesión *pro soluto* y la *pro solvendo* existen diferencias claras, conforme se encarga de destacar la doctrina.

En ese sentido, NIETO BLANC expresa que, en la cesión *pro soluto*, luego de ser aceptada por el acreedor, su deudor (cedente del crédito) queda liberado de su obligación, de manera que solo resta al acreedor la posibilidad de cobrar su acreencia con el pago que eventualmente haga el deudor del crédito cedido[8]. Por el contrario, en la cesión *pro solvendo*, el cedente del cré-

[6] LÓPEZ CABANA, en BELLUSCIO (dir.) - ZANNONI (coord.), *Código Civil*, t. 3, comentario al art. 780, § 1, p. 612 y 613.

[7] NAVARRO PÉREZ, *La cesión de créditos en el derecho civil español*, p. 228.

[8] NIETO BLANC, *Dación en pago de créditos (pro soluto y pro solvendo), cesión en garantía y prenda de créditos*, *LL*, supl. "Derecho bancario", nº 6, 6/11/1991.

dito, deudor originario del acreedor, no queda liberado por el hecho de ejecutar la cesión; esa liberación solamente tendrá lugar si el deudor cedido paga su obligación. En definitiva, en la cesión *pro solvendo*, pese a la transferencia del crédito habida, subsiste la relación primitiva entre cedente y cesionario; o sea, no se produce la novación por cambio de acreedor, lo que sucede en la cesión *pro soluto*.

Al ocuparse de este tema, López de Zavalía opina que en la *cessio pro soluto* se traslada la propiedad del crédito pagando con ella al cesionario, en tanto que en la *cessio pro solvendo* no se le paga, sino que se le dan los medios para obtener aquello con lo que se pagará[9].

Por su parte, Lorenzetti apunta las siguientes diferencias: en la *pro soluto* se transmite la propiedad del crédito, el riesgo de la incobrabilidad (ya que no se garantiza la solvencia), mientras que en la cesión *pro solvendo* no hay una transmisión de la propiedad del crédito ni del riesgo de incobrabilidad, puesto que se ceden facultades para ejecutar, cobrar del tercero, cobrarse extinguiendo la deuda o devolver el crédito si es incobrable[10]. Para el acreedor-cesionario resulta de interés tener el crédito *pro solvendo*, porque, si hace todo lo necesario para cobrar y no lo logra porque no hay solvencia, puede devolver el crédito recibido, manteniendo su acreencia contra el deudor cedente; en cambio, si lo recibe en pago (*pro soluto*), la deuda queda extinguida y corre con el riesgo de la insolvencia del deudor cedido. Respecto a la insolvencia del deudor-cedente, si la cesión es *pro solvendo*, el crédito no salió del patrimonio del deudor-cedente, y, por ello, frente a su quiebra, el acreedor que tiene el crédito cedido para cobrarlo de un tercero debe verificar su crédito y, cuando cobre del tercero, debe volcarlo a la quiebra; en cambio, si es *pro soluto*, se produce la transmisión de la propiedad y no se debe verificar en la quiebra porque el crédito está extinguido.

§ 42. ***Diferencias entre la cesión "pro solvendo" y la cesión en garantía.*** – Si bien tanto la cesión *pro solvendo* como la

[9] López de Zavalía, *Teoría de los contratos*, t. 2, p. 907.

[10] Lorenzetti, *Tratado de los contratos*, t. II, p. 72.

cesión en garantía tienen una finalidad de garantía y en ambas hay transmisión del crédito objeto del acto del cedente al cesionario, existen diferencias entre ellas.

En la doctrina italiana, Bavetta efectúa la siguiente distinción:

a) La función esencial de la cesión *pro solvendo* es *solutoria* (o sea, un medio para pagar cuando el crédito se cobre); la función de garantía, en cambio, solo se visualiza en el hecho de que el cedente no se libera de su propia obligación hasta que el crédito cedido no haya sido cobrado, de modo tal que el acreedor cesionario tiene frente a sí a dos deudores (el cedente y el cedido).

b) En la cesión *pro solvendo* el vínculo principal garantizado permanece invariable respecto al vínculo que se crea con la cesión, de modo tal que el acreedor cesionario debe dirigirse primero al deudor cedido; en la cesión en garantía, en cambio, hay una situación de completa y paritaria coexistencia entre los dos vínculos obligatorios, de modo tal que el cesionario puede dirigirse indistintamente para el cumplimiento tanto al cedente cuanto al cedido.

c) La particularidad de la cesión a título de garantía surge con claridad en el caso en que se verifica el cumplimiento de la obligación por obra del cedente. En esta circunstancia se produce, por efecto del cumplimiento, el retorno en cabeza del cedente del crédito cedido, en cuanto la cesión ya no está en situación de desarrollar su función de garantía por haberse extinguido la deuda principal. En la *cesio pro solvendo*, en cambio, la única devolución que puede verificarse es, eventualmente, la relativa a la suma excedente respecto del monto del débito principal[11].

§ 43. ***Sujetos intervinientes.*** – Los sujetos que intervienen en la operación son los siguientes:

a) ***Deudor-cedente.*** Es quien posee un derecho frente a un tercero, cediéndolo para garantizar el pago de una obligación.

b) ***Acreedor-cesionario.*** Es quien recibe el derecho en garantía del pago del débito del cedente.

[11] Bavetta, *La cessione di credito a scopo di garanzia*, "Il Diritto Fallimentare e delle Società Commerciali", vol. LXX, 1995, p. 596.

c) *Tercero-deudor*. Es el sujeto obligado al cumplimiento del derecho transmitido en garantía.

El contrato de cesión en garantía se celebra entre el deudor-cedente y el acreedor-cesionario, perfeccionándose a partir de este momento. Es decir que las partes del contrato son únicamente el deudor-cedente y el acreedor-cesionario.

El tercero-deudor no es parte en la cesión y carece de facultades para rechazar su realización. Pero para que la cesión produzca sus efectos frente a los terceros, debe mediar la notificación al tercero-deudor cedido (cfr. art. 1620, Cód. Civil y Comercial).

§ 44. ***Aspectos característicos***. – Los atributos fundamentales de la cesión con fines de garantía pueden resumirse en los siguientes[12]:

a) Produce la transferencia del derecho del cedente al cesionario.

b) Esta transferencia cumple una función de garantía, que se une a una obligación que puede ser preexistente, contemporánea o futura.

c) Hay coexistencia entre el vínculo obligatorio garantizado y el vínculo de garantía.

d) En los casos de cumplimiento del deudor cedente de su deuda, corresponde que el cesionario le restituya el derecho[13].

§ 45. ***Naturaleza jurídica***. – Esta cuestión es estudiada exhaustivamente en los § 50 a 59, a los que remitimos.

Adelantamos que hasta la sanción del Código Civil y Comercial, y por la falta de regulación de la figura en el régimen anterior, en general se observaban tres posiciones: unos entendían que se trataba de una prenda de créditos, otros consideraban que era un negocio fiduciario, mientras que algunos sostenían que se debían aplicar las normas de la cesión pura y simple.

[12] SC Mendoza, Sala I, 6/8/1997, "Banco de Mendoza en j: 22216, compulsa en Carbometal SAIC p/conc. prev. s/casación", voto de la doctora Kemelmajer de Carlucci, *ED*, 180-514.

[13] Sesta, *Le garanzie atipiche*, p. 169.

Se advertía también que determinadas doctrinas, si bien enroladas en una de las posiciones antes mencionadas –sobre todo en las de la prenda y la fiducia–, reconocían la posibilidad de que los contratantes pactaran de manera distinta la transmisión de un derecho en garantía.

§ 46. ***Garantía autoliquidable.*** – Dentro del amplio elenco de operaciones autoliquidables, se encuentra la cesión de créditos en garantía, que es un supuesto de frecuente utilización[14].

Coincidimos con la doctrina imperante en el sentido de que la cesión en garantía, dada sus características, es un caso típico de garantía autoliquidable (ver § 4).

a) *Pacto comisorio, ¿rige la prohibición en la cesión en garantía?* Al estudiar el tema de las garantías autoliquidables, surge el interrogante de si rige o no la prohibición del pacto comisario en la cesión en garantía, teniendo en cuenta que el Código Civil y Comercial dispone, en el art. 1615, que a esta se le aplican las normas de la prenda de créditos.

El art. 3222 del Cód. Civil derogado establecía que era nula toda cláusula del contrato de prenda que autorizara al acreedor a apropiarse o a disponer de la prenda por su propia voluntad[15]. En cambio, el art. 3223 disponía que era lícito que se conviniera que la cosa prendada le pertenecía al acreedor por la estimación[16] que de ella se hacía al tiempo del vencimiento de la deuda, pero no al tiempo del contrato. Esta era una variante permitida del pacto comisorio. A su vez, el art.

[14] Alegria, *Las garantías "autoliquidables"*, "Revista de Derecho Privado y Comunitario", nº 2, 1996, p. 169.

[15] El fundamento del principio que contemplaba el art. 3222 del Cód. Civil de Vélez Sársfield, que venía desde los romanos, era el de evitar que el acreedor, o sea la parte fuerte, se aprovechara del estado de necesidad del deudor, para que este se viera obligado a acceder a estipular, al tiempo del contrato o durante su transcurso, que el acreedor se quedara con la cosa. Es decir, lo que intentaba era combatir la usura.

[16] En cuanto a la forma para practicar la estimación, opinaba Borda, en *Tratado de derecho civil. Derechos reales*, t. II, nº 1358, p. 383, que podía hacerse judicialmente o no, pero que siempre debía efectuarse por expertos, teniendo en cuenta que lo que pretendía la ley era asegurar al deudor una estimación seria. No obstante, sostuvo que cuando la cosa tenía un valor de mercado la pericia era innecesaria y resultaba inútilmente gravosa.

3224 del Cód. Civil de VÉLEZ SÁRSFIELD estatuía que el acreedor, en caso de incumplimiento del deudor, debía necesariamente ocurrir a la justicia para hacer efectivo su derecho mediante la venta forzada de la cosa.

En el régimen anterior, en general, se admitió que, una vez vencida la obligación, dejaba de jugar la prohibición legal de que el acreedor se apropiara de la cosa, por lo que podía darse en pago por el deudor al acreedor o este podía venderla a un tercero[17].

Similar sanción a la que preveía el art. 3222 del Cód. Civil derogado establece el Código Civil y Comercial en su art. 2198[18]: "Cláusula nula. *Es nula toda cláusula que permite al titular de un derecho real de garantía adquirir o disponer del bien gravado fuera de las modalidades y condiciones de ejecución previstas por la ley para cada derecho real de garantía*".

Al igual que en el régimen anterior, el Código Civil y Comercial permite en el art. 2229 que el acreedor pueda adquirir la cosa por el importe de lo adeudado, sea en subasta, en venta privada o mediante su adjudicación, pero no puede pactarse *ab initio* del contrato la adjudicación al acreedor. En tal sentido, la norma expresa: "Ejecución. *El acreedor puede vender la cosa prendada en subasta pública, debidamente anunciada con diez días de anticipación en el diario de publicaciones legales de la jurisdicción que corresponde al lugar en que, según el contrato, la cosa deba encontrarse.*

Si la prenda consiste en títulos u otros bienes negociables en bolsas o mercados públicos, la venta puede hacerse en la forma habitual en tales mercados, al precio de cotización.

Las partes pueden convenir simultáneamente con la constitución que:

a) *El acreedor se puede adjudicar la cosa por la estimación del valor que de ella se haga al tiempo del vencimiento de la deu-*

[17] SALVAT, *Tratado. Derechos reales*, t. III, nº 2649; MACHADO, *Exposición y comentario del Código Civil argentino*, t. VIII, p. 213; FERNÁNDEZ, *Tratado teórico-práctico de la hipoteca, la prenda y demás privilegios*, t. I, nº 178.

[18] Esta norma se ubica en el Libro IV ("Derechos reales"), Título XII ("Derechos reales de garantía"), Capítulo 1, referido a las disposiciones comunes de los derechos reales accesorios o de garantía, y tiene concordancia con el Código Civil, arts. 3222 (prenda) y 3252 (anticresis).

da, según lo establezca el experto que las partes designen o bien por el que resulte del procedimiento de elección establecido; en su defecto, el experto debe ser designado por el juez a simple petición del acreedor.

b) *La venta se puede realizar por un procedimiento especial que ellas determinan, el que puede consistir en la designación de una persona para efectuarla o la venta por el acreedor o por un tercero a precios que surgen de un determinado ámbito de negociación o según informes de los valores corrientes de mercados al tiempo de la enajenación que indican una o más cámaras empresariales especializadas o publicaciones designadas en el contrato.*

A falta de estipulación en contrario, estas alternativas son optativas para el acreedor, junto con las indicadas en los párrafos primero y segundo de este artículo, según el caso.

El acreedor puede adquirir la cosa por la compra que haga en la subasta o en la venta privada o por su adjudicación".

Cabe aclarar que el nuevo ordenamiento no exige la intervención judicial que imponía el art. 3224 del Cód. Civil de VÉLEZ SÁRSFIELD, por lo que la liquidación del crédito prendario se abreviará mucho y se reducirán los costos de cobranza.

Por su parte, el Código de Comercio derogado no contenía norma expresa sobre este punto, por lo que una parte de la doctrina entendía que en materia comercial tenía aplicación el art. 3222 del Cód. Civil de VÉLEZ SÁRSFIELD, en razón de la supletoriedad que establecía el Código de Comercio en el art. I del Título Preliminar y en el art. 207[19].

En síntesis, durante la vigencia del Código Civil y del Código de Comercio ahora derogados, la tesis mayoritaria consideró que la prohibición del pacto comisorio se aplicaba a la prenda de créditos.

Sin embargo, otra corriente discrepó de la posición anterior, al manifestar que "la prohibición del pacto comisorio no tiene aplicación en la prenda de créditos, porque no existe el

[19] ZAVALA RODRÍGUEZ, *Código de Comercio*, t. III, p. 174; FERNÁNDEZ - GÓMEZ LEO, *Tratado teórico-práctico de derecho comercial*, t. III-C, p. 99; NISSEN, *Prenda de documentos y facultades del banco frente al concurso preventivo de la deudora prendaria*, *LL*, 1995-C-205 y 206.

riesgo de que el acreedor se apropie de la prenda por un valor diferente que en realidad tiene"[20].

En igual sentido, COMPAGNUCCI DE CASO señaló que "la prenda de créditos hace excepción a la regla que le impide al acreedor quedarse con la cosa, porque se trata de situaciones diferentes, y no ofrece riesgo de abusar y apropiarse del objeto corporal, cuando generalmente este resulta ser de un mayor valor que la deuda"[21].

Esta opinión también fue compartida por MOSSET ITURRASPE y FARINATI[22].

b) *NUESTRA OPINIÓN.* Trasladando las ideas expuestas precedentemente a la cesión en garantía, entendemos que la prohibición del pacto comisorio no tiene aplicación en la especie, al no configurarse el supuesto que la prohibición busca evitar, cual es la apropiación de la prenda por parte del acreedor por un valor inferior del que en realidad tiene. En este caso, dado el tipo del bien prendado, no existe el peligro de una subestimación del crédito, ya que este tiene un valor real que, por lo general, es mayor que el de la deuda garantizada.

En consecuencia, al no regir la regla del art. 2198 del Cód. Civil y Comercial, el acreedor (cesionario) puede cobrar el crédito que tiene con el deudor (cedente) y, si hay un excedente, reintegrarlo.

§ 47. ***OBJETO DE LA CESIÓN EN GARANTÍA.*** – El *Diccionario de la lengua española* admite los siguientes significados de "objeto": todo lo que puede ser materia de conocimiento; lo que sirve de materia o asunto; término o fin de los actos; fin o intento a que se dirige o encamina una acción u operación; materia o asunto de que se ocupa una ciencia o estudio; cosa[23].

[20] JuzgFedCap, firme, 6/10/1972, "Famatex SA c/Ferrocarril Gral. Belgrano", *JA*, 18-1972-497.

[21] COMPAGNUCCI DE CASO, *Cesión de créditos*, p. 41.

[22] MOSSET ITURRASPE, *Negocio fiduciario con fines de garantía (trust o fideicomiso en garantía)*, "Revista de Derecho Privado y Comunitario", 1993-2-87 y 88, nota 36; FARINATI, "Cesión de créditos en garantía y la insolvencia del cedente", en ROVIRA, *Empresa en crisis*, p. 232.

[23] Descartamos la última de las acepciones (cosa), pues, de ser así, quedarían fuera del objeto de los contratos los bienes que no son cosas y los hechos.

Por "materia" se entiende, etimológicamente, la sustancia; es el asunto, el punto o negocio de que se trata.

Partiendo de su acepción gramatical, se tiene expresado que el objeto del contrato capta la materia de este[24].

De su sentido gramatical y lógico se predica que la materia de un contrato –su sustancia, el asunto de que trata– está dada por el intento al que se dirigen o encaminan o han considerado las partes de la operación sustancial al tiempo del perfeccionamiento del contrato.

De allí, se ha sostenido que el objeto del contrato es la operación jurídico-económica que las partes entienden realizar[25] o el contenido concreto e integral del acuerdo[26].

En cuanto al objeto de la figura que nos ocupa, la regla es que todo derecho puede ser cedido en garantía, salvo que lo contrario resulte de la ley, de la convención que lo origina o de la naturaleza del derecho.

§ 48. ***Casos particulares de cesión en garantía.*** – Sin perjuicio del principio general señalado anteriormente (§ 47), consideramos en este parágrafo algunas situaciones particulares que pueden ser objeto de cesión en garantía.

a) *Facturas.* Durante la vigencia del Código Civil y del Código de Comercio ahora derogados, se discutía en doctrina si las facturas podían o no ser objeto de una cesión en garantía. Los autores que se ocuparon del tema lo abordaron desde el punto de vista de la prenda sobre las facturas.

Así, Benseñor y Favier Dubois (h.) entendían que las facturas no podían prendarse porque no se trataba de títulos que re-

[24] Stiglitz advierte que no hay coincidencia sobre la significación de la "materia del contrato" (*Derecho de seguros,* t. I, p. 215), y cita las siguientes propuestas de la doctrina: la materia captada por el contrato está constituida por los bienes, las utilidades o las relaciones que caen bajo la voluntad de las partes (Cariota Ferrara, *El negocio jurídico,* t. II, nº 127, p. 513); el objeto del contrato "es la materia social sobre la que recaerá el vínculo creado" (De Castro y Bravo, *El negocio jurídico,* nº 252, p. 192); el objeto es del contrato es la materia social afectada, la realidad social acotada como base (Díez-Picazo, *Fundamentos del derecho civil patrimonial,* t. I, p. 201).

[25] Stiglitz (dir.), *Contratos. Teoría general,* t. I, p. 159 y ss., y *Derecho de seguros,* t. I, p. 216.

[26] Mosset Iturraspe, *Contratos,* p. 225.

presentaban un crédito, sino meros documentos probatorios de este, careciendo de la nota de autosuficiencia[27]. De ello, expresaban dichos autores, se seguía la imposibilidad legal de constituir prenda común sobre facturas, ya que no se cumplimentaba la exigencia de que el crédito debía constar en un título por escrito (art. 3212, Cód. Civil derogado)[28], cuya posesión por el acreedor prendario le confería la tenencia del crédito e impedía a quien lo entregaba ejercer los derechos sobre el deudor.

En cambio, RIVERA sostuvo que no existía inconveniente en que se cediera en garantía el crédito emanado de facturas, constituyéndose así prenda sobre los créditos que ellas revelaban. Los fundamentos eran los siguientes:

> "Por un lado, la ley permite ceder cualquier crédito, esto es, cualquiera sea su causa fuente: una compraventa comercial, un mutuo, una locación, etc. (arts. 1444, 1446 a 1448, Cód. Civil de Vélez Sársfield). La misma regla se aplica para la prenda con la única exigencia de que el crédito conste por escrito (art. 3211, Cód. Civil de Vélez Sársfield). Pero no es necesario que el crédito esté 'incorporado' al documento, en el sentido que a la 'incorporación' se le da en materia de letra de cambio y otros títulos circulatorios. Además debe tenerse en cuenta que la factura es el modo de instrumentación del contrato de compraventa comercial, y que pasados diez días de recibida sin protesta, constituye cuenta liquidada (art. 474, Cód. de Comercio)"[29].

Al momento de presentar la tesis doctoral en la que se basa esta obra –cuando regían el Código Civil de VÉLEZ SÁRSFIELD y el Código de Comercio de ACEVEDO–, compartimos la opinión de RIVERA de que nada impedía que las facturas fueran cedidas y prendadas, máxime teniendo en cuenta la circunstancia de que si no habían sido motivo de impugnación constituían cuenta liquidada luego de diez días de recibidas, conforme lo estipulaba el tercer párrafo del art. 474 del Cód. de Comercio derogado. Si las facturas podían ser objeto del contrato de prenda, con

[27] FAVIER DUBOIS (H.) - BENSEÑOR, El *descuento de facturas, las garantías del banquero y su debida instrumentación,* "Revista del Notariado", nº 790, 1983, separata, p. 993; BENSEÑOR, *Algo más sobre cesión y prenda de créditos,* "Revista del Notariado", nº 802, jul.-sep. 1985, p. 655.

[28] Contrariamente a lo que establecía el art. 3212 del Cód. Civil de VÉLEZ SÁRSFIELD, el moderno derecho italiano autoriza implícitamente la prenda de crédito aunque no exista documento (art. 2801, Cód. Civil italiano).

[29] RIVERA, *Cesión de créditos en garantía, LL,* 1991-C-868.

mayor razón lo podían ser de una cesión en garantía, ya que la cesión –por analogía– se estructura sobre un sistema menos estricto que la prenda.

Tampoco veíamos inconvenientes en constituir un fideicomiso de garantía sobre las facturas, ya que en el fideicomiso se pueden afectar cualquier especie de bienes o derechos siempre y cuando los primeros se encuentren en el comercio y los segundos no sean de carácter estrictamente personal del fiduciante[30].

El Código Civil y Comercial, que legisla la prenda de créditos en particular en el Libro IV, Título XII, Capítulo 4, Sección 3ª, establece en el art. 2232: "Créditos instrumentados. *La prenda de créditos es la que se constituye sobre cualquier crédito instrumentado que puede ser cedido.*

La prenda se constituye aunque el derecho no se encuentre incorporado a dicho instrumento y aunque este no sea necesario para el ejercicio de los derechos vinculados con el crédito prendado.

Se aplican supletoriamente las reglas sobre prenda de cosas".

Como se advierte, para la constitución de este tipo de prenda, el indicado art. 2232 (a diferencia del art. 3212 del Cód. Civil derogado) no requiere que el crédito se encuentre "incorporado" al instrumento. Basta que el instrumento pruebe la existencia del crédito.

De esta manera se supera la discusión que existía en la materia, pues queda sin efecto la doctrina que entendía que la prenda de créditos únicamente puede constituirse sobre títulos en los que se "corporicen" los créditos objeto del gravamen, por considerar que solo en tal caso puede tener lugar el "desplazamiento" que exige la ley.

Cabe destacar que la notificación del contrato de prenda al deudor, y no la entrega del instrumento, es lo que provoca el "desplazamiento del crédito", como se señalaba en la nota al art. 3209 del Cód. Civil de Vélez Sársfield y es lo que se desprende del Código vigente.

b) ***Seguros.*** El contrato de seguro se trata, en principio, de un contrato *intuito personæ*, en el cual para el asegurador

[30] Villagordoa Lozano, *Doctrina general del fideicomiso*, p. 120.

tienen importancia las condiciones personales del asegurado; constituyendo el contrato por cuenta ajena o por cuenta de quien corresponda una excepción en el sistema de la ley de seguros 17.418.

Las pólizas no son títulos de créditos destinados a la circulación, aun cuando sean emitidas con la forma a la orden o al portador[31]: no son títulos de derechos abstractos, sino que están vinculadas a un contrato, del cual son instrumento, y los derechos ahí establecidos dependen del cumplimiento de las obligaciones y cargas expresadas[32].

Esto no significa que el contrato de seguro no sea transferible, ya que la propia ley de seguros lo prevé para las pólizas a la orden y al portador (art. 13) y para los seguros patrimoniales en el caso de cambio del titular del interés (art. 82). Para los demás supuestos la transferencia del contrato es perfectamente válida, más si está sometida a determinados recaudos[33].

Respecto a la forma de la cesión, puede ser realizada por cualquiera de las formas legales autorizadas, según la naturale-

[31] La doctrina discute los efectos de la inserción de las cláusulas a la orden y al portador –poco frecuentes en nuestro medio–, en el sentido de si transforman la póliza en un título de crédito. Al respecto, los autores en forma mayoritaria han dicho que, dada su naturaleza –reconocimiento de una obligación, cuya ejecutabilidad depende del cumplimiento de diversas cargas por el tomador o el asegurado–, la póliza no puede circular como título de crédito, porque no lo es de un derecho abstracto, sino de un derecho concreto, material; por lo cual, su titular soporta todas las defensas nacidas del contrato (Vivante, *Contratto,* nº 135 y 136; Bruck, p. 221 y ss.; Zavala Rodríguez, *Código de Comercio,* t. II, nº 1771, p. 421). Por su parte, Donati sostiene que la transferencia es una cesión de créditos, que la forma a la orden o al portador no la transforma en un título de crédito, porque no incorpora el derecho, sino que es una modalidad de ejecución (*Trattato del diritto delle assicurazioni private,* t. II, nº 431).

[32] Halperin - Barbato, *Seguros. Exposición crítica de las leyes 17.418, 20.091 y 22.400,* p. 1013.

[33] Halperin - Barbato, *Seguros. Exposición crítica de las leyes 17.418, 20.091 y 22.400,* p. 1015, citando a Vivante (*Trattato,* nº 1877, y *Contratto,* nº 129), señalan que, *antes del siniestro,* la cesión en el seguro de daños está su[illegible] varias condiciones: *a*) el cesionario debe tener idéntico interés asegurable; al contrario se transformaría en apuesta; *b*) se requiere el acuerdo del asegurador, y *c*) se deberá tratar de bienes enajenables. *Después del siniestro,* es perfectamente libre la transferencia del crédito contra el asegurador (cfr. CApel. Río IV, 3/11/1961, *LL,* 109, fallo 49.645).

za del acto y los recaudos que establezca el mismo contrato de seguro. Incluso se puede cumplir por endoso si las formas de la póliza lo autorizan (art. 13)[34].

La tradición de la póliza no es esencial, porque puede no existir[35].

No es oponible a los terceros si no se notifica al asegurador (art. 1620, Cód. Civil y Comercial). La posesión de la póliza sin esa notificación es ineficaz (porque no es título valor); y en el supuesto de cesiones sucesivas, predomina aquella en la cual se realizó la notificación. La notificación no importa para la validez del acto, sino solo para su eficacia, como en toda cesión de derechos[36].

En cuanto a los efectos de la cesión, debemos distinguir si es antes o después del siniestro.

1) Antes del siniestro. Sus efectos son independientes del acto o motivo que le da origen; respecto del asegurador, el cesionario ocupa el lugar del asegurado cedente, con los derechos y obligaciones que incumbían a este, con todos sus accesorios y vicios, porque la situación del asegurador no puede ser empeorada[37].

El cesionario, una vez notificado al asegurador, es el dueño del derecho; con él se debe entender el asegurador para la ejecución de todas sus obligaciones, para estar en justicia, etcétera. Pero el cesionario no es el deudor de las obligaciones y cargas del cedente: hasta tanto el asegurador acepte el cambio de deudor, el cedente debe pagar la prima (art. 82, párr. 3°, ley de seguros), mantener el estado del riesgo y con él se debe entender el asegurador –recabar informes, rescindir, etcétera–.

Las relaciones entre cedente y cesionario dependerán del acto que da origen a la cesión: prenda, pago, donación, etcétera.

2) Después del siniestro. Si la cesión se produce después del siniestro, y este es total y el daño no se ha liquidado, la in-

[34] CNCom, 22/4/1911, "Jur. Trib. Nac.", abr. 1911, p. 239.

[35] VIVANTE, *Contratto*, n° 130, y *Trattato*, n° 1878.

[36] HALPERIN - BARBATO, *Seguros. Exposición crítica de las leyes 17.418, 20.091 y 22.400*, p. 1015 y 1016.

[37] HALPERIN - BARBATO, *Seguros. Exposición crítica de las leyes 17.418, 20.091 y 22.400*, p. 1016 y 1017.

tervención del asegurador es esencial: a él le incumbe el cumplimiento de las cargas que el contrato y la ley imponen en esta etapa del contrato[38]. Una vez liquidado el daño, la cesión no requiere aceptación por el asegurador, pero en ningún caso afecta los derechos de los acreedores privilegiados –hipotecarios, prendarios, etcétera–.

También el contrato de seguro es susceptible de prenda.

Sobre la base de lo preceptuado por el art. 2187 del Cód. Civil y Comercial, el contrato puede ser prendado en garantía de una deuda presente o futura, condicional, eventual, a término o pura y simple. Es posible prendarlo antes o después del siniestro, y ser total o parcial; debe cumplir con las formas que establecen los arts. 2232 y 2233, y es imprescindible la notificación al asegurador.

Expresa HALPERIN que el acreedor prendario no es deudor de la prima ni de ninguna de las obligaciones o cargas del asegurado; el asegurador se debe entender respecto de estas exclusivamente con el asegurado. Tiene derecho a ser pagado o que el asegurador, notificado de la prenda, no pague la indemnización al asegurado hasta tanto se cancele su crédito, pero no puede disponer en forma alguna de los derechos del asegurado. Una vez pagado el crédito, el saldo corresponde al asegurado[39].

¿Se puede ceder en garantía un seguro? Si bien el tema no está tratado en profundidad, la doctrina especializada en derecho de seguros admite la cesión en garantía del contrato de seguro[40]. Desde nuestro punto de vista, consideramos que técnicamente es más apropiado hablar de cesión en garantía del derecho a la indemnización.

Según HALPERIN, "cuando se trata de una cesión en garantía, que se produce con frecuencia a favor de acreedor con derecho real (hipoteca, prenda), reviste el carácter de una ver-

[38] HALPERIN - BARBATO, *Seguros. Exposición crítica de las leyes 17.418, 20.091 y 22.400*, p. 1017 y 1018.

[39] HALPERIN - BARBATO, *Seguros. Exposición crítica de las leyes 17.418, 20.091 y 22.400*, p. 1018 y 1019.

[40] HALPERIN - BARBATO, *Seguros. Exposición crítica de las leyes 17.418, 20.091 y 22.400*, p. 1018 y 1019; PICARD - BESSON, *Traité général des assurances terrestres en droit français*, t. I, p. 692.

dadera prenda: pagado el crédito garantizado se extingue esa cesión y el asegurado recupera íntegramente su derecho. De ahí también el derecho del asegurado a perseguir al asegurador cuando esa cesión no se notificó o la prenda se extinguió"[41].

También se registra en nuestro país un antecedente jurisprudencial, en el que se dijo: "El banco cesionario de los derechos a la indemnización tiene un derecho propio nacido de esa 'transferencia en garantía', que lo legitima activamente para ejecutarlo en la medida y hasta el límite del crédito impago, porque como garantía accesoria que es, sigue la suerte del principal"[42].

En el caso antes citado, no se estaba en presencia de una cesión del contrato de seguro, sino que se trataba de la transferencia del crédito a la indemnización a favor del banco (cesionario). En este supuesto, el banco se constituye en acreedor del asegurador por los derechos al cobro de la indemnización en la proporción del monto transferido. Sobre el particular, señala RICHARD: "La cesión de derechos a la indemnización importa una transferencia de derechos exclusivamente al crédito emergente, suerte de cesión de crédito eventual (art. 1446, Cód. Civil), y en forma alguna una modificación de los contratantes ni de los elementos subjetivos de la relación asegurativa. Las cargas y obligaciones las retiene el asegurado, el asegurador debe cumplir las notificaciones con aquel y el cesionario del derecho creditorio eventual solo tendrá acción para reclamar el pago de la indemnización si esta es de legítimo abono, sin perjuicio de la acción subrogatoria y oblicua que pueda competerle"[43].

Por nuestra parte, entendemos que a esta cesión en garantía, ya sea del contrato de seguro o del derecho a la indemnización, se le pueden aplicar perfectamente las normas relativas al fideicomiso.

[41] HALPERIN - BARBATO, *Seguros. Exposición crítica de las leyes 17.418, 20.091 y 22.400*, p. 1019.

[42] CCivCom Córdoba, 29/7/1978, "Banco Nacional de Desarrollo c/San Cristóbal, Soc. Mutual de Seguros", *LL*, 1979-A-1999.

[43] RICHARD, *De la póliza en el contrato de seguro, de las transferencias y especialmente de los derechos de los acreedores prendarios e hipotecarios del asegurado, RDCO*, 1975, nº 43, p. 102.

c) *Certificados de obra pública.* Normalmente la Administración, para el pago de las obras contratadas, expide certificados de obra pública que reciben los contratistas, ingresando así al campo de la actividad comercial[44].

Antes del pago, deben efectuarse las operaciones de medición y certificación. Así, sobre la base de las constancias de la medición, o sea, una vez verificada la obra (examinanda su existencia y si se ajusta al contrato), la Administración se encuentra en condiciones de expedir el certificado. El resultado de la medición se traduce en un certificado expedido generalmente en un formulario.

En la práctica administrativa se conceptualiza el certificado de obra pública como todo "documento con finalidad de pago" o "crédito documentado" que expide la Administración al contratista con motivo de un contrato de obra pública. Desde un enfoque jurídico técnico-formal, se considera el certificado como "un instrumento público", que prueba la existencia de créditos –parciales o definitivos– a favor de un contratista de obra pública. Desde un enfoque material o sustancial, se alude a la "forma jurídica administrativa" que tal certificado reviste, por cuanto ella nos denunciará su régimen jurídico, ubicándose en tal sentido el certificado de obra pública como un *acto administrativo*. En suma, se lo define como el acto administrativo que, revistiendo forma de instrumento público, prueba la existencia de un crédito, parcial o definitivo, a favor de un contratista de obra pública[45].

La doctrina administrativa destaca que el certificado de obra no es un medio u orden de pago, por lo cual no importa un pago. Es un instrumento fehaciente con el cual se acredita el monto de la obra así como el *quantum* del crédito pertinente del contratista por esa parte ejecutada, cuya existencia ha verificado y mensurado la Administración. Constituye una constancia del crédito a favor del empresario. Es el antecedente inmediato de la orden de pago estatal.

[44] Romero, *Certificado de obra pública. El problema de la forma de su transmisión, LL*, 1975-C-717. Señala el autor que estos documentos ingresan en la actividad mercantil a través no solamente de la circunstancia de la comercialidad de la empresa, sino también en razón de que, por lo común, los contratistas usan estos documentos para obtener adelantos a través del descuento bancario.

[45] Dromi, *Derecho administrativo económico*, t. 1, p. 468 y 469.

Respecto a la transmisibilidad de los certificados de obra, es corriente en los usos y costumbres –y lo acepta la doctrina– que se negocien por vía de la cesión[46]. Se acota a esos efectos que ni la ley nacional de obras públicas 13.064 ni el pliego único de condiciones contienen disposiciones restrictivas del derecho a ceder tales créditos[47].

Por lo tanto, se aplicará el régimen de la cesión de derechos previsto en el Código Civil y Comercial (arts. 1614, 1616 y concs.), y se deberá notificar la cesión a la Administración (deudora cedida) para que surta sus efectos propios, sin que ello importe conformidad para pagar sin reservas al cesionario. En consecuencia, la Administración puede oponer al cesionario las mismas excepciones y defensas oponibles al contratista[48], excepto la compensación en el caso de haber aceptado expresamente la cesión.

Por supuesto que si existen normas de derecho público que regulan la transmisión de los créditos emergentes de obras públicas, estas van a prevalecer, en cuanto a su forma, sobre las normas del derecho común –cesión de derechos– (por esta razón, algunas legislaciones provinciales autorizan la transferencia por vía de endoso, como ocurre en la ley de obras públicas de Mendoza, en su art. 58).

Los certificados de obra pública constituyen un documento negociable de bastante utilidad para los contratistas. Por lo

[46] FERRER - FERRER, *Certificado de obra pública. Su transmisión. La Administración ante la quiebra del contratista, LL*, 1981-D-1037; ROMERO, *Certificado de obra pública. El problema de la forma de su transmisión, LL*, 1975-C-717; DROMI, *Certificado de obra pública: concepto, caracteres, cesión y embargo del crédito, JA*, 1976-I-286.

[47] No debemos confundir la cesión del certificado de obra con la cesión o transferencia del contrato de obra, pues, una vez suscripto este, el contratista no puede cederlo o transferirlo sin la autorización expresa y previa de la Administración (art. 776, Cód. Civil y Comercial). Tal prohibición de cesión del contrato de obra pública se funda en el hecho de que es *intuito personæ*, por lo cual la Administración tiene particular interés en las condiciones económicas, técnicas y morales del contratante, al que selecciona mediante un procedimiento licitatorio.

[48] Destaca DROMI que en razón de ello los bancos –cesionarios ordinarios de los certificados de obra pública– reciben los certificados en caución o por descuento con aval o garantía de la sociedad o personal de sus directivos (*Certificado de obra pública: concepto, caracteres, cesión y embargo del crédito, JA*, 1976-I-286).

general, el contratista que obtuvo un certificado intenta hacerse del importe en él representado lo antes posible. Para ello, recurre a entidades bancarias negociando el documento para obtener descuentos, adelantos en cuenta corriente, etcétera.

También se puede obtener financiamiento mediante la cesión en garantía del certificado de obra pública. Abona esta idea el principio de que nadie está impedido de hacer lo que la ley no prohíbe.

De este modo, el contratista se provee de recursos para tener mayor liquidez financiera o mayor capacidad de cumplimiento contractual, garantizando el pago de la obligación contraída (v.gr., mutuo) con el certificado que tiene para cobrar.

En tal caso, la cesión no es *pro soluto,* sino en garantía; entonces el cesionario tiene dos deudores (contratista-cedente y Administración) en pie de igualdad, y puede dirigirse para el cumplimiento indistintamente contra ambos: si el contratista-cedente cumple su obligación, se debe devolver el crédito instrumentado en el certificado de obra y será él quien luego lo cobrará a la Administración. Si el contratista-cedente no cumple, o aun antes, el cesionario puede cobrar el certificado de obra a la Administración.

A fin de dotar de suficientes garantías tanto a la Administración como a los otros sujetos intervinientes, consideramos necesaria la notificación de la cesión. Esta debe hacerse por un medio idóneo del que surja en forma fehaciente la identidad de los firmantes del acto de cesión, su capacidad y los datos sustanciales relativos a la negociación. De este modo, la Administración adquiere un cabal conocimiento de la cesión en garantía del certificado de obra efectuada a favor del cesionario, al tiempo que brinda seguridad de que el pago contra la entrega del certifico extingue la obligación legal, pues lo que interesa es que la Administración sepa con precisión quien es su nuevo acreedor y a quién debe realizarle el pago para liberarse.

d) *Títulos públicos.* Los títulos públicos son empréstitos emitidos y garantizados por el Estado. Por tratarse de préstamos, producen intereses; en períodos determinados, mediante la presentación del cupón que corresponda, se cobra la renta[49].

[49] Radresa, *Bolsas y contratos bursátiles,* p. 153.

En varios de los casos analizados se han cedido en garantía títulos de renta pública.

Es frecuente ver estos supuestos en operaciones de mutuo bancario, en las que una empresa (mutuaria) contrae un préstamo con un banco (mutuante), y en garantía cede al banco todos los derechos y acciones del crédito que tiene para cobrar en bonos emitidos por el Estado, abriendo a tal efecto una cuenta comitente en la Caja de Valores donde quedan depositados los certificados respectivos que acreditan la titularidad de los derechos que se transfieren; se pacta que, una vez cancelado el crédito que se garantiza con la cesión en garantía, los derechos y acciones serán reintegrados a la empresa cedente.

En la mayoría de los contratos que hemos tenido la posibilidad de estudiar, es de estilo que se acuerden cláusulas por las cuales los representantes de la empresa cedente manifiestan en el acto de la cesión que "hacen tradición de los títulos públicos cedidos y desisten de los derecho de propiedad y posesión del crédito a cobrar en bonos públicos que les corresponden, y los transmiten en propiedad del banco cesionario, quien puede hacerlos valer en la forma y tiempo que más convenga a sus intereses". La inserción de tales cláusulas, a nuestro entender, importa una cesión-fiducia, pues el cedente está manifestando claramente que cede la propiedad de los créditos a cobrar, y, al cederlos en garantía, no lo hace en propiedad perfecta, sino en propiedad fiduciaria (o imperfecta), ya que esa transferencia está sujeta a una condición resolutoria en los términos del art. 1666 y concs. del Cód. Civil y Comercial: si el mutuo se cancela el crédito retorna al cedente; en cambio, si no se cumple, el crédito cedido puede gestionarlo y percibirlo el banco cesionario.

e) ***Plazo fijo.*** Los contratos de mutuos bancarios y de leasings financieros suelen garantizarse con certificados de depósitos a plazo fijo. Por lo general, en la misma operación se constituye sobre ellos un derecho real de prenda, de conformidad con el art. 2232 del Cód. Civil y Comercial.

También es perfectamente válida la cesión en garantía de un certificado de depósito a plazo fijo a favor del banco, a fin de garantizar el crédito contraído (si es mutuo) o los cánones locativos convenidos (si es leasing).

En tal supuesto el banco cesionario queda autorizado a percibir a su vencimiento el importe producto de la inversión, como asimismo a aplicar dicho producido a la cancelación total o parcial de la operación en cuestión.

También se puede facultar al banco –por lo común los bancos exigen que la autorización sea irrevocable– para decidir la reinversión de esos fondos, por el capital más los intereses, las veces que sea necesario mientras la operación garantizada se encuentre vigente, en nuevas imposiciones a plazo fijo y en las condiciones y modalidades vigentes en cada época.

A fin de resguardar los derechos del cedente, cabe recomendar que se deje constancia en el contrato de cesión en garantía que se le entregará una copia del certificado de depósito a plazo fijo por cada renovación que se efectúe; igualmente, y a medida que se pague el préstamos (si es mutuo) o los alquileres acordados (si es leasing), consignar expresamente que dichas renovaciones se realizarán por el remanente del importe a pagar por el cedente en concepto de la operación garantizada con la cesión.

Una vez que se cumple con la obligación principal (cancelación del préstamo –mutuo– o ejercicio de la opción de compra por el valor residual –leasing–), el banco deberá restituir al cedente el certificado de depósito a plazo fijo o, en su defecto, los fondos depositados a la vista si no se renovó el certificado.

f) *Cuotas de sociedad de responsabilidad limitada y acciones de sociedad anónima.* Es viable el negocio de cesión en garantía de cuotas sociales de una sociedad de responsabilidad limitada o de acciones de una sociedad anónima, en donde el deudor (cedente) transmite sus cuotas o acciones a un acreedor (cesionario), en garantía del cumplimiento de una obligación.

Acá hay que distinguir entre la cesión-prenda y la cesión-fiducia.

1) *Cesión-prenda.* En el caso de que se cedan en garantía cuotas sociales de una sociedad de responsabilidad limitada, al no encontrarse representadas en un título valor que se pueda entregar al acreedor garantizado, solo pueden ser objeto de prenda sin desplazamiento o con registro, y debe notificarse a

la sociedad e inscribirse en el Registro Público para su oponibilidad a terceros, conforme lo establece el art. 156 de la ley LGS.

A su vez, por expresa remisión del art. 156 de la LGS, la constitución de este derecho real queda regido en sus efectos por el art. 219 de la LGS, que dispone que "los derechos corresponden al propietario". En consecuencia, el deudor prendario (cedente) conserva los derechos políticos y patrimoniales inherentes a la calidad de socio.

Si se ceden en garantía acciones de una sociedad anónima, se trata de una prenda con desplazamiento o común, e igualmente se aplica el art. 219 de la LGS. Para la constitución de esta prenda se debe entregar la acción al acreedor prendario, anotarse el gravamen en el título[50] e inscribirse en el libro de registro de acciones (art. 213, párr. 4°, LGS). De tal modo se perfecciona el acto, que tiene plena eficacia entre las partes, la sociedad y los terceros.

Si bien la prenda se perfecciona con la entrega del título, el accionista (deudor prendario) conserva todos sus derechos derivados del *status socii* (art. 36, LGS), a cuyo fin el acreedor prendario debe facilitar el ejercicio de esos derechos, mediante el depósito de las acciones o por otro procedimiento que lo permita, con gastos a cargo del propietario (art. 219, párr. 2°, LGS).

Un tema discutido en doctrina es si se puede pactar el ejercicio del derecho de voto a favor del acreedor prendario. Si bien hay autores que consideran posible este supuesto[51], en nuestra opinión la clara disposición del art. 219 de la LGS veda tal pacto[52]. Sobre el particular, da cuenta Nissen que, en la práctica, a fin de dejar sin efecto lo normado en el art. 219 de la LGS, es frecuente que el acreedor prendario se haga otorgar en su favor un poder irrevocable de asistencia a las asambleas,

[50] En el caso de las acciones nominativas no endosables, conforme al art. 1°, inc. *b*, del decr. 259/1996, reglamentario de la ley 24.587.

[51] Rovira, *Pactos de socios*, p. 265.

[52] Apuntan Richard y Muiño que la LGS resolvió en el art. 219 en forma contraria al derecho italiano (art. 2352, Cód. Civil italiano), que otorga el derecho de voto al acreedor prendario; también la atribución del sufragio al acreedor pignoraticio ha sido legitimada en España por el art. 72.1 de la ley de sociedades anónimas española (*Derecho societario*, t. 1, p. 543).

con derecho de voto, en los términos del art. 1330 del Cód. Civil y Comercial, mandato este que la doctrina ha cuestionado fundadamente[53].

En cuanto al derecho de suscripción preferente en el aumento del capital social, señala Roitman[54] que el acreedor prendario puede subrogarse en los derechos del accionista para su ejercicio[55]. Por su parte Zaldívar, Manóvil, Ragazzi y Rovira, entienden que el acreedor puede subrogarse en los derechos del deudor cuando exista una disminución de la garantía objeto de la prenda[56].

Con respecto al derecho sobre el dividendo, le corresponde al propietario (deudor prendario) por aplicación del art. 219 de la LGS, no obstante lo cual, Richard y Muiño manifiestan que puede pactarse que el acreedor lo reciba como amortización de intereses y capital[57].

2) *Cesión-fiducia*. Este supuesto ha sido abordado en el § 23, al analizar el fideicomiso en garantía de cuotas de una sociedad de responsabilidad limitada y de acciones de una sociedad anónima.

g) ***Garantías a primera demanda.*** Remitimos al § 83.

h) ***Títulos de crédito.*** Estos documentos tienen su propio régimen de circulación, pero ello no impide que se transfieran de acuerdo con las normas del derecho común.

Sobre el tema, se ha decidido judicialmente que la cesión de los derechos de crédito emergentes de los papeles de comer-

[53] Nissen, *Ley de sociedades comerciales*, t. 3, p. 269.

[54] Roitman, *Ley de sociedades comerciales. Comentada y anotada*, t. III, p. 721.

[55] En caso de oponerse la sociedad el acreedor prendario podría solicitar una medida de no innovar (cfr. Matta y Trejo, *Apuntes para una revisión del régimen de prenda de acciones de sociedades anónimas*, *LL*, 1983-A-720).

[56] Zaldívar - Manóvil - Ragazzi - Rovira, *Cuadernos de derecho societario*, vol. III, p. 289. En contra, Halperin, *Sociedades anónimas*, p. 325 y 326, quien sostiene que la suscripción preferente debe ser ejercida por el deudor dado que se trata de un derecho derivado de la calidad de accionista y no de la acción prendaria.

[57] Richard - Muiño, *Derecho societario*, t. 1, p. 543.

cio puede hacerse conforme a las reglas establecidas en el régimen general si las partes han querido someterse a ellas[58].

Ahora bien, si son títulos librados con la cláusula "no a la orden" u otra expresión equivalente, quedan regidos por las disposiciones de la cesión de derechos y su transmisión tiene los efectos propios de la cesión (art. 12, decr. ley 5965/1963; art. 1838, Cód. Civil y Comercial). También debemos recordar que el endoso estará sujeto a las reglas de la cesión de derechos cuando es posterior al protesto por falta de pago o la fecha en que se debió formularlo (arts. 21 y 22, decr. ley 5965/1963).

Es importante señalar las diferencias entre la transmisión vía endoso y la cesión de derechos. De la correlación con las normas particulares aplicables al pagaré, la letra de cambio, el cheque (ley 24.452) y la factura de crédito (art. 7°, ley 24.769), surge que el endoso es la declaración del portador del título que pone en su lugar a otro, entregándose el documento, mediante la firma en el mismo instrumento. A diferencia de la cesión, el endosatario adquiere un título autónomo, frente al cual el deudor no puede oponer las defensas que tiene contra el endosante; a su vez, el endosante responde de la insolvencia de los demás obligados, lo que no ocurre con la cesión (art. 1628, Cód. Civil y Comercial)[59] y, para el endoso, no se exige como la cesión que se notifique a los anteriores titulares del crédito[60].

En ambos casos, el documento cumple una función de legitimación necesaria: tanto el endosatario como el cesionario necesitan del documento para hacer valer los derechos emergentes de él. En torno a la cuestión, señala ESCUTI (H.) que, cualquiera que sea la forma de transmisión del título (cartular o de derecho común), el documento como tal no deja de tener su ineludible función de legitimación. Aun en los casos en que el documento circula por aplicación de las reglas civiles, es im-

[58] CCiv 2ª, 22/8/1934, *JA*, 47-620: "La cesión de los derechos de crédito emergentes de los papeles de comercio, puede hacerse conforme a las reglas establecidas en el Código Civil; el art. 1438 del Cód. Civil, en cuanto exime a su transferencia de las formalidades requeridas en este título, no importa declarar ineficaces las que se ajustan a él".

[59] Salvo que el cedente expresamente haya garantizado la solvencia del deudor cedido, conforme lo prevé el art. 1630 del Cód. Civil y Comercial.

[60] GARBINI, en BELLUSCIO (dir.) - ZANNONI (coord.), *Código Civil*, t. 7, comentario al art. 1456, § 1, p. 76.

prescindible contar con él para el ejercicio de los derechos derivados de la cesión del título en razón de la naturaleza constitutiva del instrumento[61].

De lo expuesto, se colige que, si pueden transmitirse los títulos de crédito por intermedio de las normas del derecho común, también pueden cederse en garantía.

Sin embargo, ello sería excepcional pues la legislación especial que rige la materia prevé expresamente la figura del endoso en garantía (art. 20, decr. ley 5965/1963).

§ 49. ***Endoso en garantía.*** – El endoso ha sido definido por el maestro Cámara de la siguiente forma: "Constituye la declaración unilateral y accesoria de la letra de cambio, por la cual el portador pone en su lugar a otro con carácter ilimitado o limitado, entregando el documento"[62].

Por su parte, Escuti (h.) da este concepto: "Es un acto escrito, unilateral e incondicional, formalmente accesorio, que tiene por objeto la transmisión del título de crédito y la legitimación de su poseedor para el ejercicio de los derechos cartulares"[63].

Nuestro régimen legal admite varias clases de endosos; entre ellos, el endoso en garantía (art. 20, decr. ley 5965/1963).

Existe coincidencia en la doctrina en que con el endoso en garantía se constituye una prenda a favor del endosatario, ya que no se le transmite la propiedad de la letra de cambio (o del pagaré), sino que se le transfiere la posesión jurídica; a diferencia del mandatario, que solo es detentador del título. En otros términos, el endosatario posee no a título de propiedad, sino de acreedor prendario, pues la propiedad la conserva el endosante.

Así, se ha afirmado que entre los sujetos de este endoso se dan las relaciones normales existentes entre acreedor y deu-

[61] Escuti (h.), *Títulos de crédito,* p. 99. También destaca este autor, citando a Ferri (*Títulos de crédito,* p. 200), que el documento es necesario, tanto para la demostración de la investidura formal del que transmitió el derecho mediante las formas del derecho común como para el ejercicio de los derechos emergentes de la cesión del crédito: el título es necesario como documento de legitimación.

[62] Cámara, *Letra de cambio y vale o pagaré,* t. I, p. 501.

[63] Escuti (h.), *Títulos de crédito,* p. 101.

dor prendario, pero, dada la naturaleza de lo que se entrega en prenda, existen algunas particularidades: el endosatario debe ejercer todos los derechos cambiarios y rendir cuentas al endosante, aunque puede ir cambiariamente en contra de él[64].

Al referirse a los efectos del endoso en garantía o caución, CÁMARA distingue entre relaciones internas y externas: *a*) las relaciones entre endosante y endosatario son las generales de la prenda entre prendante y prendatario, con algunas particularidades en cuanto a la conservación de los derechos resultantes del título-valor; estos pueden –mejor dicho, deben– ser ejercitados por el endosatario, tanto los principales como los accesorios, según el art. 20 del decr. ley 5965/1963, y *b*) en las relaciones externas el endosatario no se subroga en los derechos del deudor, ejercitando un derecho *iure propio* y no *iure cesio* contra todos los firmantes de la cambial. Como corolario, los obligados no pueden invocar contra el portador las excepciones fundadas en sus relaciones personales contra el que hizo el endoso en garantía, a menos que el tenedor al recibir la letra haya procedido con conocimiento de causa en perjuicio del deudor demandado (art. 20, segunda parte)[65].

A su vez, GÓMEZ LEO afirma que el endoso en prenda solo legitima al endosatario para ejercer los derechos emergentes del título, pero el endosante retiene la propiedad del documento prendado y la titularidad del derecho; es decir, "la cláusula endoso en garantía suprime el efecto traslativo del endoso pleno. El endosatario en prenda ejerce los derechos emergentes de la letra en interés propio, ejerciendo un derecho autónomo y a pesar de que reconoce la propiedad del título en su endosante, tiene privilegio prendario para cobrarse de la suma que obtenga la correspondiente al crédito garantido para luego rendir cuentas al endosante. El endosatario en procuración, en cambio, actúa en interés de su endosante mandante"[66].

El endosatario en garantía puede ir en contra de su endosante y de quienes están obligados con este[67]. Cuando el endosatario cobre el importe del título valor a su vencimiento o

64 ESCUTI (H.), *Títulos de crédito*, p. 112.

65 CÁMARA, *Letra de cambio y vale o pagaré*, t. I, p. 606 a 610.

66 GÓMEZ LEO, *Letra de cambio y pagaré*, t. II-A, p. 472.

67 ESCUTI (H.), *Títulos de crédito*, p. 113.

anticipadamente –art. 47, decr. ley 5965/1963–, debe retenerlo como caución –depósito o prenda irregular– hasta la extinción de la obligación garantizada, y debe rendir cuentas oportunamente, salvo estipulación en contrario[68].

B) Naturaleza jurídica de la cesión en garantía

1) Debate histórico en torno a su admisibilidad

§ 50. ***Introducción.*** – La cesión tiene por fin el traspaso de la "propiedad" del derecho, es decir, de su titularidad plena.

Sin embargo, la realidad impone otras formas de cesión en las que esta transmisión no se opera, pues tiene por objeto otros fines.

Así ocurre con la cesión en garantía[69], en la que la transmisión del crédito responde a un fin de garantía y no de su propiedad.

En el derecho positivo argentino, con anterioridad a la sanción del Código Civil y Comercial, no existían disposiciones específicas que regularan la cesión en garantía, ya que el Código Civil derogado, al regular el contrato de cesión de créditos (arts. 1434 y ss.), nada decía sobre aquella, como tampoco el Código de Comercio derogado.

De tal modo, y ante el vacío legal en el anterior régimen, surgió la cuestión sobre la admisibilidad de la figura, pues, evidentemente, con ella no se persigue la finalidad típica que había previsto Vélez Sársfield.

§ 51. ***Tesis de la invalidez.*** – Salvat –inicialmente– manifestó: "En cuanto al caso de la prenda de crédito disimulado bajo la forma de la cesión en garantía, nos parece que la validez de ella no puede ser aceptada, porque una cosa es la cesión

[68] Cámara, *Letra de cambio y vale o pagaré*, t. I, p. 607.

[69] Además de la cesión en garantía, también encontramos dentro de esta categoría –llamadas cesiones impropias– la cesión en usufructo y la cesión en cobranza, cuyo tratamiento escapa al objetivo de este trabajo.

de créditos o derechos, la cual implica la transmisión de ellos en propiedad, y otra la constitución de prenda que solo representa la constitución de un derecho real de garantía; el mismo Código de Comercio parece corroborar esta tesis, al exigir que en el caso de darse en prenda créditos o acciones endosables, se declare expresamente que el endoso lo es en garantía (art. 586, Cód. Civil)"[70].

Asimismo, afirmó: "Se ha querido algunas veces utilizar la cesión de créditos como una operación de garantía, en lugar de la constitución en prenda de un crédito. En nuestra opinión, se trata de dos operaciones diferentes: la cesión de créditos supone siempre, la idea de transferencia del crédito cedido, transferencia con carácter definitivo y en propiedad, en tanto que 'la cesión en garantía', como se la llama, es una forma de garantía real, en la cual se prescinde de las formas que la ley ha establecido para la prenda de créditos (art. 3209, Cód. Civil)"[71].

Esta postura fue seguida por Nieto Blanc, quien estimaba cuestionable la validez de la cesión de derechos en garantía en nuestro derecho positivo –vigente en esa época– por los siguientes motivos: *a*) no estaba prevista en el Código Civil ni en el Código de Comercio; *b*) es un contrato incompleto que se integra con la causa que lo motiva, con un dato constante y genérico, que cumple la función traslativa que le es propia, al que se agrega un dato específico representado por la función concreta a la que está dirigido. El Código Civil preveía como posibles causas de la transferencia que toda cesión supone la venta, la permuta y la donación. Por su naturaleza propia, ellas tienen función traslativa, no así la garantía, la cual no parece configurar la causa idónea necesaria para producir la fuerza transmisiva que requiere la cesión; *c*) los contratos no pueden perjudicar a los terceros (arts. 503, 953, 1195 y 1199, Cód. Civil), y el art. 3876 claramente disponía: "El privilegio no puede resultar sino de una disposición de la ley. El deudor no puede crear privilegio a favor de ninguno de los acreedores"; esta regla es muy importante en el caso, dado que con la pretendida cesión en garantía el deudor saca un bien (el crédito cedido) de su patrimonio, lo que va en desmedro de sus demás acreedores,

70 Salvat, *Tratado. Derechos reales*, t. IV, p. 378.

71 Salvat, *Tratado. Contratos*, t. I, nº 622, p. 419 y 420.

que son terceros, y, en definitiva, la transferencia del crédito viene a dar al acreedor cesionario una situación de privilegio con relación a ese crédito, el que debe retroceder a su cedente si aquel lo desinteresa, y *d*) el principio de la autonomía de la voluntad y la libertad contractual (arts. 1143 y 1197, Cód. Civil) solo rige entre las partes (y sus sucesores), pero no es admisible cuando perjudica a los terceros[72].

La tesis de la invalidez tiene también algún apoyo minoritario en la doctrina española[73], y en Italia ha sido sostenida por PANUNCIO, quien argumenta que la garantía no es un título capaz de fundar la transferencia; la transferencia, en cambio, es de la esencia de la cesión[74].

§ 52. ***TESIS DE LA VALIDEZ.*** – LAFAILLE, quien también en este campo disintió doctrinariamente con SALVAT, admitió que los derechos sean cedidos en garantía.

Dicho autor sostuvo que nada hay de irregular en que por vía de la cesión de créditos se persiga no la transmisión de la propiedad de un crédito, sino una finalidad de garantía. Por lo tanto, mientras con ello no se quieran violar normas inderogables, tales cesiones en garantía deben considerarse legítimas[75].

La tendencia mayoritaria en nuestro país siguió la postura de LAFAILLE, admitiendo que los créditos o derechos podían ser cedidos en garantía.

Al igual que sucedió en el derecho romano con la aparición de la cesión de créditos (figura esta que no fue concebida en un primer tiempo por los romanos)[76], la irrupción de la ce-

[72] NIETO BLANC, *Dación en pago de créditos (pro soluto y pro solvendo), cesión en garantía y prenda de créditos, LL,* supl. "Derecho bancario", nº 6, 6/11/1991.

[73] REGLERO CAMPOS, *Ejecución de garantías reales mobiliarias e interdicción del pacto comisorio.*

[74] Sin embargo, la jurisprudencia italiana admite pacíficamente la función de garantía de la cesión (cfr. SC Mendoza, Sala I, 6/8/1997, "Banco de Mendoza en j: 22216, compulsa en Carbometal SAIC p/conc. prev. s/casación", voto de la doctora KEMELMAJER DE CARLUCCI, *ED*, 514-180 .

[75] LAFAILLE, *Derecho civil. Tratado de los derechos reales*, t. III, p. 188.

[76] Señala SPOTA (*Instituciones. Contratos*, t. IV, p. 267) que existía una dificultad para que la cesión de derechos o cesión de créditos pudiera sobrevivir en el ordenamiento jurídico romano. La razón era que en el derecho

sión en garantía en nuestro ordenamiento jurídico genero resistencia dado que chocaba contra los clásicos y rígidos principios establecidos. Pero las necesidades del tráfico mercantil impusieron de a poco que esta figura contractual surgiera a la vida del derecho, y fue aceptada en forma casi unánime.

§ 53. *Panorama actual en el Código Civil y Comercial*. – El Código Civil y Comercial, receptando la doctrina y la jurisprudencia imperantes en la materia, incorpora expresamente en el art. 1615 la cesión en garantía, por lo que viene a ratificar la tesis que postulaba su validez en nuestro ordenamiento jurídico, y hoy es incuestionable la admisibilidad de la figura.

Por nuestra parte, aun antes de la sanción del Código Civil y Comercial, entendíamos que el instituto, pese a su falta de regulación específica en el Código Civil y en el Código de Comercio derogados, era válido y se encontraba amparado por la autonomía de la voluntad (art. 1197, Cód. Civil) y por la libertad contractual (art. 19, Const. nacional). Es decir, no veíamos ningún impedimento para que vía la cesión de derechos se persiguiera no la transmisión de la propiedad de un derecho, sino una finalidad de garantía.

En tal sentido, y como apuntamos en la tesis doctoral base de este trabajo, en ejercicio de la libertad negocial, las partes pueden crear figuras contractuales enteramente nuevas no previstas por el legislador, así como también dar vida a contratos que entrañen una combinación de elementos propios de tipos legislados, o hasta incluso prever cláusulas que signifiquen modificar los efectos normales de los tipos legislados, siempre que no se eludan normas imperativas.

---

romano tradicional la obligación (*obligatio*) tiene el aspecto de ser estrictamente personal. Es decir, no podía haber trasmisión –salvo por sucesión universal atinente al heredero (*per universitatem*)– de la posición jurídica del acreedor o del deudor (*successio in ius*). Si no procedía que la posición jurídica del acreedor fuera transmitida a otra persona, tampoco resultaba admisible la cesión de créditos por acto jurídico entre vivos (*inter vivos*). Pero las exigencias de la práctica empujaron contra esos rígidos principios e impusieron la figura recurriendo a medios indirectos. Felizmente, en el moderno derecho, a partir del Código Civil francés y en nuestra legislación, ya no se presenta tal problema, pues se acepta la cesión de créditos.

También allí manifestamos que había que tener en cuenta que la cesión de créditos o de derechos no es sino un vehículo para la transmisión de derechos, pero sin una causa objetiva típica más allá de esa atribución patrimonial de transmisión, que puede operarse con finalidad de transmitir derechos de distinta jerarquía en forma directa o indirecta: puede transmitirse la propiedad, puede transmitirse a título de garantía. Ello autoriza naturalmente a que las partes pacten el contenido y finalidad de cada negocio en particular; así, pueden pretender una liberalidad –supuesto en el que se le aplican las normas de la donación–, una contraprestación en dinero –rigiendo al efecto las disposiciones de la compraventa–, un intercambio recíproco de cosas –mediante las reglas de la permuta– y también un fin de garantía.

Por lo tanto, en la indicada tesis manifestamos que la cesión de derechos era plenamente admisible siempre que no tuviera un objeto ilícito, contrario a la moral y a las buenas costumbres, o no constituyera un mero recurso para violar normas imperativas.

El Código Civil y Comercial, como decimos, ha venido a ratificar esa opinión.

2) Corrientes explicativas de la naturaleza jurídica de la figura

§ 54. ***Introducción.*** – Conforme se expresó, la legislación anterior no contemplaba la cesión en garantía. Por esto, ante la falta de regulación legal, la doctrina y la jurisprudencia vertieron distintas opiniones sobre su naturaleza jurídica.

En general, unos entendían que se trata de una *prenda de créditos*, otros consideraban que es un *negocio fiduciario*, mientras que algunos sostuvieron que se le debían aplicar las normas de la *cesión pura y simple*. Asimismo, surgieron corrientes intermedias entre estas variantes.

En los parágrafos que siguen nos encargaremos de analizar dichas corrientes.

§ 55. ***Tesis de la prenda de créditos.*** – Entre los autores que propulsaron esta corriente se encuentra Rivera, quien sostuvo que la respuesta a la cuestión de la admisibilidad de la cesión de créditos en garantía debía hallarse en la aplicación de las disposiciones del Código Civil y del Código de Comercio en materia de cesión de créditos y del derecho real de prenda[77].

En torno a la cuestión de determinar si la cesión de créditos tiene por finalidad solo la transmisión de los derechos en propiedad o pueden también ser cedidos en garantía, opinaba que nada de irregular podía verse en que por vía de la cesión de créditos se persiguiera no la transmisión de la propiedad de un crédito, sino una finalidad de garantía, que como tal se regiría por las reglas de la prenda de créditos.

Asimismo, con cita de doctrina italiana, manifestaba que "asiste razón a quienes afirman que la cesión de créditos en garantía debe ser vista como prenda de créditos, y por ende como negocio válido, fundado en que la cesión de créditos no es sino un vehículo para la transmisión de créditos, sin una causa objetiva típica más allá de esa atribución patrimonial de transmisión, lo que puede operarse con finalidad de transmitir derechos de distinta jerarquía: puede transmitirse la propiedad, puede enajenarse solo a título de garantía; y ello autoriza naturalmente a que las partes pacten el contenido de cada negocio en particular, con la sola limitación de que la causa final objetiva perseguida resulte merecedora de la protección judicial".

Concluía el autor citado que, si aparecía como cesión en garantía, no cabía duda de que se trataba de una prenda de créditos, pues ella es la única garantía típica que se adecua a las circunstancias fácticas del negocio, aunque con la advertencia de que, para ser eficaz, debía celebrarse por escrito, haberse hecho la notificación al deudor y entregado el título en que constara el crédito[78].

También Cazeaux y Trigo Represas entendieron que la cesión en garantía es una prenda de créditos, derecho real cuya constitución exige que el crédito conste por escrito y que su título sea entregado al acreedor prendario o a un tercero, además de la notificación del deudor del crédito dado en prenda.

En tal sentido, sostuvieron: "La prenda de créditos sin entrega del instrumento, no perfecciona el derecho real, pero

[77] Rivera, *Cesión de créditos en garantía, LL*, 1991-C-868.

[78] Rivera, *Cesión de créditos en garantía, LL*, 1991-C-868.

puede valer como derecho personal (doctr. art. 2502, Cód. Civil), en tanto no deja comprometido ningún principio de orden público. Respecto de las partes, tendría la validez y la obligación de las convenciones lícitas. En cuanto a los terceros, el cedente tenía libertad de disponer de su crédito [...] la cesión en garantía, les resulta menor en sus consecuencias, que la transmisión definitiva que se había podido cumplir, porque encuentran en el patrimonio del deudor, el derecho eventual a la recuperación del crédito; ya que una vez alcanzado el fin del negocio, el cedente puede perseguir y aun ejecutar forzadamente la obligación de restitución a cargo del cesionario. En estos casos se da la figura que en doctrina se conoce con el nombre de cesión fiduciara, consiste en la transmisión de un derecho para un fin económico que no exige tal transmisión, y que por ende produce un efecto jurídico que no se corresponde con la finalidad económica propuesta y por el contrario la excede. Por lo demás la cesión fiduciaria de créditos concede al acreedor (cesionario-fiduciario) una facultad más intensa que la que le proporcionaría la prenda de créditos, ya que lo coloca a salvo de ulteriores disposiciones que el deudor prendario podría hacer del crédito (doctr. art. 3210, Cód. Civil), e igualmente, le asegura, una posición más libre e independiente frente al deudor cedido"[79].

Bajo el título "Pignoración de derechos y cesión en garantía", López de Zavalía compartía la postura de que la naturaleza jurídica de la cesión en garantía se asemeja a una prenda de créditos. A juicio de este autor, "lo que las partes han querido es una prenda, y el negocio tendrá en consecuencia todos los efectos de una prenda que no sean incompatibles con la idea de un derecho personal. No gozará el garantizado de la preferencia propia de la prenda, pero tendrá una facultad paralela a la del cesionario con fines de usufructo; la percepción del crédito a fin de que lo cobrado sea el asiento de la prenda. En suma, de esta hipótesis nos parece que corresponde decir: no hay un objeto actual, pero hay un objeto futuro, y concretado este, nace la prenda sobre él"[80].

[79] Cazeaux - Trigo Represas, *Compendio de derecho de las obligaciones*, t. I, p. 628.

[80] López de Zavalía, *Teoría de los contratos*, t. 2, p. 905 y 906.

a) *Jurisprudencia*. Destacamos los casos siguientes.

1) Caso "Banco Germánico de la América del Sud c/Rossner, Bruno s/quiebra". En estas actuaciones el tribunal interviniente dijo: "Es una prenda comercial la constituida mediante un convenio por el cual el deudor cede al banco acreedor, para seguridad de las deudas existentes y futuras hasta una suma determinada, los derechos emergentes de un contrato celebrado entre dicho deudor y un tercero, con entrega al banco del documento contractual y notificación al tercero cedido". No importa que se haya utilizado la palabra "cesión", que denota una transferencia y no necesariamente una enajenación"[81].

2) Caso "Banco de Avellaneda c/Torres Sunin, José", en el que se expresó que el contrato según el cual los constructores "ceden a un banco en garantía de un crédito en cuenta corriente, todas las cuentas relativas a aquellos, quedando aquel facultado en su carácter de cesionario de dichos créditos a percibir el importe de los mismos pero debiendo aplicarlo a la amortización de la deuda que los cedentes tengan pendiente, es un contrato de prenda comercial, o, mejor dicho, un contrato de apertura de crédito simple de garantía"[82].

3) Caso "Foxman Fueguina SA s/concurso preventivo s/ incidente de restitución de fondos"[83]. El Banco Credit Lyonnais Argentina SA apeló la decisión del juez de primera instancia por la cual se le ordenó transferir, a la orden del juez del concurso, el importe percibido de ciertas facturas que habían sido entregadas por la concursada en garantía de diversas operaciones. La recurrente objetó lo decidido con los siguientes fundamentos: *a*) la cesión de créditos en garantía es encuadrable como prenda comercial; *b*) esta la habilitó a cobrar extrajudicialmente las facturas entregadas y aplicar los fondos a la cancelación de la deuda, sin tener que verificar el crédito –que ya no existía a la fecha de abrirse el concurso y publicarse los edictos– y, *c*) la resolución atacada llevaría a una situación absurda y originaría un inútil dispendio jurisdiccional, dado que le impondría recurrir a la insinuación del crédito en el pasivo para, una vez admitido, volver a percibir los fondos.

[81] C2ªCivComLa Plata, 22/4/1941, *JA*, 74-594.

[82] C2ªCivCom La Plata, Sala I, 30/12/1947, *LL*, 51-883.

[83] CNCom, Sala E, 4/4/1997, *ED*, 173-445.

La Sala E de la Cámara Nacional de Apelaciones en lo Comercial acogió el recurso interpuesto y revocó el fallo de primera instancia por entender que la cesión de un crédito –sin contraprestación por esa cesión– en garantía de otra operación constituye, en definitiva, una prenda. La misma sala admitió el encuadramiento de un contrato similar como prenda común sobre créditos emergentes de facturas[84] y también dijo que la cesión de un crédito en garantía de otra operación constituye una prenda[85].

4) Caso "Dekeukelaere, Gerónimo c/Tarena", en el que la Cámara confirmó la sentencia de primera instancia y manifestó: "Las facturas dadas en prenda en los términos del art. 587 del Cód. de Comercio, se entregan en garantía y no en propiedad y si se cobran ellas y con su importe se cubriera la totalidad de las deudas que tiene el actor y quedara un excedente, este le correspondería, contrariamente con lo que sucedería si hubiera mediado cesión de créditos"[86].

Asimismo, dijo la Cámara: "En estos casos, la posesión del acreedor prendario es muy semejante a la de un depositario. La facultad que tiene el acreedor prendario de cobrar el crédito que se le dio en garantía –en el caso el banco otorgante del préstamo– y que le es acordada en forma expresa por el art. 587 del Cód. de Comercio, no implica una obligación de realizar esa cobranza. Puede o no hacerlo, según le convenga, pero no hay obligación legal. Si los bancos a los cuales el actor dio en prenda las facturas, no han hecho uso de sus derechos de hacer efectivo el cobro de las mismas, ante esa inactividad no puede desconocerse al actor el derecho a promover la acción, dado que con ella tiende a obtener los recursos necesarios para pagar sus deudas bancarias y financieras de los intereses que siguen corriendo y que agravan su situación a medida que transcurre el tiempo".

5) Caso "Santamarina, Ramón y otro c/Gexal SA y otro", donde se dijo que la cesión en garantía debe regirse por las disposiciones relativas a la prenda de créditos, pues esta es la úni-

[84] CNCom, Sala E, 21/10/1994, "Tutelar Compañía Financiera SA c/Lido Plast SA y otros s/ordinario".

[85] CNCom, Sala E, 14/6/1990, "Flor de Lis SA".

[86] CNCivComFed, 28/4/1964, *LL*, 116-333.

ca garantía típica que se adecua a las características fácticas de dicho negocio[87].

b) ***Proyectos legislativos.*** Los proyectos de reformas al Código Civil y al Código Comercial consagraron la solución de la prenda de créditos.

Así, el Proyecto de Unificación de la Legislación Civil y Comercial de 1987 –vetado por el Poder Ejecutivo Nacional– elaborado por la Comisión Especial de la Honorable Cámara de Diputados de la Nación, en su art. 1437, establece que si la cesión fuese en garantía "se aplican a las relaciones entre cedente y cesionario, salvo pacto en contrario, las reglas del contrato de prenda de créditos" (este Proyecto, al expresar "salvo pacto en contrario", es el único que admite que a la cesión en garantía se le pueden aplicar otras normas que no sean las de la prenda de créditos).

Lo mismo aconteció con el Proyecto de Reforma al Código Civil preparado por la Comisión creada por decr. 468/1992 (art. 1039).

Por su parte, el Proyecto de Código Civil y Comercial Unificado redactado por la Comisión designada por decr. 685/1995 (elevado al Poder Ejecutivo por nota de 18/12/1998, denominado Proyecto de 1998), en su art. 1529, dispone: "Si la cesión es en garantía, en las relaciones entre cedente y cesionario se aplican las normas de la prenda de créditos".

c) ***Código Civil y Comercial.*** El Código Civil y Comercial, al igual que los proyectos de reformas que lo precedieron, adopta la solución de la prenda en cuanto a las reglas que se deben aplicar a la cesión en garantía, al disponer en el art. 1615 que, si la cesión es en garantía, "*las normas de la prenda de créditos se aplican a las relaciones entre cedente y cesionario*" (sobre el particular, ver nuestros comentarios en § 39).

d) ***Derecho extranjero.*** En Italia, un tribunal siguiendo a la Casación resolvió que mediante la cesión de crédito ligada a una operación de financiamiento con el cedente se pone en

[87] CNCom, Sala D, 28/8/2012, voto del doctor Vassallo, *DJ*, año XXIX, nº 8, 21/2/2013, p. 71.

juego la transferencia del crédito con función de garantía atípica; tal cesión, nacida de un contrato mixto, está regulada por la combinación de las normas de la cesión de crédito y las de la prenda de créditos[88].

A su vez, en Francia, SAGE y CHABBI expresan que "cuando las partes utilizan la venta con objeto de garantizar un crédito cualquiera sea, es decir, no ligado a la operación de venta, entonces hay verdaderamente constitución de una garantía con las consecuencias que esto implica, en la medida en que la cesión aparente será recalificada como prenda sin respeto de las formalidades de constitución de la garantía [...] Se aplica así, a este tipo de operación, las reglas propias de la prenda"[89].

§ 56. ***TESIS DEL NEGOCIO FIDUCIARIO.*** – En la postura que afirma que la cesión en garantía constituye un negocio fiduciario se enroló LAFAILLE, quien –como vimos en § 32– sostuvo que, mientras con ello no se quieran violar normas inderogables, las cesiones en garantía deben considerarse legítimas; ello aun cuando se aparentara dar un crédito en propiedad y lo fuera solo en garantía, pues se estaría simplemente ante un negocio fiduciario[90].

A su vez, GUASTAVINO expresa que la transmisión fiduciaria de créditos, con fines de administración o de garantía, se inspira en razones prácticas que confirman la vitalidad y casi inagotable riqueza de matices de la fiducia. La consideración de algunos negocios bancarios corrobora la relativa frecuencia de este tipo de negocios jurídicos que admite distintas denominaciones: "negocio fiduciario en garantía", "cesión fiduciaria" y "transmisión de seguridad".

Aclara que, por su finalidad, el negocio fiduciario puede ser de administración o de garantía. A su turno, los negocios fiduciarios de garantía se subdividen en diversas especies según que el fiduciario adquiera el derecho de satisfacer direc-

[88] T Catania, 7/11/1996, "Cassa di Risparmio Vittorio Emanuele", citado y comentado por PERLINGIERI, *Il trasferimento del credito. Nozione e orientamenti giurisprudenziali*, p. 63.

[89] SAGE - CHABBI, *Sûretés réelles, garantties assimilables et redressement judiciaire*, p. 27 y 28.

[90] LAFAILLE, *Derecho civil. Tratado de los derechos reales*, t. III, p. 188.

tamente el crédito asegurado enajenando el bien transmitido o percibiendo el importe del crédito cedido, o según que solo asuma el derecho de retenerlo en garantía. Por lo general, ha de sobrentenderse conferido al fiduciario el derecho de satisfacción directa.

Opina que, si se trata de una cesión en garantía de créditos, se debe considerar tácitamente concedida la facultad del fiduciario para percibir el importe adeudado por el deudor cedido hasta el monto de la obligación garantizada por el fiduciante, debiendo –en caso de haber cobrado más– retransmitir al fiduciante lo que excede de esa cantidad.

Respecto a la situación del deudor cedido en garantía, el autor mencionado dice que es un tercero obligado a respetar la traslación del derecho. Dicho deudor cedido debe cumplir la prestación a favor del fiduciario. Una vez que este se satisface en su crédito garantizado y procede a restituir el derecho excedente al fiduciante, corresponde al deudor cedido completar el cumplimiento de las prestaciones pendientes, ahora a favor del fiduciante. Los terceros obligados a cumplir una prestación no pueden inmiscuirse en la situación fiduciaria para desconocer sus efectos.

En su primera faz, la traslación del derecho del fiduciante al fiduciario es oponible *erga omnes*, ya que el fiduciario lo adquiere tanto en relación con el fiduciante como respecto de los terceros. En consecuencia, los terceros están obligados a proceder considerando al fiduciario como titular efectivo del derecho transmitido. El pacto de fiducia, paralelo a la traslación del derecho, es una convención que genera derechos creditorios y como toda convención surte efectos entre las partes (art. 1195, Cód. Civil), y no puede oponerse a terceros ni ser invocada por estos (art. 1199). La relación creditoria existente entre fiduciante y fiduciario solo podría ser invocada, subrogatoriamente, por los *acreedores* de las partes conforme al art. 1196 del Cód. Civil, pero no por los *deudores* como son los obligados a realizar una prestación en su favor.

En su segunda faz, la retransmisión del derecho –o del remanente– al fiduciante también constituye una relación jurídica inobjetable por los terceros; nada obsta para que las partes convengan que en determinadas circunstancias dicha propiedad o la del saldo del crédito vuelva a manos del cedente ni tampoco puede impedirse que una nueva cesión –del primitivo cesionario al primitivo cedente– devuelva igualmente la propiedad del crédito a este.

La celebración de un lícito negocio fiduciario constituye el ejercicio de un derecho, y los terceros no pueden inmiscuirse en las relaciones internas de las partes para interferirlas o altearlas[91].

Por su parte, KIPER y LISOPRAWSKI señalan que la plena tipicidad del contrato de fideicomiso, incorporado en nuestro ámbito por la ley 24.441, produjo un vuelco sustancial en el enfoque de la cesión en garantía, porque si hay cesión del crédito, con limitaciones a la disponibilidad, no hace falta forzar los textos legales con la llamada cesión-prenda de créditos que, por su naturaleza o instrumentación, no admite ese gravamen, pues la ley mencionada admite la transferencia en fideicomiso de bienes que no sean cosas (art. 11; actual art. 1682, Cód. Civil y Comercial) y acepta la posibilidad de limitar y aun prohibir la facultad de disposición del fiduciario respecto del crédito.

La figura del fideicomiso de garantía es, a juicio de estos autores, un continente ideal para la cesión con fines de garantía, porque supera la diversidad de planteos y soluciones que la doctrina debate al respecto, con ventajas considerables (v.gr., no se debe insinuar en el pasivo concursal como paso previo a la percepción del crédito transmitido).

Se formulan la siguiente pregunta ¿por qué reconducir la cesión de créditos con fines de garantía –con mayor o menor disponibilidad del cesionario-acreedor– a una prenda de créditos cuando el fideicomiso es la figura que mejor se ajusta a la finalidad del negocio, está normativamente previsto y no concita conflictos doctrinarios? La discusión acerca de la calificación jurídica pierde sentido frente a la existencia de una ley que provee el adecuado encuadre a la práctica negociadora.

Sin embargo, advierten acerca de la existencia de algunos inconvenientes de orden práctico y posibles reparos de orden jurídico en el empleo del fideicomiso de garantía en reemplazo de la cesión con fines de garantía. En aquel, la construcción

[91] GUASTAVINO, *La transmisión de créditos en garantía, JA*, 1972-18-504.

del contrato requiere el cumplimiento de los extremos y requisitos de constitución impuestos por la ley (art. 4°, ley 24.441; actuales arts. 1667 y 1668, Cód. Civil y Comercial), así como las mayores exigencias impuestas al fiduciario (v.gr., el deber insoslayable de rendir cuentas). El fideicomiso resulta más complejo y su dinámica en el empleo es de atención más dedicada y minuciosa en comparación con la cesión con fines de garantía, tal como se practica. El reparo legal que se les podría oponer apuntaría a aquellos fideicomisos de garantía en que el fiduciario es el mismo acreedor que, frente al incumplimiento del fiduciante-deudor, podría adquirir la propiedad del crédito fideicomitido, ingresándolo a su patrimonio general, contraviniendo –supuestamente– el art. 7° de la ley 24.441 (actual art. 1676, Cód. Civil y Comercial). La objeción, basada principalmente en evitar el conflicto de intereses, se podría rebatir si el fiduciario aplica el importe del crédito cedido, cuyo monto nominal por lo general está determinado, al momento de operarse la cesión, a la deuda garantizada. No habría, entonces, riesgo de que el fiduciario-acreedor se apropie del crédito fideicomitido por un valor inferior. Obviamente bastaría, para aventar el planteo, la designación de un fiduciario ajeno a la relación entre fiduciante-deudor y el acreedor (beneficiario) sujeto a la condición del incumplimiento de la obligación garantizada[92].

Para CARREGAL, la cesión de derechos en garantía es un verdadero fideicomiso de garantía, en el que el fiduciante-cedente-fideicomisario es el deudor y el fiduciario-cesionario-beneficiario es el acreedor. Este autor destaca que el fideicomiso de garantía comparte con la cesión en garantía –no así con la hipoteca y con la prenda– la característica de la apropiación por parte del fiduciario de los ingresos futuros de la empresa otorgante de la garantía –apropiación destinada exclusivamente a dar cumplimiento al encargo recibido, o sea, amortizar la deuda garantizada–. Agrega que la cesión de derechos en garantía no es sino un fideicomiso de garantía aunque se lo mencione con otro nombre[93].

[92] KIPER - LISOPRAWSKI, *Teoría y práctica del fideicomiso*, p. 24.

[93] CARREGAL, *El concurso del fiduciante en los fideicomisos de garantía, LL,* 2004-B-1217.

a) *Jurisprudencia.* En "Famatex SA", Belluscio, como juez de primera instancia, debió considerar en la sentencia si la operación celebrada entre el titular de un crédito (acreedor fiduciante-cedente) y el banco (fiduciario-cesionario) que recibió la transmisión en garantía de un préstamo que por su parte había otorgado a aquel configuraba una prenda, una dación en pago o un negocio fiduciario de garantía[94].

La actora, titular del crédito (acreedor fiduciante), había efectuado una cesión irrevocable, por instrumentos públicos y privados, al Banco Mercantil Argentino (fiduciario).

La institución bancaria, al percibir el importe de capital correspondiente al crédito cedido, dejó a salvo los derechos del primitivo acreedor (fiduciante) para proceder a la percepción de los intereses moratorios. Durante la tramitación del pleito, tanto el fiduciante como el fiduciario sostuvieron que habían celebrado una cesión del crédito en garantía y negaron la aplicación del art. 1458 del Cód. Civil invocado por la parte demandada, el Ferrocarril General Belgrano (deudor cedido).

Además de alegar dicha norma del Código Civil, la accionada pretendía hacer valer el carácter irrevocable de la cesión para oponerse a la demanda del fideicomiso.

En el fallo se estimó que el caso no se trataba de una cesión de derechos lisa y llana, sino de la que la doctrina denomina "cesión en garantía", es decir, la que el deudor hace a su acreedor de derechos que a su vez tiene contra un tercero para garantizar el pago de su deuda.

El sentenciante llegó a la conclusión de que la cesión en garantía constituye un negocio fiduciario, entendiéndose por tal la modificación subjetiva en la relación preexistente que consiste en la transmisión plena del dominio u otro derecho, efectuada con fines de administración, facilitación de encargos o garantía, que por sí mismos no exigirían la transmisión, con el surgimiento simultáneo de una obligación del adquirente de restituir el derecho al transmitente –o transferir a una tercera persona– una vez realizada la finalidad.

[94] JuzgFedCap, firme, 6/10/1972, "Famatex SA c/Ferrocarril Gral. Belgrano", *JA*, 18-1972-497.

b) *DERECHO EXTRANJERO.* En el sistema español, parte de la doctrina y la jurisprudencia se han pronunciado en pro de la admisión del negocio fiduciario. Al respecto, NAVARRO PÉREZ manifiesta: "Si consideramos atentamente la intención de las partes cuando efectúan una cesión *pro solvendo,* se observa que a lo que en realidad tienden es a realizar un negocio fiduciario. Las partes quieren transferir la titularidad del crédito, y quieren transferirla en su totalidad; pero o la transferencia se realiza con finalidad de garantía (y estamos en la hipótesis característica de la *fiducia cum creditore*), o se realiza para que el importe del cobro del crédito sea retenido hasta la correspondiente montante en pago del débito del cedente y, reembolsado al mismo por el exceso. La doctrina, por lo demás, no ha dejado de calificar la cesión *pro solvendo* con finalidad de garantía como un negocio fiduciario. Si nos adherimos a esta tesis, toda dificultad de construcción de la figura desaparece. Tendremos un negocio de transmisión del crédito, que en relación a la atribución de la titularidad crediticia no se diferenciará de los casos de cesión legislativamente disciplinados, mientras que la particular causa fiduciaria determinará las ulteriores consecuencias entre las partes"[95].

A su vez, dentro de esta tesis se advierten dos corrientes.

Como apunta KEMELMAJER DE CARLUCCI: *1*) una postura entiende que lo característico del negocio es que el cesionario (fiduciario) adquiere un dominio pleno e ilimitado; personalmente, sin embargo, se obliga a retransmitir al endosante (fiduciante) el bien transmitido una vez alcanzado el fin propuesto; en esta posición, para una cesión que aparece como cesión pura y simple, real y definitiva, el Tribunal Supremo de España ha resuelto que, si se realizó antes del juicio de suspensión de pagos (proceso similar a nuestro concurso preventivo), no hay razones para que el deudor cedido deba depositar en el expediente las sumas cedidas; por el contrario, el cesionario tiene derecho a percibir directamente del deudor cedido esas sumas, y *2*) otra corriente afirma que el fiduciario recibe una titularidad formal, que confiere un poder dispositivo, mientras que el fiduciante (endosante) conservaría la propiedad material; se distingue así

[95] NAVARRO PÉREZ, *La cesión de créditos en el derecho civil español*, p. 234 y 235.

entre la relación interna (fiduciante-endosante y fiduciario-endosatario) y otra externa (fiduciario-endosatario y terceros)[96].

En Francia, la cesión fiduciara es aceptada por la doctrina y la jurisprudencia. LEGEAIS destaca las ventajas más importantes que ofrece esta figura: "Primeramente, convirtiéndose en titular del crédito desde la constitución de la seguridad, el acreedor se beneficia con una seguridad absoluta: habiendo salido el crédito del patrimonio del deudor, escapa a la influencia de los privilegios generales que nacerían. Luego, la aplicación de la garantía se opera según las maneras simplificadas. Cuando el crédito cedido tiene vencimiento antes que el crédito garantizado, solo el fiduciario cobra el monto del crédito porque es el titular. Cuando el crédito cedido es exigible posteriormente al crédito garantía, el desenlace de la operación depende de lo que hace el deudor. Si ejecuta su obligación, el acreedor debe devolverle el crédito cedido. Si el deudor está quebrado, el acreedor se hará pagar gracias al crédito cedido de lo que se le debía. En este último caso, son evitadas las pesadas formalidades de realización de la prenda. El acreedor puede cobrar el crédito a su vencimiento o venderlo de común acuerdo. Finalmente, una última ventaja de la cesión fiduciaria sobre la garantía: cuando se abre un proceso colectivo en contra del deudor, el acreedor fiduciario no está alcanzado por la suspensión provisoria de las gestiones"[97]. Sin embargo, el autor citado destaca que cierta parte de la doctrina francesa considera que es discutible la validez de la cesión fiduciaria.

§ 57. ***TESIS DEL NEGOCIO SUJETO A CONDICIÓN RESOLUTORIA Y DEL NEGOCIO INDIRECTO.*** – Esta posición es una variante de la analizada en el § 56.

En Italia un sector de la jurisprudencia entiende que la cesión de créditos con fines de garantía se configura como un negocio sujeto a condición resolutoria; la cesión en garantía da lugar a la transmisión inmediata de la titularidad del crédito cedido, solo que en este caso hay un exceso del medio que

[96] SC Mendoza, Sala I, 6/8/1997, "Banco de Mendoza en j: 22216, compulsa en Carbometal SAIC p/conc. prev. s/casación", *ED*, 180-514, voto de la doctora KEMELMAJER DE CARLUCCI.

[97] LEGEAIS, *Les garanties conventionnelles sur créances*, p. 128 y 129.

caracteriza al negocio reconduciéndolo entre aquellos denominados "negocios indirectos"; si la obligación garantizada se cumple, se verifica la condición anexa a la cesión y el crédito transferido en función de garantía vuelve automáticamente a la titularidad del cedente. Mientras está pendiente la condición anexa a la cesión del crédito con fines de garantía, el cesionario puede dirigirse, indiferentemente, al cedente para satisfacer su propio crédito sin tener que haber excutido los bienes del deudor cedido, haciendo valer, de este modo, la relación contractual garantida, o contra el deudor cedido, haciendo valer así la cesión de crédito.

En sentido coincidente, aunque sin hacer mención del negocio fiduciario, la Casación italiana expresó que "la cesión *pro solvendo* puede tener el fin de garantizar otro crédito cuando los contratantes quisieron utilizar el cobro de un crédito para el pago de una obligación sin que la diferencia en más, resultante de la realización del crédito, se pierda para el deudor cedente. Pero la función de garantía no excluye el efecto traslativo de la titularidad del crédito, típico en cada especie de cesión, porque justamente, a través de ese efecto actúa la garantía; en esta hipótesis, la cesión opera como negocio indirecto en cuanto a través de él se consigue un fin diverso de aquel que su causa típica representa"[98].

§ 58. ***Tesis de la voluntad negocial.*** – Hay autores que consideran que es necesario analizar en cada caso cual ha sido la voluntad común de las partes.

Así, Cantón manifiesta: "Habría que analizar el texto del contrato; si del contrato de cesión surge que las partes lo efectúan para asegurar determinada acreencia, o bien se deja constancia de que tiene carácter accesorio de una obligación principal habida entre las mismas partes o está afectada al cumplimiento de una obligación de un tercero, se estaría en presencia de una cesión de créditos en garantía a la que se le aplican las normas de la prenda de créditos, si, en cambio, del contrato de cesión no surge con claridad la accesoriedad que presupone la prenda de créditos, es decir, si solo se invoca el

[98] Sesta, *Le garanzie atipiche*, p. 228, citado por Kemelmajer de Carlucci, *ED*, 180-514.

precio de venta de la cesión, sin referencia al cumplimiento de obligación alguna, o se endosan los instrumentos sin mención alguna; se estaría en presencia de una cesión fiduciaria de créditos"[99].

Por su parte, Arico en un interesante trabajo apunta que frente a la transmisión de créditos en garantía la doctrina nacional adopta dos posiciones. Algunos autores entienden que se trata de un negocio fiduciario, en el que se transmite el crédito en propiedad, pero con fines de garantía, en virtud del cual el adquirente debe restituir el derecho al transmitente una vez cumplida la finalidad, y otros consideran que a la referida cesión, válida en virtud del consensualismo, se le aplican las normas de la prenda de créditos[100].

En ejercicio de la libertad negocial, las partes pueden crear figuras contractuales enteramente nuevas no previstas por el legislador, así como también dar vida a contratos que entrañan una combinación de elementos propios de los tipos legislados, o prever cláusulas que signifiquen modificar los efectos normales de los aludidos tipos y aun introducir variantes al régimen de prestaciones que ellos suponen, entre otras facultades. De ahí que, a la par de la transmisión de los derechos patrimoniales en propiedad regulada por el Código Civil, las partes comenzaron a pactarla como una cesión de créditos en garantía, pues, ante el incumplimiento de la obligación principal, el cesionario tenía el derecho de gestionar el cobro del crédito cedido, para aplicar su producido al pago de la obligación garantizada. Es decir, se tomó la cesión de créditos como un vehículo para transmitirlos con fines de garantía, lo que hoy tiene el *nomen iuris* de cesión de créditos en garantía.

Considera el autor mencionado que "la autonomía negocial en la cesión en garantía, tiene un papel decisivo, para determinar si ella importa un negocio fiduciario, o una prenda de créditos. Además, por tratarse de una figura no regulada específicamente en la ley, la autodisciplina que los contratantes se den, constituirá los principios regulatorios a que debe someterse cada negocio jurídico en particular.

[99] Cantón, *La cesión de créditos en garantía y su importancia en el desarrollo empresarial,* "Derecho y Empresa", nº 1/2, 1994, p. 227.

[100] Arico, *Cesión de créditos en garantía, ED,* 173-856.

Aquí encontramos plena vigencia y validez al consensualismo, con los límites generales de la autonomía en el campo convencional, en cuanto el contrato no debe tener un objeto ilícito, contrario a la moral y a las buenas costumbres, y esa autonomía, no puede constituir un recurso para pretender eludir alguna norma imperativa".

Además –continúa ARICO–, la finalidad perseguida por las partes con la cesión en garantía debe ser merecedora de protección jurídica. La función que desempeñe ese contrato será relevante en el ámbito jurídico, cuando el negocio esté dirigido a realizar intereses dignos de tutelar.

En definitiva, opina el autor citado que la cesión de créditos como vehículo para la transmisión de créditos que no sean en propiedad puede operarse con la finalidad de transmitir derechos a título de garantía, ya sea como prenda de créditos o como negocio fiduciario, de acuerdo con lo pactado por las partes en el contenido de cada negocio en particular.

a) *JURISPRUDENCIA.* Esta fue la solución adoptada por KEMELMAJER DE CARLUCCI en un caso resuelto por la Suprema Corte de Mendoza, al interpretar la voluntad negocial como prenda sobre créditos.

En su voto, la indicada jurista dijo, con apoyatura en doctrina y jurisprudencia italiana, que "establecer si la cesión se estipuló con fines de garantía o de pago es una cuestión de hecho, porque supone búsqueda de la voluntad de las partes"[101]. Agregó que, "si bien el instrumento acompañado se refiere a una cesión pura y simple (que pudo dar lugar a la aplicación de la tesis del negocio fiduciario o de las otras admitidas en la doctrina italiana reseñada), la conducta posterior de las partes pudo inducir al juzgador a entender que existió una verdadera prenda sobre créditos; en efecto, adviértase que el Banco de Mendoza votó el concordato; en consecuencia, la totalidad de su crédito (aun el que incluye las facturas) fue tenido en cuenta a los efectos del cómputo de las mayorías; la iniciativa en el *ius exigendi* no aparece en cabeza del cesionario (la entidad financiera) sino en el concursado, etcétera. Consecuentemen-

[101] CCassazione italiana, 3/7/1980, citado por SESTA, *Le garanzie atipiche*, p. 222.

te, afirmar que en el caso existió una prenda sobre créditos, más allá del acierto o error de la interpretación de la voluntad negocial no es absurdo, ilógico ni contrario a la razón (LS, 157-398)"[102].

Igual postura asumió el doctor HEREDIA en un fallo, al sostener que, para establecer si un crédito cedido en garantía debe ser considerado un negocio fiduciario –cesión fiduciaria de créditos– o bien, por el contrario, la constitución de una prenda de créditos, "ineludiblemente debe examinarse cuál fue la voluntad negocial de las partes, ya que no parece pueda brindarse para todos los casos posibles una única respuesta"[103]. En este caso en particular, el mencionado juez de Cámara interpretó que la cesión en garantía representó la constitución de una prenda de crédito y no una cesión fiduciaria, "pues no solo las partes no invocaron que por el mérito de la cesión se hubiera instrumentado la transmisión de la propiedad del crédito sino que, además, nada resulta en ese sentido de la lectura del instrumento, sin que, por otra parte, exista –siquiera invocado– un pacto de fiducia celebrado entre la parte cedente (Alme SA) y la parte cesionaria (señores Alberto y Ramón Santamarina) destinado a revertir la transmisión después de producido el pago de la obligación garantizada".

b) ***DERECHO EXTRANJERO.*** En la mayoría de los casos, se trata de supuestos análogos, pero no idénticos, por lo que no es prudente generalizar las conclusiones, debiendo tenerse en cuenta en cada caso los acuerdos específicos de las partes. En suma, tratándose de un acto de voluntad, de un negocio bilateral, es necesario analizar cuál ha sido la voluntad común de las contrayentes[104].

[102] SC Mendoza, Sala I, 6/8/1997, "Banco de Mendoza en j: 22216, compulsa en Carbometal SAIC p/conc. prev. s/casación", *ED*, 180-514, voto de la doctora KEMELMAJER DE CARLUCCI.

[103] CNCom, Sala D, 28/8/2012, "Santamarina, Ramón y otro c/Gexal SA y otro", *DJ*, año XXIX, nº 8, 21/2/2013, p. 71.

[104] PERLINGIERI, *Il trasferimento del credito. Nozione e orientamenti giurisprudenziali*, p. 63; DOLMETTA - PORTALE, *Cessione del credito e cessione in garanzia nell'ordinamento italiano*, "Banca, Borsa e Titoli di Credito", vol. 48, 1985, p. 281; SESTA, *Le garanzie atipiche*, p. 222.

Expresa TRABUCCHI al respecto: "Debe tenerse en cuenta que las partes, para alcanzar un determinado fin económico, algunas veces disponen de varios medios jurídicos; ello significa, sin embargo, que todos tengan la misma configuración estructural; corresponde entonces al interesado elegir aquel que mejor corresponda a sus exigencias. Del punto de vista jurídico, varios medios de actuación de la misma finalidad económica presentan consecuencias inmediatas totalmente diversas, consecuencias que, a su vez, influyen en la mayor o menor facilidad y seguridad para alcanzar el fin económico perseguido. A las partes, conscientes de esa diversidad estructural, no les es, entonces, indiferente elegir uno u otro negocio. Simplificar las cosas no debe significar habituarse a minusvalorar lo que las partes han querido; por el contrario, el juez debe entrar a la voluntad negocial"[105].

§ 59. ***NUESTRA OPINIÓN.*** – Respecto a la naturaleza jurídica de la cesión en garantía, en la tesis doctoral base de este estudio, nos inclinamos por la tesis de la voluntad negocial.

En nuestra opinión, la cesión en garantía se puede asimilar a una prenda de créditos o a un negocio fiduciario, y es la voluntad negocial de las partes la que en definitiva determinará si aquella importa una u otra.

Para esto, nos debemos preguntar y analizar qué quisieron las partes cuando celebraron el contrato, y su comportamiento anterior y posterior, para así subsumir el negocio en la figura de la prenda o del fideicomiso.

En suma, como lo manifestamos en el referido trabajo de investigación, la autodisciplina que se hayan dado los contratantes constituye el principio regulatorio a que debe someterse el negocio jurídico.

A la fecha seguimos manteniendo esta idea, por lo que no compartimos en forma integral la solución adoptada por el Código Civil y Comercial, conforme a los fundamentos que se brindan seguidamente en los § 60 y 62, d, a los que remitimos.

[105] TRABUCCHI, "Il trasferimento dei diritti sul credito ceduto pro solvendo", en CIAN - PESCARA (eds.), *Cinquant'anni nell'esperienza giuridica*, p. 1171.

C) La cesión en garantía en el Código Civil y Comercial

§ 60. ***Consideraciones sobre la regulación de la cesión en garantía en el nuevo ordenamiento.*** – El Código Civil y Comercial, en el art. 1615, incorpora la figura de la cesión en garantía, que no estaba regulada en el régimen anterior.

Dispone el art. 1615: "Cesión en garantía. *Si la cesión es en garantía, las normas de la prenda de créditos se aplican a las relaciones entre cedente y cesionario*".

Es decir, el Código Civil y Comercial asimila la cesión en garantía al régimen de la prenda de créditos, no obstante que dos de sus prestigiosos redactores, Kemelmajer de Carlucci y Lorenzetti, hayan sostenido anteriormente la tesis de la voluntad negocial[106].

Entendemos que la redacción del dispositivo citado y la solución normativa que se le da a la cesión en garantía responden a que la Comisión Redactora siguió en este asunto los lineamientos de los proyectos legislativos de reformas que lo precedieron, en particular el Proyecto de 1998[107], a tenor de los fundamentos del Anteproyecto de Código Civil y Comercial.

Al respecto, humildemente nos permitimos disentir de la solución adoptada en el Código vigente pues, según los postulados que ya hemos formulado en este trabajo (§ 59), a la cesión en garantía no solo se le pueden aplicar las reglas de la prenda, sino también las del fideicomiso, y es la voluntad negocial de las partes la que en definitiva determinará cual fue el fin que quisieron perseguir al momento de la contratación y, en consecuencia, si la cesión importa una prenda de créditos o un negocio fiduciario.

Es decir, la autonomía negocial juega un rol fundamental en la cesión en garantía, y esta puede asimilarse perfec-

[106] SC Mendoza, Sala I, 6/8/1997, "Banco de Mendoza en j: 22216, compulsa en Carbometal SAIC p/conc. prev. s/casación", *ED*, 180-514, voto de la doctora Kemelmajer de Carlucci; Lorenzetti, *Tratado de los contratos*, t. II, p. 79 y 80.

[107] El art. 1615 del Cód. Civil y Comercial es transcripción casi literal del art. 1529 del Proyecto de 1998.

tamente tanto a un negocio fiduciario como a una prenda, de acuerdo con lo convenido en el contrato. En otras palabras, la autodisciplina que se hayan dado los contratantes constituye el principio regulatorio a que debe someterse el negocio jurídico.

Por tal razón, en la tesis doctoral base de este trabajo propusimos la siguiente redacción normativa: "Si la cesión es en garantía, en las relaciones entre cedente y cesionario se aplican las normas de la prenda de créditos o del fideicomiso, según la voluntad negocial de las partes".

En su defecto, consideramos más apropiado el texto del art. 1437 del Proyecto de Unificación de la Legislación Civil y Comercial de 1987, que dispone: "Si la cesión fuese en garantía se aplican a las relaciones entre cedente y cesionario, salvo pacto en contrario, las reglas del contrato de prenda de créditos". De esta forma, al expresar "salvo pacto en contrario", se abre la posibilidad de que las partes acuerden la aplicación de otras normas que no sean las de la prenda de créditos, como de hecho ocurre en la práctica.

En varios de los casos jurisprudenciales analizados en este trabajo, la cesión con fines de garantía constituía o se asemejaba claramente a un negocio fiduciario, y así fue calificado en la sentencia.

Por ende, en nuestra opinión, equiparar la cesión en garantía únicamente a las normas de la prenda de créditos en desmedro de las reglas del fideicomiso va en contra de los usos y práctica negocial en la materia, y de la jurisprudencia y doctrina imperantes, máxime con la evolución que ha experimentado la figura del fideicomiso en los últimos años.

En este aspecto, entendemos que el Código vigente, lejos de poner un punto final a la discusión sobre la naturaleza de la cesión en garantía, creará un nuevo foco de debate.

Al respecto, es dable traer a colación lo que señala ALF ROSS sobre la importancia de advertir la práctica para tratar de descubrir los principios o reglas que guían los pronunciamientos, a efectos de transitar de las reglas generales a la particular, identificando esa actividad como "método jurídico". Asimismo, apunta el citado filósofo danés que, cuando la interpretación que se lleva a cabo no está basada en principios de interpretación vigente, esto constituye política jurídica y no ciencia del derecho[108].

Trasladando esas ideas al instituto de la cesión en garantía, entendemos que, como decimos, el Código Civil y Comercial no ha reconocido la realidad, al no recoger de la práctica la utilización que hacen de la figura las partes ni su aplicación por los tribunales.

Ahora bien, no obstante los reparos expuestos, consideramos que constituye un importante avance su incorporación legislativa como un contrato nominado y típico, ya que aventará cualquier tipo de duda sobre su admisibilidad en el derecho argentino.

§ 61. ***Consecuencias jurídicas del artículo 1615 del Código Civil y Comercial. Remisión.*** – Conforme se señaló, el art. 1615 del Cód. Civil y Comercial establece que a la cesión en garantía se le aplicarán las reglas de la *prenda de créditos*.

Así, las principales consecuencias jurídicas que se desprenden de tal calificación son: *a*) instrumentación del contrato; *b*) derechos de las partes y, *c*) situación frente al concurso del cedente (son analizadas en los § 65, a, 66, a, 68 y 72, respectivamente, a los que remitimos).

§ 62. ***Estructuración del negocio en la figura del fideicomiso, ¿es posible?*** – Antes de responder a este interrogante, es necesario examinar los principios que rigen en la materia, así como las disposiciones normativas del Código Civil y Comercial.

a) *Autonomía de la voluntad.* La *autonomía de la voluntad* o *autonomía privada*[109] es considerada en la Argentina –al igual que en la gran mayoría de los países– como un principio general del derecho, de fuente constitucional. Tal cual afirma el maestro peruano Fernández Sessarego[110], ella es el núcleo generador de las relaciones jurídicas.

[108] Ross, *Sobre el derecho y la justicia*, p. 106.

[109] Utilizamos indistintamente, como sinónimos, las expresiones "autonomía de la voluntad" y "autonomía privada".

[110] Fernández Sessarego, *Reflexiones en torno a la "autonomía de la voluntad"*, *LLActualidad*, 29/5/2003, p. 1, y *LLonline*, AR/DOC/10470/2003.

Para De Castro y Bravo, la autonomía de la voluntad, en un sentido muy general, es el "poder de autodeterminación de la persona". Luego, al precisar la noción de la denominada "autonomía privada" o "autonomía de la voluntad", el jurista español la define como "aquel poder complejo reconocido a la persona para el ejercicio de sus facultades, sea dentro del ámbito de la libertad que le pertenece como sujeto de derechos, sea para crear reglas de conducta para sí y en relación con los demás, con la consiguiente responsabilidad en cuanto actuación en la vida social"[111].

Por su parte, Díez-Picazo y Gullón aclaran que en puridad no es del todo correcta la expresión "autonomía de la voluntad", sino que corresponde hablar de "autonomía privada"[112], y consideran que este principio significa "tanto como autorregulación o autorreglamentación, y esta el poder de dictarse a uno mismo la ley o el precepto, el poder de gobernarse a uno mismo". Este concepto genérico, expresan, "adquiere una significación específica cuando se refiere a la persona y se llama "autonomía privada"

Los citados autores, sobre la base del concepto genérico antes enunciado, brindan tres versiones o definiciones de lo que es la autonomía privada. Así, para ellos la autonomía privada resulta ser una consecuencia del concepto de persona y consiste en "un poder que el orden jurídico confiere al individuo para que gobierne sus propios intereses". Podría también

[111] De Castro y Bravo, *El negocio jurídico*, p. 11 y 12.

[112] Díez-Picazo - Gullón, *Sistema de derecho civil*, vol. I, p 375. Estos autores objetan la designación de "autonomía de la voluntad" al indicar que con esta expresión no deja de incurrirse en algún equívoco, por cuanto no es la voluntad, sino la persona la que goza de autonomía en cuanto tal. Es decir, el sujeto de la autonomía no es la voluntad, sino la persona como realidad unitaria. Al igual que lo hacen los mencionados juristas hispanos, Fernández Sessarego deja constancia de que con la expresión "autonomía de la voluntad" se incurre en un equívoco. En tal sentido, afirma que "no es que la 'voluntad' sea autónoma sino que es la persona, en sí misma, quien está dotada de 'autonomía' en cuanto su ser es ser libertad. La voluntad es dependiente de una decisión libre [...] La voluntad, como el psiquismo en general, no es *per se* autónoma sino que asume un rol instrumental al servicio de las decisiones libres de la persona. No es un fin, sino tan solo un medio" (*Reflexiones en torno a la "autonomía de la voluntad"*, *LLActualidad*, 29/5/2003, p. 1, y *LLonline*, AR/DOC/10470/2003).

definirse, agregan, como un "poder de gobierno de la propia esfera jurídica"; como la esfera jurídica de la persona está formada por relaciones jurídicas, que son el cauce de realización de intereses, la autonomía privada puede igualmente conceptuarse como "el poder de la persona para reglamentar y ordenar las relaciones jurídicas en las que es o ha de ser parte"[113].

Ahora bien, la autonomía de la voluntad no es un principio absoluto puesto que si se le otorga tal carácter significaría reconocer el imperio sin límite del arbitrio personal. De ahí que, según Díez-Picazo y Gulló, la cuestión de la autonomía privada radique en el señalamiento de los límites, "de tal manera que no sean tan amplios que otorguen al individuo una libertad desmesurada con la consiguiente perturbación del orden ni tan angostos que lleguen a suprimir la propia autonomía"[114].

Los autores en comentario señalan tres límites a la autonomía de la voluntad: la ley, la moral y el orden público. Pero, a este respecto, subrayan que lo primero que se observa es "la falta de fijeza absoluta de los límites de la autonomía". Ellos son líneas fluctuantes porque "tanto el concepto de orden público como la concreción de lo moral o inmoral en materias de derecho privado, son variables que están en función de las coordenadas históricas vigentes"[115].

En las XVI Jornadas Nacionales de Derecho Civil (Buenos Aires, sep. 1997), se concluyó que la autonomía de la voluntad descansa sobre dos bases: la *libertad de contratar* o *autodecisión,* que da derecho a contratar o a no contratar, y la *libertad contractual* o *autorregulación,* que da derecho a regular el contrato conforme al propio albedrío. Las partes, si deciden contratar, pueden elegir el tipo contractual, hacer una adaptación especial de este tipo o utilizar una figura atípica[116]. Correlativamente, la autonomía de la voluntad implica otras dos libertades, que deben ser ejercidas de común acuerdo por las

[113] Díez-Picazo - Gullón, *Sistema de derecho civil,* p 375.

[114] Díez-Picazo - Gullón, *Sistema de derecho civil,* p. 378 y 379.

[115] Díez-Picazo - Gullón, *Sistema de derecho civil,* p. 379. A los efectos indicados, dichos autores manifiestan que es relevante el papel del juez como intérprete de las corrientes sociales, políticas o económicas de la época.

[116] XVI Jornadas Nacionales de Derecho Civil, Buenos Aires, sep. 1997, comisión 3, Contratos, "Autonomía de la voluntad: problemática actual".

partes: la *libertad para modificar el contrato,* o sea, para revisar sus términos, y la *libertad para extinguir el contrato,* es decir, para dar por concluida la relación contractual (art. 1200, Cód. Civil; actual art. 1076, Cód. Civil y Comercial)[117].

En igual sentido, LAVALLE COBO, al referirse al contenido de la libertad contractual, señala que la autonomía de la voluntad privada implica cuatro aspectos diferentes: *1*) libertad de contratar o no contratar, y de elegir con quién se contrata, llamada libertad de concertación; *2*) libertad de contratar de una determinada manera, estableciendo el contenido del contrato, designada libertad de configuración; *3*) libertad de modificar las estipulaciones contractuales, y *4*) libertad de extinguir el contrato[118].

Asimismo, manifiesta SPOTA que cuando esa autonomía tiene por efecto crear negocios jurídicos bilaterales en el campo patrimonial, nos hallamos ante la *libertad contractual* y ante la *libertad de contratar,* o sea, ante la libertad de establecer el esquema del contrato y ante la libertad de vincularse o no a otros con un convenio[119].

b) *LIBERTAD CONTRACTUAL: LIBERTAD DE CONFIGURACIÓN.* Uno de los principios angulares del sistema es el de la *libertad contractual,* lo que significa, conforme se expuso precedentemente, la libre opción del individuo entre contratar o no contratar, libertad para la elección del otro contratante y la posibilidad de dotar de contenido al contrato. Implica, además, la libertad de elección de las formas y del tipo contractual, así como la libertad de construir otros tipos distintos a los que ya se hallaban tipificados. La libertad contractual no es otra cosa que el corolario de la autonomía de la voluntad y la justificación de la fuerza obligatoria del contrato[120].

Es decir que uno de los aspectos que se derivan del principio de libertad contractual, y que es el que interesa a los

[117] *Fundamentos del Proyecto de Código Civil unificado con el Código de Comercio, de 1998,* p. 55.

[118] LAVALLE COBO, en BELLUSCIO (dir.) - ZANNONI (coord.), *Código Civil,* t. 5, comentario al art. 1197, § 4, p. 892.

[119] SPOTA, *Instituciones. Contratos,* t. III, nº 551, p. 354.

[120] STIGLITZ, *Un nuevo orden contractual en el Código Civil y Comercial de la Nación, LL,* 2014-E-1332, y *LLonline,* AR/DOC/3668/2014.

efectos de este parágrafo, es la *libertad de configuración*, que consiste en la posibilidad de determinar el contenido contractual[121]; en otras palabras, implica que las partes tienen libertad para establecer el contenido de las obligaciones que están dispuestas a asumir[122].

Esta libertad para configurar el contenido del contrato estaba asegurada por el art. 1197 del Cód. Civil derogado, que disponía: "Las convenciones hechas en los contratos forman para las partes una regla a la cual deben someterse como a la ley misma". De tal manera consagraba su fuerza obligatoria, la que, a su vez, se encontraba limitada por el orden público, las buenas costumbres y la moral (arts. 21 y 953, Cód. Civil). Todo esto es ratificado por el Código Civil y Comercial.

En ese sentido, la jurisprudencia tiene dicho que la libertad de contratar se halla limitada por el orden público[123], la moral y las buenas costumbres[124].

Cabe señalar que esa fuerza obligatoria es idéntica en los contratos nominamos o típicos y en los contratos innominados o atípicos, pues aquella se basa en el principio de que las convenciones constituyen la ley de las partes[125]. Dentro del contrato mismo, el hecho de que una cláusula sea atípica o inusual no es óbice para su obligatoriedad[126].

c) ***La libertad contractual en el Código Civil y Comercial.*** El Código Civil y Comercial incorpora expresamente en los arts. 958, 959 y 960 los principios enunciados anteriormente, con mayor precisión y alcance que el art. 1197 del Cód. Civil de Vélez Sársfield.

Así, el art. 958 dispone: "Libertad de contratación. *Las partes son libres para celebrar un contrato y determinar su contenido, dentro de los límites impuestos por la ley, el orden público, la moral y las buenas costumbres*".

[121] López de Zavalía, *Teoría de los contratos*, t. 1, p. 149 y 150.

[122] Lorenzetti, *Tratado de los contratos. Parte general*, p. 124 y 126.

[123] CCiv 1ª Cap, 9/10/1942, *JA*, 1942-IV-737; CNCiv, Sala E, 2/12/1971, *LL*, 147-9.

[124] CCiv 1ª Cap, 4/4/1941, *JA*, 74-389; CNCiv, Sala D, 19/11/1968, *JA*, 1969-II-355; SCBA, 27/12/1957, *AS*, 1957-VI-417.

[125] CNCiv, Sala C, 19/4/1961, *LL*, 102-603.

[126] CNCiv, Sala A, 15/6/1977, *ED*, 71-220.

Este principio de libertad contractual se encuentra consagrado igualmente en los Principios Unidroit (Instituto Internacional para la Unificación del Derecho Privado), que fueron tomados como base para el Código Civil y Comercial, según sus fundamentos. Dichos Principios, en el art. 1.1 (Libertad de contratación) establecen: "Las partes son libres para celebrar un contrato y para determinar su contenido"[127].

A su vez, el art. 959 del Cód. Civil y Comercial estatuye: "Efecto vinculante. *Todo contrato válidamente celebrado es obligatorio para las partes. Su contenido solo puede ser modificado o extinguido por acuerdo de partes o en los supuestos en que la ley lo prevé*".

Es decir que esta norma ratifica la *fuerza obligatoria* de los contratos (al igual que lo enfatizaba el art. 1197 del Cód. Civil derogado), en virtud de la cual las partes deben cumplirlo fielmente de acuerdo con lo pactado (*pacta sunt servanda*).

En forma similar al citado art. 959 del Cód. Civil y Comercial, los Principios Unidroit, en el art. 1.3, se refieren a la fuerza vinculante y coercitiva de los contratos[128].

Por su parte, el art. 960 del Cód. Civil y Comercial dispone: "Facultades de los jueces. *Los jueces no tienen facultades para modificar las estipulaciones de los contratos, excepto que sea a pedido de una de las partes cuando lo autoriza la ley, o de oficio cuando se afecta, de modo manifiesto, el orden público*".

Conforme se apunta en los fundamentos del Anteproyecto del Código vigente, esta norma estaba en el Proyecto de 1998 y sigue la jurisprudencia argentina en la materia. La regla es que los jueces no pueden modificar un contrato porque deben respetar la autonomía privada. La excepción ocurre cuando la ley autoriza a las partes a solicitar la modificación o bien cuando se afecta de modo manifiesto el orden público.

En otros términos, el principio de base que rige en la especie es que "los tribunales carecen de facultades para interve-

[127] Cfr. http://www.unidroit.org/spanish/principles/contracts/principles2010/blackletter2010-spanish.pdf.

[128] Art. 1.3 (Efecto vinculante de los contratos): "Todo contrato válidamente celebrado es obligatorio para las partes. Solo puede ser modificado o extinguido conforme a lo que él disponga, por acuerdo de las partes o por algún otro modo conforme a estos Principios".

nir en los contratos, o en sus estipulaciones"[129], salvo cuando lo autorice la ley ante un planteo de una de las partes (vicios del consentimiento, lesión, impresión, abuso de derecho, reducción de una cláusula penal excesiva o abusiva, etc.) o de oficio cuando se ha transgredido una norma de orden público[130].

En conclusión, de acuerdo con las cuestiones a las que hemos pasado revista precedentemente, se advierte que el nuevo ordenamiento presenta un claro reforzamiento de la autonomía de la voluntad, a tono con la jurisprudencia y la doctrina nacionales y extranjeras imperantes.

d) *Nuestra opinión sobre la posibilidad de estructurar la cesión en garantía mediante la figura del fideicomiso.* No obstante que el Código Civil y Comercial dispone en su art. 1615 que a la cesión en garantía se le aplicarán las normas de la prenda de créditos, consideramos que es factible que el negocio se construya con la figura del fideicomiso.

Ello conforme a las siguientes razones:

1) Corolario de la libertad contractual –inherente a la autonomía de la voluntad– es la libertad para determinar el contenido del contrato (*libertad de configuración*). Esta autodeterminación de las partas en cuanto a las cláusulas contractuales se encuentra asegurada y expresamente prevista por el art. 958 del Cód. Civil y Comercial.

Consecuentemente, en ejercicio de la autonomía de la voluntad, las partes pueden diseñar el esquema del contrato en la figura del fideicomiso o adaptarlo a sus elementos, donde el deudor (cedente) es el fiduciante y el acreedor (cesionario) es el fiduciario, a su vez beneficiario (posibilidad que admite el nuevo ordenamiento en sus arts. 1671 y 1673, al establecer claramente que el fiduciario también puede ser beneficiario –ver § 13, 19 y 20, b).

2) El art. 1615 del Cód. Civil y Comercial no es una norma de orden público. Por ende, la solución que proponemos no

[129] Alterini, "La autonomía de la voluntad", en Vallespinos (dir.), *Contratos. Presupuestos*, p. 89.

[130] Saux, *Contratos en general*, "Revista de Derecho Privado y Comunitario", 2014-1-37 y 38; Caramelo, *Algunos aspectos de la reforma proyectada en la teoría general de los contratos*, "Revista Derecho Privado", año II, nº 4, p. 5.

transgrede los límites de la autonomía de la voluntad impuestos por la ley.

3) En concordancia y como complemento de lo apuntado, el art. 962 del Cód. Civil y Comercial dispone: *"Las normas legales relativas a los contratos son supletorias de la voluntad de las partes"*. Esto significa que el contenido del acuerdo es prioritario para determinar los derechos y obligaciones de los contratantes, a menos que se trate de cuestiones de orden público o indisponibles.

4) El Título Preliminar del Código Civil y Comercial, en el art. 1°, lista como fuentes del derecho las "practicas", que es una forma de referirse a la realidad negocial configurada por las partes.

5) Conforme al art. 959 del Cód. Civil y Comercial, que sanciona la fuerza obligatoria de los contratos (al igual que lo disponía el art. 1197 del Cód. Civil derogado), las partes deben cumplir lo pactado (*pacta sunt servanda*).

Asimismo, por aplicación del principio de buena fe[131] (art. 961, Cód. Civil y Comercial), en los contratos, tanto al tiempo de celebrarse como de interpretarse y ejecutarse, las partes no pueden desconocer las cláusulas y efectos convenidos o darles una interpretación diversa a la pretendida al contratar.

6) En caso de controversia, los jueces no podrían modificar las estipulaciones del contrato así concebido, ya que carecen de facultades para ello, salvo que sea solicitado por una de las partes cuando lo autoriza la ley –v.gr., vicios del consentimiento, lesión, impresión, abuso de derecho, etc.– o de oficio cuando se afecta de modo manifiesto una norma de orden público (art. 960, Cód. Civil y Comercial).

7) Además, el contrato así regulado no constituye un acto simulado en los términos del art. 333 del Cód. Civil y Comer-

[131] "La buena fe significa que cada uno debe guardar fidelidad a la palabra empeñada y no defraudar la confianza o abusar de ella, ya que esta forma la base indispensable de todas las relaciones humanas. La buena fe no es norma: es el principio supremo de las relaciones obligacionales, de forma que todas deben medirse por él" (CFed Córdoba, Sala CivCom, 28/7/1978, *LL*, 1979-A-201). "La buena fe-probidad exige que los contratantes se conduzcan escrupulosamente" (CNCiv, Sala D, 17/12/1969, *JA*, 6-1970-354; en el mismo sentido, íd., Sala C, 22/6/1978, *LL*, 1978-D-379).

cial, toda vez que no es un negocio aparente, ficticio, no querido como tal por los contratantes, oculto o disimulado con la intención de presentarlo en forma distinta de la que corresponde (como sería una compraventa que oculta una donación).

Por el contrario, es un negocio real por medio del cual el deudor (fiduciante) transmite la propiedad fiduciaria de un derecho a un acreedor (fiduciario), en garantía del cumplimiento de una obligación a cargo de aquel designando como beneficiario al acreedor. En caso de incumplimiento de la obligación principal, el acreedor puede gestionar el cobro del crédito y aplicar su producido al pago de la obligación garantizada.

Es decir, es un negocio querido por las partes como tal, con el fin de lograr los efectos pactados, cuyo móvil y fin es válido y lícito.

Tampoco con él se busca engañar o perjudicar a terceros (art. 335, Cód. Civil y Comercial).

8) Por último, en apoyo del criterio que venimos sosteniendo, cabe tener presentes las reglas que sienta el art. 970 del Cód. Civil y Comercial, respecto a los contratos innominados: *"Los contratos innominados están regidos, en el siguiente orden, por:*

a) *La voluntad de las partes.*

b) *Las normas generales sobre contratos y obligaciones.*

c) *Los usos y prácticas del lugar de celebración.*

d) *Las disposiciones correspondientes a los contratos nominados afines que son compatibles y se adecuan a su finalidad"*.

§ 63. ***Consecuencias prácticas de nuestra posición. Remisión.*** – En cuanto a las consecuencias prácticas que se derivan de la estructuración del negocio mediante la figura del fideicomiso, se deberá recurrir por analogía (art. 2°, Cód. Civil y Comercial) a las disposiciones del fideicomiso en cuanto sean compatibles con el instituto en cuestión.

Tales consecuencias, que en este trabajo se han circunscripto a tres, son: *a*) instrumentación del contrato; *b*) derechos de las partes, y *c*) situación frente al concurso del cedente. Ellas son examinadas en los § 64 a 73, a cuyos comentarios remitimos.

D) Instrumentación. Derechos de las partes

§ 64. *Introducción.* – Hasta la sanción del Código Civil y Comercial, y debido a la falta de regulación de la cesión en garantía, se discutía sobre su naturaleza jurídica y, consecuentemente, sobre las reglas que se le debían aplicar.

La resolución de su naturaleza no fue –ni es– una cuestión meramente teórica o académica, por cuanto la adopción de una u otra de las corrientes a las que hemos pasado revista en los § 54 a 58 trae aparejado consecuencias prácticas de especial importancia, máxime cuando detrás de la operación que se estructura mediante la cesión con fines de garantía hay importantes negocios.

El Código Civil y Comercial, como hemos visto, toma posición sobre este aspecto en el art. 1615, al disponer que las normas de la prenda de créditos se aplican a las relaciones entre cedente y cesionario.

No obstante ello, dado que a nuestro juicio resulta viable la celebración del contrato como un negocio fiduciario (ver § 62, d), seguidamente se analizará la forma de instrumentación y los derechos de las partes tanto desde el punto de vista de la *cesión-prenda* como de la *cesión-fiducia*.

§ 65. *Instrumentación.* – Es la siguiente, según los casos.

a) *Cesión-prenda.* Para ser eficaz, debe hacerse bajo la forma exigida para la prenda, esto es: *1*) debe celebrarse por escrito, en instrumento público o privado, el que para ser oponible a terceros debe tener fecha cierta (art. 2222, Cód. Civil y Comercial). No es necesario que el derecho se encuentre incorporado al instrumento; basta para ello que evidencie o pruebe la existencia del crédito (art. 2232); *2*) debe notificarse al deudor del crédito la existencia del contrato (art. 2233); esta notificación también se torna exigible por aplicación del art. 1620: "Efectos respecto de terceros. *La cesión tiene efectos respecto de terceros desde su notificación al cedido por instrumento público o privado de fecha cierta*", y *3*) debe entregarse el instrumento al acreedor prendario o a un tercero designado por las partes (art. 2219).

b) *Cesión-fiducia.* Para el supuesto de que se estructure el negocio mediante la figura del fideicomiso, por aplicación analógica (art. 2°, Cód. Civil y Comercial), deberá celebrarse con la formalidad establecida por el art. 1669 del nuevo ordenamiento y cumplirse con la notificación del art. 1620.

§ 66. ***Derechos de las partes.*** – Son los siguientes, de acuerdo a cada caso.

a) *Cesión-prenda.* Al disponer el art. 1615 del Cód. Civil y Comercial que la cesión en garantía importa una prenda de créditos, el acreedor (cesionario) no es dueño del crédito, sino que tiene una garantía real sobre él y, por ende, no puede cederlo, gravarlo ni ejercer ningún acto de disposición.

Ello en virtud de que el deudor (cedente) no ha transmitido el dominio. Por esta razón, el acreedor (cesionario) reconoce en el cedente (deudor) la titularidad de los derechos cedidos.

Lo que sí tiene el acreedor son las facultades de cualquier acreedor con garantía real, es decir, puede perseguir el cobro del crédito y percibir los frutos e intereses imputándolos a la deuda garantizada, y ejercer las acciones de conservación (arts. 2225, 2227 y concs., Cód. Civil y Comercial).

Los derechos del acreedor prendario son los siguientes:

1) *Derecho de preferencia o privilegio.* Tiene preferencia frente a los restantes acreedores para cobrarse con el precio resultante de la realización forzada de la cosa, a diferencia de los acreedores comunes o quirografarios, que concurren sobre todo el patrimonio a prorrata de sus respectivas acreencias. En caso de concurso preventivo o quiebra, el acreedor posee un crédito con privilegio especial, conforme lo consagra el art. 241, inc. 4, de la ley 24.522. Este derecho del acreedor no se ve afectado en caso de quiebra o concurso del deudor. El acreedor retendrá la cosa dada en prenda y procederá a su venta judicial o extrajudicial, a su opción. El privilegio comprende el derecho de vender el bien y cobrarse con preferencia a cualquier acreedor[132].

[132] Villegas, *Las garantías del crédito*, p. 187.

2) *Derecho de retención.* Como la entrega del bien es esencial para la constitución de la prenda, su mantenimiento en poder del acreedor prendario es también esencial para la existencia de la prenda, en virtud de cuya situación tiene el derecho de retener el bien hasta tanto haya sido satisfecha totalmente la obligación que había sido garantizada y sus accesorios (arts. 2219 y 2221, Cód. Civil y Comercial). Pero este derecho de retener la cosa no priva a los demás acreedores de la facultad de hacerla vender, sin previo pago de la deuda (art. 2228, *in fine*), porque el derecho de retención no es en definitiva más que un embargo privado autorizado por la ley como seguridad para el acreedor, embargo que debe ceder ante el judicial; pero la entrega de la cosa al depositario no hace perder al acreedor pignoraticio su derecho preferente sobre el precio: el art. 2228 del Cód. Civil y Comercial lo determina expresamente. El mismo principio debe aplicarse en caso de ejecución colectiva del deudor.

3) *Derecho de persecución.* Si por cualquier causa es privado de la tenencia ("posesión" según el art. 2221, Cód. Civil y Comercial) de la cosa sin su consentimiento, tiene el derecho de perseguir el bien en poder de quien se halle (acción reipersecutoria para reivindicar), según lo faculta el art. 2221.

4) *Percibir los frutos e intereses* (art. 2225, Cód. Civil y Comercial). Esta norma es similar al art. 3231 del Cód. Civil derogado, con la diferencia de que admite expresamente la validez del pacto en contrario.

5) *Reembolso de los gastos.* También goza del derecho a que se le reembolsen los gastos necesarios y útiles que haya tenido que realizar para la conservación de la cosa (art. 2227, Cód. Civil y Comercial).

6) *Exigir otra cosa de igual valor.* En caso de haber tenido que restituir la cosa o que de cualquier forma la pierda, tiene derecho a exigir que se le entregue una cosa de igual valor (art. 2224).

7) *Cobrar los títulos de crédito.* El acreedor que haya recibido en prenda títulos de crédito, está facultado para cobrarlos a su vencimiento (este derecho es correlativo a su obligación de realizar los actos conservatorios necesarios para mantener la eficacia del crédito).

8) *Usar la cosa con consentimiento del deudor.* El acreedor prendario puede hacer uso de la cosa dada en prenda si el deudor presta su consentimiento (art. 2226). Caso contrario, el deudor tiene derecho a dar por extinguida la garantía y que la cosa le sea restituida; pedir que la cosa se ponga en depósito a costa del acreedor, y reclamar daños y perjuicios (art. 2226).

9) *Venta de la cosa pignorada.* Si al vencimiento de la obligación no ha sido atendida, el acreedor prendario goza de la posibilidad de ejecutar la garantía (arts. 2229 y 2234), con derecho a satisfacerse con el producido de la cosa en forma preeminente, en atención a la calidad de la garantía prendaria que importa un privilegio especial sobre el bien dado en prenda[133].

El que continúa siendo propietario es el deudor (cedente), quien conserva todas las facultades inherentes a su derecho (art. 2195).

Frente al supuesto de inactividad del cesionario como acreedor prendario, respecto del cobro del crédito cedido, el cedente como deudor prendario puede ejercer las acciones que surjan del derecho transmitido.

b) ***Cesión-fiducia.*** Contrariamente a lo que ocurre en el caso anterior, si las partes diseñan el esquema del contrato mediante la figura del fideicomiso, el acreedor (cesionario) es dueño del crédito o derecho, y como tal puede cederlo, gravarlo y realizar actos de disposición sobre él.

Ello es así por cuanto ha operado una transmisión real de la titularidad del crédito, aun cuando ha sido efectuado en garantía.

Conviene aclarar que el acreedor adquiere un derecho real de dominio, pero imperfecto por hallarse desprovisto del carácter de perpetuidad, ya que está sujeto a extinguirse por el vencimiento de un plazo o el cumplimiento de una condición resolutoria (arts. 1666 y 1697)[134].

[133] Cfr. Romero, *Curso de derecho comercial*, t. II, p. 479.

[134] Vargas Balaguer, *Fideicomiso: regulación jurídica y posibilidades prácticas*, "Entre Abogados", nº 15, 1999, p. 41.

Aquí, el cedente (deudor) se encuentra privado de la legitimación para perseguir el cobro del crédito cedido en garantía.

Como vemos, en este supuesto el cesionario goza de una protección más intensa.

Ahora bien, la facultad del acreedor fiduciario (cesionario) de disponer jurídicamente tiene limitaciones que surgen de las normas relativas al contrato de fideicomiso regulado en el Código Civil y Comercial, a saber:

1) Solo puede hacerlo por actos entre vivos.

2) Solo puede gravar o disponer los bienes fideicomitidos cuando lo requieran los fines del fideicomiso, sin que para ello sea necesario el consentimiento del fiduciante, del beneficiario o del fideicomisario, a menos que se hubieran pactado limitaciones o hasta incluso la prohibición de enajenar (art. 1688); o sea que el deudor podrá convenir con su acreedor que, antes de la venta del bien o cualquier otro acto de disposición sobre este (durante el curso regular de la obligación principal, no en el supuesto de incumplimiento), se requiera su consentimiento, o derechamente prohibir esa facultad de disponer o gravar.

3) En el caso de haberse designado varios fiduciarios, los actos de disposición deberán ser otorgados por todos los cofiduciarios, salvo pacto en contrario, y ninguno de ellos podrá ejercer la acción de partición mientras dure el fideicomiso (art. 1688).

4) Debe actuar con la prudencia y diligencia del buen hombre de negocios (art. 1674).

5) Deberá rendir cuentas ante el deudor fiduciante (cedente) por esos actos de disposición (art. 1675).

E) Situación frente al concurso del cedente

§ 67. ***Planteo de la cuestión. Metodología.*** – La situación que se plantea frente al concurso del deudor (cedente) es el tema que mayor debate suscita en la materia.

La doctrina y la jurisprudencia han realizado un valioso aporte sobre el tema. Pero, como se verá, las soluciones son opuestas según se apliquen las reglas de la prenda o las del fideicomiso. A su vez, dentro de cada postura (*cesión-prenda* y *cesión-fiducia*) existen marcadas divergencias en torno a dos cuestiones centrales: *a*) la verificación del crédito, y *b*) el cumplimiento o ejecución del contrato de cesión en garantía.

El Código Civil y Comercial, en el art. 1615, viene a cubrir el vacío que existía en el régimen anterior en lo que atañe a la validez de la cesión en garantía y, a su vez, establece que a las relaciones entre cedente y cesionario se les aplican las normas de la prenda de créditos.

Sin embargo, como hemos dicho anteriormente, pensamos que es factible que la cesión con fines de garantía se conciba como un negocio fiduciario.

Por tal motivo, a continuación se analizará el escenario que se plantea ante el concurso del deudor (cedente) tanto desde el punto de vista de la cesión-prenda como de la cesión-fiducia, comenzando por la cuestión de la verificación del crédito, en que se le dará una especial importancia a las opiniones doctrinarias y a las decisiones judiciales emitidas; luego nos detendremos en el dispositivo contemplado en el art. 23 de la LCQ y su relación con la cesión en garantía, y posteriormente daremos nuestra opinión al respecto. Finalmente, abordaremos otra cuestión conflictiva que se presenta en torno a la figura, cual es las medidas cautelares solicitadas por el deudor concursado (cedente), pretendiendo la suspensión de los efectos del contrato de cesión en garantía o la restitución de lo cobrado por el acreedor (cesionario).

1) Verificación del crédito

§ 68. ***Cesión-prenda.*** – Al establecer el art. 1615 del Cód. Civil y Comercial que a la cesión en garantía se le aplican las reglas de la prenda de créditos, el acreedor (cesionario) goza de privilegio especial (crédito prendario) y, por consiguiente, tiene preferencia sobre los demás acreedores para su cobro en el concurso del deudor (cedente). Sobre este punto, hay coincidencia en la doctrina y la jurisprudencia.

La cuestión que se discute es si el acreedor debe verificar o no su crédito, y si puede compensarlo o no. En otras palabras, si la percepción por el acreedor con posterioridad a la presentación concursal del crédito de causa anterior al concursamiento es oponible a la masa o, por el contrario, si ello significa cancelar una acreencia de causa anterior alterando la *par condicio creditorum* de los acreedores al celebrar actos que vulneran el art. 16 de la LCQ.

a) *Postura en contra de la verificación del crédito (y a favor de la compensación directa).* Sostiene Rivera que el acreedor no está obligado a solicitar la verificación de su crédito, y solo debe rendir cuentas en los términos del art. 23 de la LCQ.

Expresa que esta prenda –constituida antes de la presentación– es una garantía autoliquidable, y por ello la percepción del crédito por parte del acreedor prendario no es un acto inoponible a la masa en los términos del art. 16 de la LCQ[135].

Por su parte, la jurisprudencia resolvió que no corresponde someter al acreedor al procedimiento de verificación de créditos previsto por el régimen concursal, arguyendo que: *1*) a la fecha de resolución de apertura el crédito ya se había extinguido, y *2*) la cesión de los créditos y el posterior cobro de ellos por el acreedor no pueden considerarse actos prohibidos en los términos del art. 17 de la ley 19.551 (actual art. 16, ley 24.522), pues las conductas allí reprochadas, además de referirse al concursado, requieren como presupuesto que se verifiquen cuando el concurso se encuentre abierto[136].

Esta línea es seguida también por Sánchez Cannavó y Cramer, quienes opinan que es la mejor solución para los intereses en juego, y lo fundamentan con los siguientes argumentos:

1) El acreedor prendario está facultado para cobrar el crédito y sus frutos civiles imputándolos a la deuda garantizada (art. 3231, Cód. Civil, y art. 587, Cód. de Comercio; actual art. 2225, Cód. Civil y Comercial) y ejercer todas las acciones necesarias para la conservación del crédito (arts. 3225 y 3228, Cód. Civil y art. 587, Cód. de Comercio; actual art. 2227, Cód. Civil y Comercial).

Dado que la cosa prendada es un *crédito*, no cabe duda de que resulta susceptible de autoliquidación por la identidad en

[135] Rivera, *La cesión de créditos en garantía y el concurso preventivo del cedente, ED,* 173-445.

[136] CNCom, Sala E, 4/4/1997, *ED,* 173-445.

cuanto a la especie (dinero) que tiene con el crédito otorgado por el acreedor. Por ello, ante la falta de previsión expresa, y en razón de la referida identidad de especie, debe conferirse el derecho para que el acreedor prendario por cesión de créditos en garantía pueda cobrar dicho crédito y compensar lo percibido sin intervención del deudor, pues exigir la promoción de la ejecución judicial del crédito no se compadece con la finalidad buscada por las partes al constituir la garantía, esto es, con la seguridad y celeridad de cobro, ni con la necesidad de tutelar el crédito.

2) Esta solución –continúan los nombrados autores– tampoco es incompatible con la tutela de los intereses de los demás sujetos involucrados en el proceso concursal.

En primer lugar, por cuanto la cesión de créditos y el cobro de ellos por parte del acreedor no resulta un acto subsumible en el art. 16 de la LCQ, pues –siempre que aquella se haya celebrado, cumplido la notificación al deudor cedido y entregado el título en que consta el crédito con anterioridad a la presentación en concurso– ello no implica cambiar la situación de acreedores de causa o título anterior a la presentación, ni realizar actos de disposición o que excedan la administración ordinaria.

Por lo demás, dicha convención, celebrada entre particulares cuando se hallaban en disponibilidad de su patrimonio, no es pasible de ser atacada en el marco del concurso preventivo, en tanto en dicha órbita no existe revisión de los negocios preexistentes al concursamiento. En el concurso preventivo no hay período de sospecha ni hay posibilidad de declarar inoponible a la masa acto jurídico alguno, pues estas son instituciones propias y exclusivas del régimen de la quiebra. Por ello, la eventual ineficacia del negocio pasado entre acreedor y deudor solo podría juzgarse en la eventualidad de la quiebra de este último. En efecto, si sobreviene la quiebra, la aplicación de las normas que condicionan la oponibilidad o atacabilidad de los actos realizados por el fallido en el período de sospecha (art. 122 y ss., LCQ) cobra una vigencia que solo nace del estado falencial del deudor.

En segundo lugar, los autores citados tampoco ven razones para que el acreedor tenga que ingresar el importe que obtenga de la cobranza del crédito cedido, verificar su crédito garantizado con prenda y luego volver a retirar el importe reconocido en carácter de acreedor privilegiado. El control que se produce en el trámite de verificación de créditos –en el que se enfrentan no solo el deudor con los acreedores, sino también estos entre sí–, con el fin de lograr un control recíproco para la correcta determinación del pasivo, se endereza fundamentalmente a evitar el denominado *concilium fraudis* entre el concursado y alguno de los acreedores para incrementar falsamente el pasivo en perjuicio de los derechos de los demás, mientras que el objetivo de la constitución de las garantías reales es justamente el de eludir el concurso –que, como principio, está dirigido a los acreedores quirografarios–, a fin de no ingresar en dicho pasivo.

Además, la ley de concursos y quiebras prevé un tratamiento especial para la ejecución extrajudicial de las cosas prendadas, respetando el derecho del acreedor a proceder en tal forma, aunque sometiéndolo a ciertas reglas de información y rendición de cuentas (art. 23), procedimiento que garantiza el conocimiento de la operación por parte de los sujetos intervinientes en el proceso.

Todo ello lleva a concluir a estos autores que hay que reconocerle derecho al cesionario de cobrar el crédito que tiene ante el deudor concursado, imputando la suma percibida al pago de su crédito sin que sea necesaria la verificación como paso previo[137].

En igual sentido se pronuncian Bacigalup Vértiz y Trusso, quienes no ven razones para que el acreedor tenga que ingresar el importe que obtenga de la cobranza del crédito (el cedido), verificar su crédito (el garantizado con la prenda) y luego volver a retirar el importe reconocido en carácter de acreedor privilegiado[138].

Sostienen dichos autores que no se aplica al caso el principio de que todos los acreedores deben verificar sus créditos

[137] Sánchez Cannavo - Cramer, "La cesión de créditos en garantía frente al concurso. Insinuación del cesionario en el pasivo concursal del cedente", en Arecha - Dasso - Nissen - Vítolo (coords.), *Conflictos actuales en sociedades y concursos*, p. 493 y siguientes.

[138] Bacigalup Vértiz - Trusso, *El acreedor con prenda de derechos creditorios frente a la quiebra, ED*, 158-927.

para ejercer sus derechos, puesto que en realidad el acreedor no cobrará su crédito de un tercero ajeno a la quiebra.

Por otro lado, el crédito cedido por quien luego cayó en quiebra ha salido de su patrimonio (aunque con la restricción para el cesionario de no poder cederlo a su vez y de que, satisfecho su crédito, le deberá al cedente el remanente). Por consiguiente, la validez u oponibilidad de tal transferencia (la que implica la prenda) deberá ser analizada a la luz de las normas que rigen los actos realizados durante el período de sospecha (no aplicable al concurso preventivo). Aun en este supuesto –que la prenda o cesión en garantía del crédito sea hecha durante el período de sospecha–, no está incluida en ninguno de los supuestos de inoponibilidad de pleno derecho que contempla la ley de concursos (art. 122, ley 19.551; actual art. 118, ley 24.522).

Tampoco cabe en el caso el argumento de que la prenda implica tan solo una cesión *en garantía* y no *en propiedad*, y que por ende hay que distinguir la "titularidad" de la "legitimación" (el derecho a ejercer la acción de cobro contra el deudor). No tiene razón decir que en el caso no hay una verdadera transferencia. En ese sentido, los referidos autores citan a CÁMARA, quien expresa que el acreedor prendario no es un simple tenedor del crédito, sino poseedor en interés propio, que goza de un derecho autónomo. Él cobra el crédito invocando un derecho propio (*iure proprio*) y no *iure cesio*. Si bien la titularidad *formal* o *aparente* que detenta el acreedor prendario de derechos creditorios no es una titularidad plena, dicha restricción se refiere a la imposibilidad de enajenar el derecho. Pero esta titularidad "restringida" no es distinta de la situación que ostenta el titular de un dominio *revocable* o *fiduciario*, que se comporta frente al fallido como un verdadero dueño.

Si se quiere interpretar la ley razonablemente, y no meramente razonar al estilo *conceptualista*, el sentido común nos exige preservar la función natural para la que se supone que se piden las garantías, que es precisamente frente al caso de concurso o quiebra. Por lo demás, si la cesión o endoso en garantía no le permitiera al cesionario-endosatario el ejercicio de sus derechos frente al deudor cedido, en caso de quiebra del prendante (cedente en garantía) y endosante, no tendría entonces "todos" los derechos que se derivan de la letra de cambio (art. 20, decr. ley 5965/1963).

Por esos motivos, entienden que esta es la interpretación que conjuga adecuadamente los principios de protección del crédito y de integridad del patrimonio del deudor, según prescribe el art. 163 de la ley concursal (actual art. 159, ley 24.522).

b) ***Postura a favor de la verificación del crédito (y en contra de la compensación directa).*** Contrariamente a lo visto en el punto anterior, otra corriente jurisprudencial y doctrinaria opina que el acreedor no puede compensar directamente el crédito que tiene con el deudor concursado y está obligado a solicitar la verificación de su crédito, pues una solución inversa implicaría violar la igualdad de los acreedores (art. 16, ley 24.522).

En este sentido, expresa NISSEN que la actuación de quien pretende eludir el procedimiento de verificación de créditos y percibir directamente acreencias concursales implica una conducta reñida con las normas de evidente orden público, pues el sometimiento de todos los acreedores al reconocimiento judicial de sus créditos constituye el modo principal para garantizar la *par condicio creditorum*, es decir, el trato igualitario de los acreedores, en iguales circunstancias[139]. La actuación del banco prendario acreedor queda incluida en la norma del art. 17 de la LCQ (actual art. 16, ley 24.522), pues aunque se refiere al deudor, es claro que también implica la prohibición a los acreedores de realizar actos que importen idénticas consecuencias.

La entrega al banco de documentos en garantía por el deudor constituye en derecho un claro ejemplo de la constitución de prendas comerciales sobre créditos. La entrega del título al acreedor cartular transfiere al acreedor pignoraticio la facultad de cobrar su crédito y, en consecuencia, debe el deudor abstenerse de cobrarlo, pero los títulos de crédito continúan siendo de propiedad del titular y se entregan en garantía, por cuya razón el acreedor prendario –incluido los bancos– deben

[139] NISSEN, *Prenda de documentos y facultades del banco frente al concurso preventivo de la deudora prendaria*, *LL*, 1995-C-201, comentario a CNCom, Sala D, 24/10/1994, "Neuberger Hnos. SA s/concurso preventivo", *LL*, 1995-C-201, con el cual disiente.

realizar la custodia con diligencia, sin recurrir a una inmediata liquidación.

Ahora bien, tanto el Código de Comercio como el Código Civil impiden al acreedor pignoraticio apropiarse de la cosa prendada; lo que prevén son modos especiales de enajenación (art. 3224, Cód. Civil y art. 585, Cód. de Comercio; actual art. 2229, Cód. Civil y Comercial). Pero de ello, no se deriva la permisión para que el acreedor prendario se quede con la cosa, omitiendo la ejecución forzada de la misma.

Consecuentemente, el acreedor (el banco, en el caso que comenta el autor citado) no puede compensar directamente su crédito porque ello implicaría la apropiación de la cosa dada en prenda, derecho que se encuentra prohibido por la ley. Por el contrario, el acreedor prendario está obligado a solicitar la verificación de su crédito (art. 33, ley 19.551; actual art. 32, ley 24.522) como paso previo de la cosa vendida (arts. 24 y 204, ley 19.551; actuales arts. 23 y 210, ley 24.522), y debe presentar a la sindicatura la liquidación de la operación y entregar el excedente si lo hay. Si actúa en forma contraria, corresponde exigir judicialmente la devolución de tales sumas.

Diferente es el supuesto en que el deudor ha descontado documentos comerciales en la institución bancaria, pues los documentos entregados al banco son cedidos con plena propiedad, aunque con efectos *pro solvendo* y no en garantía del cumplimiento de las obligaciones asumidas por aquel. En virtud de ello, la presentación concursal del descontatario no genera ninguna obligación para el acreedor que ha percibido de los obligados por los títulos descontados las sumas consignadas en estos.

Por su parte, la Cámara Nacional de Apelaciones en lo Comercial decidió que los fondos (provenientes de cheques cedidos en garantía) percibidos por las entidades financieras acreedoras del concursado, con posterioridad a la fecha de presentación de este último, debían ser restituidos a la quiebra. Dio los siguientes argumentos:

> *1*) Si de la documentación aportada por el banco acreedor surge que la entrega material de los cheques por la concursada no importó la transferencia de la propiedad de los documentos, sino la constitución de una garantía, la actitud del banco de asumir una gestión de cobro y luego imputar lo percibido al pago del crédito contra el deudor concursado resulta inadmisi-

ble, pues la mutación del objeto contractual en caso de situación concursal implica, aun cuando contractualmente prevista, abierta violación a la igualdad de los acreedores, cualquiera fuera su título, no conlleva los efectos cancelatorios propios del pago como modo de extinción de las obligaciones hasta tanto se efectivicen.

2) La autorización dada al banco para debitar en la cuenta corriente de la concursada determinados importes no puede vulnerar los principios y efectos de la convocatoria, porque esa autorización es válida siempre que los contratantes se encuentren *in bonis*, y es ineficaz frente al desequilibrio de una de las partes que la lleve al concurso preventivo

3) la prohibición del art. 16 de la ley 24.522 rige desde la presentación en concurso preventivo y se aplica a todo crédito de causa anterior al concursamiento.

4) La prohibición de alterar la situación de los acreedores de causa o título anterior a la presentación rige tanto respecto del concursado como del acreedor, pues de lo contrario se consagraría un modo elíptico de violar la prohibición legal.

5) La acreditación por el banco de lo cobrado en la cuenta corriente de la concursada, efectuado con posterioridad a la fecha de presentación en concurso, así como la aplicación de la remesa en cuenta para cubrir el saldo deudor de la cuenta, implica cancelar una acreencia de causa anterior a dicha fecha sin cumplir con la carga verificatoria prevista por el art. 32 de la ley concursal, alterando la igualdad de trato de los acreedores al celebrarse actos que vulneran la previsión del art. 17 de la ley citada[140].

En igual sentido se pronuncia Teplitzchi, quien comenta el fallo anteriormente citado ("Plásticos Silvatrim SA")[141]. Este autor expresa que la autorización dada al banco acreedor para debitar en cuenta corriente importes percibidos correspondientes a cheques cedidos en garantía y que fueron depositados con posterioridad a la presentación en concurso no puede oponerse a los principios y efectos del concurso preventivo. Opina que el estado de cesación de pagos de la deuda, presupuesto obje-

140 CNCom, Sala A, 28/2/1997, "Plásticos Silvatrim SA s/quiebra", *LL*, 1998-B-714.

141 Teplitzchi, *Sobre prenda de documentos y facultades del banco depositario, LL*, 1998-B-714.

tivo del concursamiento, priva al banco de la posibilidad de apoderarse de dichos importes. Y pese a que el banco acreedor cumplió con la carga de verificar la acreencia principal, los contratos de cesión de cheques en garantía de operaciones financieras por causa o título anterior a la presentación son actos ineficaces de pleno derecho, pues alteran la situación de los demás acreedores del concurso (art. 17, LCQ).

También manifiesta que la circunstancia de que se haya admitido la verificación del crédito del acreedor no es óbice para que deba devolver los fondos percibidos, pues no hay que confundir la noción de crédito verificado con pago de la obligación.

Expresa que el hecho de que el acreedor pueda obtener pasaporte para ser desinteresado antes del vencimiento del respectivo período de exclusividad no lo autoriza *manu militari* a apropiarse de documentos dados en garantía y compensar dichos importes con saldos deudores, en desmedro de los otros acreedores de su misma categoría.

Por todo ello –concluye el autor–, el acreedor debe cumplir con lo previsto en el art. 585 del Cód. de Comercio (actual art. 2229, Cód. Civil y Comercial) y proceder a la venta del objeto dado en prenda en remate; la apropiación por parte del acreedor de la cosa dada en prenda por medio de compensación está prohibida por ley (arts. 3222 y 3224, Cód. Civil; actual art. 2198, Cód. Civil y Comercial).

En esta línea se enrola Spagnolo[142]. Afirma que, en caso de concurso preventivo del cedente de un crédito cedido en garantía de un mutuo, el principio de igualdad exige que el deudor cedido deba abonar su importe al concursado y no al cesionario, quien debe presentarse al concurso a verificar el préstamo que motivó tal cesión. Comparte la idea según la cual el acreedor no puede cobrar el crédito del deudor cedido porque ello implicaría violar la regla del art. 16 de la ley 24.522, en tanto dicho crédito es de propiedad de la concursada y la cesión solo tuvo lugar en garantía del cobro del mutuo. De tal suerte, las cesiones en garantía de créditos a cobrar

[142] Spagnolo, "Cesión de derechos en garantía de un mutuo y concurso preventivo", en Arecha - Dasso - Nissen - Vítolo (coords.), *Conflictos actuales en sociedades y concursos*, p. 499 y siguientes.

como modo de cancelar las prefinanciaciones y financiaciones importarían una suerte de "compensación" expresamente vedada por el régimen concursal luego de declarada la insolvencia (art. 130, LCQ). Por otro lado, de permitirse la operatoria bancaria de apropiación de fondos y autocobranzas, esta sería ineficaz de pleno derecho frente al concurso por aplicación del art. 17 de la LCQ e impondría como consecuencia que se deban restituir los fondos así percibidos.

En la causa "Santamarina, Ramón y otro c/Gexal SA y otro", la Cámara Nacional de Apelaciones en lo Comercial dictó un interesante fallo por el cual estableció que la parte actora (acreedor prendario cesionario) debe acreditar haber incoado la verificación de su crédito con carácter previo a hacer efectiva la garantía prendaria. Luego de la insinuación en el proceso falencial, el acreedor prendario tiene abierta las vías de cobro que concede el derecho de fondo, y puede a su opción: *1*) requerir al síndico de la quiebra del cedente que reclame el pago al deudor cedido, en ejercicio de las facultades previstas por el art. 182 de la LCQ, o *2*) solicitar el pago él mismo al deudor cedido, depositando judicialmente las sumas que perciba, las que permanecerán indisponibles a la espera del pronunciamiento verificatorio favorable[143].

§ 69. ***Cesión-fiducia. Remisión.*** – Las posturas en contra y a favor de la verificación del crédito en el concurso o quiebra del deudor fiduciante (cedente) han sido abordadas en los § 24 a 27, a los que remitimos.

2) Ejecuciones por remate no judicial y cesión en garantía

§ 70. ***¿Verificación del crédito? Remisión.*** – La cesión en garantía, al ser autoliquidable, queda comprendida en el supuesto de ejecuciones por remate no judicial del art. 23 de la LCQ.

Tal precepto impone al acreedor dos deberes:

[143] CNCom, Sala D, 28/8/2012, voto del doctor Heredia al cual adhiere en este aspecto el doctor Vassallo, *DJ*, año XXIX, n° 8, 21/2/2013, p. 71.

a) *Rendir cuentas*. La rendición debe ser instruida y documentada, y se sustancia por incidente (art. 280, LCQ) con intervención del concursado y del síndico.

b) *Comunicar el remate* cuando el concurso preventivo hubiese sido abierto y la resolución respectiva se hubiera publicado (art. 27, LCQ) antes de los avisos de remate extrajudicial. La omisión de esta comunicación previa vicia de nulidad la subasta.

A través de ambas disposiciones se obtiene la protección del interés particular del acreedor, compatibilizándolo con los intereses del concurso.

Las previsiones del art. 23 de la LCQ también se aplican a la quiebra, de acuerdo a lo que dispone el art. 210[144].

Las posturas se encuentran divididas respecto a la carga verificatoria de las ejecuciones extrajudiciales de garantías autoliquidables.

En nuestra opinión, el acreedor provisto con garantía autoliquidable debe verificar el crédito como paso previo al remate o ejecución de la garantía.

Para el estudio detallado del tema, remitimos a los § 28 a 30 donde fue analizado.

§ 71. ***Nuestra opinión. Preliminar.*** – El art. 1615 del Cód. Civil y Comercial establece que a la cesión en garantía se le aplican las normas de la prenda de créditos.

No obstante ello, consideramos que, en el marco de la autonomía de la voluntad, las partes pueden estructurar el negocio mediante la figura del fideicomiso (ver análisis *in extenso* en § 62, d).

A fin de establecer si un crédito cedido en garantía debe ser considerado un negocio fiduciario o bien, por el contrario, la constitución de una prenda de créditos debe auscultarse la voluntad de las partes en cada caso en concreto y su comportamiento anterior y posterior.

[144] Por error de transcripción en la aprobación parlamentaria de la ley 24.522, el art. 210 remite al art. 24, cuando debería remitir al art. 23, norma esta que reproduce, con algunos retoques, el contenido del viejo art. 24 de la ley 19.551.

En consecuencia, frente al concurso del deudor (cedente), el juez concursal deberá interpretar el contrato de cesión en garantía y determinar si se le aplican las reglas de la prenda de créditos o del fideicomiso, según la autorregulación que se hayan dado los contratantes.

§ 72. ***Cesión-prenda.*** – Al ser el acreedor (cesionario) titular de una garantía autoliquidable –prenda común o con desplazamiento–, esta se encuentra comprendida dentro de la categoría de las garantías que pueden ejecutarse mediante remate extrajudicial, conforme al art. 23 de la LCQ.

Ahora bien, en nuestra opinión, como paso previo a la ejecución de la garantía, el acreedor debe verificar su crédito en el concurso o quiebra del deudor (cedente), cumpliendo con las cargas que impone el art. 32 de la LCQ (indicar monto, causa y privilegio). Ello, conforme a los siguientes fundamentos:

a) La verificación es un proceso de conocimiento, necesario, típico y causal, que permite un control recíproco y multidireccional –entre deudor y acreedores, y de estos entre sí–, bajo la mediación del síndico, cuya finalidad, conforme lo sintetiza Rouillon, tiende a *obtener el reconocimiento de la legitimidad de las acreencias, así como su graduación (quirografario y privilegiado)*[145]; a su vez, permite una determinación lo más precisa posible del pasivo concursal.

Solo a través del tamiz de la insinuación se puede lograr un debido control de legalidad del crédito y de la garantía, y se asegura la *par condicio creditorum* o igualdad de trato entre los acreedores.

Al respecto, cabe destacar las precisas palabras de Silberstein, en la oportunidad de emitir su dictamen sobre la admisibilidad para la defensa oral de la tesis doctoral base de esta obra: "la necesidad de insinuar la cesión en garantía (sea prenda o fideicomiso) en los concursos es congruente con la tendencia en la doctrina y jurisprudencia comparada que tiende a poner alguna limitación a los denominados 'superprivilegios' y 'supergarantías', instituciones estas últimas que tienen relación

[145] Rouillon, *Régimen de concursos y quiebras*, 15ª ed. 2010, p. 114.

entre sí. Tal conclusión, sobre la obligatoriedad de la verificación de la cesión en garantía, a su vez tiende a poner alguna limitación –el control de legalidad dentro del concurso– a las mismas".

b) Como el resto de los acreedores munidos con garantía real no están excluidos de la carga de verificar sus créditos (art. 21, inc. 2, LCQ), no vemos razones de peso para que los acreedores con garantías autoliquidables sí lo estén, como si fueran un ente extraño al concurso o contaran con una prerrogativa supraconcursal. Una interpretación distinta a la expuesta implicará lesionar el principio de igualdad de trato frente a los otros acreedores –sus pares– que ostentan garantías reales –con el mismo privilegio especial–; asimismo, se lesionarían los principios fundamentales de los que está imbuido el régimen falencial, el cual debe ser interpretado en forma sistémica.

En este sentido, téngase en cuenta que, aun en el caso del concurso especial (art. 209, LCQ), los acreedores titulares de créditos con garantía real no quedan dispensados de someterse a la verificación de su acreencia y de prestar fianza en forma previa a la realización del bien afectado a la garantía.

c) Mediante la constitución de las garantías autoliquidables se busca una rápida y segura ejecución, en forma extrajudicial, del bien objeto de ella. Nada de malo tiene ese cometido. Sin embargo, el derecho de los acreedores que gozan de tal ventaja termina donde comienza el derecho de los otros acreedores, a quienes no se les puede privar de su legítimo derecho de defensa y de propiedad.

Bien ha dicho la doctrina que la necesidad de proteger el crédito con garantía autoliquidable no es incompatible con la protección de los demás sujetos involucrados en el proceso concursal. Las ventajas que confieren estas garantías, la seguridad y la celeridad de cobro, debe, compatibilizarse con el debido control de legalidad[146]. El beneficio de una ejecución especial o privada solo alcanza a la fase de realización de la

[146] BORETTO, *Ejecución de la garantía prendaria constituida sobre cheques de pago diferido de terceros y el concurso preventivo del deudor endosante de los mismos, ED,* 189-745; GRISPO, *Tratado sobre la ley de concursos y quiebras,* t. I, p. 372.

garantía real, mas no la transforma *–per se–* en un título inatacable[147].

Frente a la existencia de este tipo de garantías, el juez, el síndico, el concursado y el resto de la masa de acreedores tienen derecho a controlar su legitimidad, lo que impone que esa garantía –y el crédito que la sustenta– sea verificada en el concurso, como lo debe hacer cualquier acreedor.

d) Desde un punto de vista práctico, es conveniente para el acreedor pedir la verificación de su crédito, pues no hay certeza de que en todos los casos el síndico y los demás acreedores permanecerán inmóviles mientras aquel liquida la garantía privadamente. Los acreedores comunes, que no gozan de ningún privilegio, tienen un especial interés en la insinuación y verificación de los créditos privilegiados, porque, como es lógico, su importe disminuye, en lo que respecta a los acreedores quirografarios, el monto de la masa activa. Y estos acreedores comunes, al igual que el síndico, pueden hacer valer, en su caso, la inoponibilidad, nulidad o extinción del crédito o de la garantía autoliquidable, lo cual, de prosperar, significará que el acreedor deberá restituir al concurso lo cobrado en su ejecución extrajudicial.

Todos estos inconvenientes se evitan con el debido control de legalidad en la fase verificatoria. Al mismo tiempo, en esta etapa se puede verificar o impedir el *concilium fraudis* entre concursado y acreedor.

En suma, el acreedor (cesionario), con carácter previo a la realización de su garantía autoliquidable, debe insinuarse al pasivo concursal mediante la solicitud de verificación.

Una vez presentado el pedido de verificación, puede ejecutar la garantía, en forma similar a lo que acontece con los acreedores a que refiere el art. 21, inc. 2, de la LCQ.

§ 73. ***Cesión-fiducia. Remisión.*** – Entendemos que el acreedor beneficiario (cesionario) debe verificar su crédito en el concurso o quiebra del deudor fiduciante (cedente).

Las razones de tal posición han sido brindadas en el § 31, al que remitimos por aplicarse a la especie.

147 Puerta de Chacón, El *remate no judicial. ¿Un permiso legal para eludir el concurso?*, *LLGranCuyo*, 4/9/1997, p. 65 a 79.

3) Las medidas cautelares concursales y la cesión en garantía

§ 74. ***Medidas cautelares concursales. Remisión.*** – Otro asunto problemático que se presenta en torno al instituto que nos ocupa son las medidas cautelares solicitadas por el deudor concursado (cedente), pretendiendo la suspensión de los efectos del contrato de cesión en garantía o la restitución de lo cobrado por el acreedor (cesionario).

Las opiniones no son coincidentes en relación con la procedencia de la cautelar.

Por nuestra parte, consideramos que solo pueden ser decretadas con *criterio restrictivo* y ante situaciones o circunstancias *extraordinarias*, en las que la tutela inmediata resulta imprescindible a fin de no frustrar las reales posibilidades de éxito del concurso.

En el caso –excepcional– de que el juez admita la cautelar innovativa, debe tener, en principio, carácter temporal, a cuyo vencimiento, si se mantienen o agravan las circunstancias que la determinaron, el cautelante puede solicitar una prórroga o una nueva cautelar, y su libramiento se encuentra sujeto a una valoración judicial "estricta".

Este tema ha sido objeto de examen en los § 32 a 35, a los que remitimos por tener aplicación en el caso.

Capítulo IV

GARANTÍAS A PRIMERA DEMANDA

§ 75. *Concepto.* – Se ha conceptualizado este instituto como un "acto jurídico por el cual un sujeto, dotado de una sólida posición financiera (normalmente un banco o una compañía de seguros), se obliga a pagar un determinado importe al beneficiario, con el fin de garantizar la prestación de un tercero, a simple demanda del beneficiario del mismo y, por regla, con renuncia a hacer valer cualquier excepción relativa a la existencia, validez o coercibilidad del vínculo garantido, existente entre el beneficiario y el deudor principal, al cual el garante permanece extraño"[1].

Asimismo, se ha dicho que es "un contrato concluido entre un ordenante y un garante, quien tiene la obligación de pagar a un tercero (el beneficiario), una suma de dinero en pago de un crédito de origen contractual que tiene el beneficiario contra el ordenante. El garante debe pagar desde que el beneficiario se lo requiera, sin poder invocar, en principio, ninguna excepción"[2].

También se define este contrato como aquel por medio del cual una persona llamada garante, que por lo general es un banco, a partir de la solicitud de una persona llamada ordenante, se compromete irrevocablemente a pagar una suma de

[1] Sesta, *Le garanzie atipiche*, p. 456.

[2] Mazeaud - Chabas, *Leçons de droit civil*, t. III, vol. I, nº 53.1, citado por Kemelmajer de Carlucci, *Las garantías a primera demanda*, *RDCO*, nº 2, 1993, p. 95.

dinero a una persona llamada beneficiario, ante la simple solicitud que se haga[3].

Los proyectos de reformas contemplaban estas garantías: Proyecto de Unificación de la Legislación Civil y Comercial de 1987 –vetado por el Poder Ejecutivo Nacional– elaborado por la Comisión Especial de la Honorable Cámara de Diputados de la Nación (art. 2290); Proyecto de la denominada Comisión Federal de la Cámara de Diputados de la Nación de 1983 (art. 2290); Proyecto de Reforma al Código Civil preparado por la Comisión creada por decr. 468/1992 (art. 1479), y Proyecto de 1998, preparado por la Comisión creada por decr. 685/1995 (arts. 1742 a 1746).

Finalmente, el Código Civil y Comercial vino a regularlas expresamente en los arts. 1810 a 1814, despejando toda duda sobre su validez en nuestro derecho.

El art. 1810 da la siguiente definición: "Garantías unilaterales. *Constituyen una declaración unilateral de voluntad y están regidas por las disposiciones de este Capítulo las llamadas 'garantías de cumplimiento a primera demanda', 'a primer requerimiento' y aquellas en que de cualquier otra manera se establece que el emisor garantiza el cumplimiento de las obligaciones de otro y se obliga a pagarlas, o a pagar una suma de dinero u otra prestación determinada, independientemente de las excepciones o defensas que el ordenante pueda tener, aunque mantenga el derecho de repetición contra el beneficiario, el ordenante o ambos*".

Las garantías a primera demanda también reciben la denominación de *garantías automáticas, abstractas, autónomas, por simple demanda, a primer requerimiento, sin excepción*, etcétera.

Pero, como apunta PAOLANTONIO, resulta claro del texto legal que la presencia de una garantía con el régimen que le asignan los arts. 1810 y ss. no depende de la denominación utilizada, sino de la característica de su abstracción e independencia que se plasma en la parte final de su primer párrafo[4].

[3] LEÓN, *Aplicabilidad de las garantías bancarias a primer requerimiento en el ordenamiento jurídico colombiano*, "Revista de Derecho Privado", nº 10, 2006, p. 103.

[4] PAOLANTONIO, en LORENZETTI (dir.), *Código Civil y Comercial*, t. VIII, p. 745.

La "independencia" es el rasgo distintivo de este tipo de garantías, las que se enmarcan dentro del fenómeno moderno –producto de las necesidades y conveniencias de las prácticas mercantiles– de separar la garantía de la obligación principal, creando un título abstracto, desvinculado de las vicisitudes, anomalías o irregularidades del contrato base; superando así los inconvenientes que la accesoriedad (fianza) representaba para el tráfico comercial (ver § 3).

Por lo general, estas garantías se utilizan en operaciones de alto riesgo financiero (grandes obras de construcción, compraventas internacionales, etcétera) y las asumen sujetos profesionales con sólida posición financiera (bancos).

Para una mejor comprensión de la figura, KEMELMAJER DE CARLUCCI brinda el siguiente ejemplo: una unión transitoria formada por empresas domiciliadas fuera del país se presentan a una licitación para la realización de una represa; el gobierno le exige que asegure el mantenimiento de la oferta; la unión transitoria, clienta de un banco, le pide otorgue una garantía, que este expide, comprometiéndose a pagar a la primera presentación efectuada por el beneficiario, sin poder oponer las defensas que él tendría contra su cliente ni las que su cliente tiene contra el beneficiario. La unión transitoria es la ordenante; el banco, el garante y el gobierno el beneficiario[5].

Por su parte BORETTO, da estos ejemplos:

a) Un fabricante de zapatos domiciliado en la Argentina quiere comprar una máquina alemana de última tecnología para mejorar sus productos; el elaborador alemán está dispuesto a vendérsela, pero exige la garantía de un banco residente en Alemania que responda por el precio tan pronto él lo requiera. El argentino (ordenante) pide a su banco (garante), que tiene filial en Alemania, una garantía a primera demanda que asegure el cobro al elaborador alemán.

b) Una empresa constructora de Mendoza quiere presentarse a una licitación de una gran obra pública convocada por el gobierno egipcio; es requisito para la presentación a esa licitación una garantía a primera demanda de un banco con sede en Egipto. El constructor argentino se presenta a la licitación

[5] KEMELMAJER DE CARLUCCI, *Las garantías a primera demanda*, p. 101.

con una garantía otorgada por un banco francés que tiene filial en Egipto; para eso, ha debido concertar con el banco francés que extienda esa garantía a cambio de una determinada suma de dinero que el constructor le paga[6].

§ 76. *Sujetos intervinientes*. – De la lectura del art. 1810 del Cód. Civil y Comercial y de los ejemplos citados anteriormente, tenemos que intervienen en la operación de garantía los siguientes sujetos:

a) *El ordenante o principal*. Es el sujeto pasivo de una relación base o subyacente con un acreedor –beneficiario de la garantía– y quien le solicita al garante que emita la "garantía a primera demanda" para que pague a primer requerimiento o a simple demanda del beneficiario un importe determinado (v.gr., un exportador, un vendedor, un participante en una licitación).

b) *El beneficiario*. Es el sujeto en cuyo beneficio se ha emitido la garantía a primera demanda por parte del garante y quien mantiene con el ordenante una relación principal o subyacente (v.gr., un importador, un comprador, quien licita una obra).

c) *El garante o emisor*. Es quien emite la garantía a primera demanda en beneficio del beneficiario, para garantizar el pago de la obligación que el ordenante mantiene con aquel (un banco).

La fuente de la obligación del garante o emisor es su declaración unilateral de voluntad de pagar al beneficiario. Cabe destacar al respecto que el art. 1800 del Cód. Civil y Comercial consagra expresamente la eficacia jurídica de la declaración unilateral de voluntad como fuente de obligaciones.

Expresa Sacristán que "estamos en presencia de una relación triangular, ordenante-banco-beneficiario, en la que las partes están vinculadas por medio de contratos diferentes que participan y configuran la operación de garantía que podemos considerar unitaria en su función económica pero disgregada en su calificación jurídica. Encontramos tantos contratos

[6] Boretto, "Garantías unilaterales (o 'garantías a primera demanda')", en Curá (dir.), *Código Civil y Comercial*, t. V, p. 602.

como relaciones aparecen en la operación: la relación garante-beneficiario (contrato de garantía), la relación ordenante-garante (contrato de contragarantía), y la relación que vincula al ordenante y al beneficiario (contrato principal o subyacente)"[7].

§ 77. ***Acciones recursorias después del pago.*** – Dice el art. 1810 en el segundo párrafo: *"El pago faculta a la promoción de las acciones recursorias correspondientes"*.

Luego del pago del garante al beneficiario, pueden presentarse diversas acciones de repetición, como ilustra Boretto[8].

a) *Garante contra ordenante.* En la práctica, no hay necesidad de deducir ninguna acción principal pues el garante (generalmente un banco) que paga al beneficiario se ha preparado anticipadamente para asegurar su reembolso sin necesidad de acudir a los tribunales: exige a su cliente tener dinero líquido depositado en una cuenta abierta por el garante, una prenda de valores mobiliarios cotizables en bolsa o prenda de mercaderías, etcétera; es decir, mediante la realización de la contragarantía.

El propio art. 1810, en la parte final de su primer párrafo, menciona este derecho del garante o emisor al expresar *"aunque mantenga el derecho de repetición contra el beneficiario, el ordenante o ambos"*.

b) *Ordenante contra beneficiario.* La acción corresponde en los casos en que el beneficiario ha cobrado del garante indebidamente; por ejemplo, porque el negocio base o subyacente era nulo o estaba extinguido por pago previo.

c) *Garante contra beneficiario.* Como bien señala Boretto, atento a la estructura propia de la garantía a primera demanda (abstracta), no existe naturalmente el derecho de repetición contra el beneficiario[9]. Sin embargo, este derecho puede ser reservado expresamente mediante previsión expresa de la ga-

[7] Sacristán, *La oposición de excepciones por reclamación indebida en las garantías autónomas a primera demanda*, "Revista de Derecho Bancario y Bursátil", nº 111, 2008, p. 236.

[8] Boretto, "Garantías unilaterales (o 'garantías a primera demanda')", en Curá (dir.), *Código Civil y Comercial*, t. V, p. 603 y 604.

[9] Boretto, *Las garantías autoliquidables*, p. 284.

rantía (como lo indica la parte final del primer párrafo del art. 1810) o por las siguientes vías alternativas:

1) Acción subrogatoria para el caso de que el ordenante, demandado por el garante, no satisfaga esta obligación y, a su vez, no accione contra el beneficiario en razón del contrato base que los liga (art. 739, Cód. Civil y Comercial).

2) Cuando el garante no tenga derecho de reembolso contra el ordenante, lo que ocurrirá, normalmente, cuando haya pagado sin atender a las pruebas líquidas que tenga a su disposición para repeler la petición del beneficiario. Si es así, no tendrá acción contra el ordenante, pero la tendrá contra el beneficiario sobre la base del pago indebido (art. 1796, Cód. Civil y Comercial)[10].

§ 78. ***Fraude o abuso del beneficiario. Medidas cautelares.*** – Hemos visto anteriormente que la independencia y abstracción son características esenciales de las garantías a primera demanda, encontrándose separada la garantía del contrato garantido, de modo que el garante debe pagar frente al primer requerimiento formulado por parte del beneficiario, quien no tiene la necesidad de invocar ni explicar la relación de causalidad que justifica su pedido; en tal virtud, el garante no puede oponer al beneficiario las defensas que nacen del contrato subyacente (concluido entre ordenante y el beneficiario), como tampoco las excepciones del vínculo que lo une al ordenante; por el contrario, el garante, en principio, debe pagar derechamente al beneficiario ante el requerimiento de este.

Ahora bien, estas garantías no han sido pensadas para defraudar a nadie ni para ser utilizadas con mala fe o en forma abusiva.

De allí que –con buen criterio– el art. 1810, en su párrafo final, establezca: "*En caso de fraude o abuso manifiestos del beneficiario que surjan de prueba instrumental u otra de fácil y rápido examen, el garante o el ordenante puede requerir que el juez fije una caución adecuada que el beneficiario debe satisfacer antes del cobro*".

[10] Boretto, "Garantías unilaterales (o 'garantías a primera demanda')", en Curá (dir.), *Código Civil y Comercial,* t. V, p. 604.

Según se desprende de dicha norma, deben concurrir los siguientes requisitos para la procedencia de la medida cautelar:

a) Abuso o fraude *manifiesto* del beneficiario en la ejecución de la garantía.

b) Tal abuso o fraude debe emanar de *prueba instrumental u otra de fácil y rápido examen*.

Al respecto, KEMELMAJER DE CARLUCCI, con cita de doctrina europea, manifiesta que el abuso o fraude debe surgir de prueba *líquida*, o sea, prueba de la que surja el *fummum iuris* de modo claro, terminante, no dudoso.

Se ha considerado tal, señala la mencionada autora, el certificado en que consta que la empresa constructora ha cumplido sus obligaciones, o que las mercaderías han llegado a puerto; también, un laudo arbitral, pasado en autoridad de cosa juzgada, que declara que el contrato es nulo por contrariedad al orden público o a las buenas costumbres, o a causa de la conducta del beneficiario. En cambio, no es prueba líquida la declaración jurada del ordenante o del tercero, las presunciones, la prueba testimonial o, en general, cualquier otro medio probatorio que requiera completividad y tiempo para su producción[11].

También constituiría prueba líquida una sentencia pasada en autoridad de cosa juzgada que declaró la nulidad del contrato base; la documentación que acredite el pago de la deuda por parte del deudor, cuya garantía se está ejecutando.

La norma en análisis faculta tanto al garante como al ordenante para solicitar la cautelar.

En cuanto a la legitimación del garante, no hay duda al ser el obligado al pago de la garantía. Respecto al ordenante, como destaca PAOLANTONIO, es quien debe afrontar en vía recursoria el pago realizado al beneficiario[12]; de allí la legitimación que la norma le otorga.

Así, cumpliendo con los recaudos examinados precedentemente, el garante o el ordenante pueden *"requerir que el juez*

[11] KEMELMAJER DE CARLUCCI, *Las garantías a primera demanda*, p. 133 y 134.

[12] PAOLANTONIO, en LORENZETTI (dir.), *Código Civil y Comercial*, t. VIII, p. 749, nota 761.

fije una caución adecuada que el beneficiario debe satisfacer antes del cobro" (art. 1810, párr. 3º, última parte). En tal caso, si el órgano jurisdiccional lo considera pertinente, suspenderá provisoriamente el pago de la garantía hasta tanto el beneficiario preste caución suficiente a fin de evitar daños irreparables.

Cabe señalar que la norma habla del otorgamiento de caución *"antes del cobro"*, pero nada dice sobre la posibilidad de que el juez ordene la suspensión lisa y llana de la garantía, lo que ha despertado objeciones de cierta doctrina[13].

Ahora bien, en la materia debe imperar un criterio restrictivo para la concesión de la cautelar, pues de lo contrario se desvirtuaría la función económica de la garantía y su naturaleza jurídica.

En la causa "SA Lito Gonella e Hijo ICIFI", se acogió el recurso de apelación interpuesto y, consecuentemente, se revocó la resolución dictada por el juez de primera instancia que había hecho lugar a la medida cautelar solicitada por la actora decretando la prohibición de innovar respecto a las garantías que esta otorgó a fin de que Bisa Seguros y Reaseguros SA, Catler Uniservice Sociedad Accidental y Banco Mercantil Santa Cruz SA se abstuvieran, por sí o a través de terceros, de ejecutar o realizar cualquier acto tendiente a la ejecución de las garantías de los contratos, o de efectuar por sí o a través de terceros el pago de suma alguna a Bisa Seguros, Catler Uniservice o a cualquier tercero[14].

En los considerandos del fallo, luego de reseñar la Cámara que la medida cautelar de no innovar es un remedio de excepción, cuya valoración de las circunstancias para su reconocimiento debe ser extremadamente cuidadosa y necesariamente restringida, llega a la siguiente conclusión para su rechazo:

[13] Boretto, "Garantías unilaterales (o 'garantías a primera demanda')", en Curá (dir.), *Código Civil y Comercial*, t. V, p. 611, quien expresa que, "si se estuviese en presencia de una daño irreparable, ¿para qué autorizar la ejecución, aun caucionando el posible daño que se cause, cuando es patente el abuso? Por ejemplo, porque el duedor pagó la deuda cuya garantía se ejecuta; o porque se declaró la nulidad de la obligación principal garantizada con sentencia pasada en autoridad de cosa juzgada; etcétera".

[14] CNCom, Sala F, 25/3/2010, "SA Lito Gonella e Hijo ICIFI c/Bisa Seguros Reaseguros SA y otros", *LLonline,* AR/JUR/5505/2010.

"Los elementos de convicción integrados por el accionante no permiten establecer -de manera apriorística- que la medida cautelar de no innovar solicitada, pueda asegurar provisionalmente el cumplimiento de la sentencia que eventualmente pudiera dictarse a su favor. Obsérvese en este sentido, que conforme surge de fs. 223 vta. la actora inició la acción principal contra Catler Uniservice Sociedad Accidental a quien demandó por los daños y perjuicios provocados por los incumplimientos en que habría incurrido respecto de las obligaciones a su cargo, y que derivaron en la resolución de los contratos firmados por las partes. Esta circunstancia, y sin adentrarnos en la interpretación y alcance de las cláusulas cuarta, quinta y décima de la adenda, resulta dirimente para sellar la suerte adversa de la medida cautelar dictada en la anterior instancia. Véase que Bisa Seguros y Reaseguros SA no es parte del proceso principal. Así, se advierte que la finalidad esbozada en la solicitud de la actora aparecería vinculada -casi de modo directo- con la conservación e intangibilidad de su patrimonio frente a una eventual agresión del mismo por parte de Bisa Seguros y Reaseguros SA, exorbitando así la pretensión principal de daños y perjuicios contra Catler Uniservice Sociedad Accidental. Ello sin perjuicio de otras alternativas procesales que la actora pudiere entablar a los efectos de resguardar sus derechos".

§ 79. ***Medio del requerimiento.*** – El Código Civil y Comercial no contempla el medio por el cual debe efectuarse el requerimiento o "demanda" por parte del beneficiario. Por esto, deja librado a las partes convenir el medio por el que se hará el requerimiento y, en el supuesto de que se establezca un modo en particular, a él deberán someterse.

No obstante, a los efectos probatorios es aconsejable cursar el requerimiento por algún medio que le otorgue fehaciencia (v.gr., carta documento, telegrama colacionado, carta notarial).

§ 80. ***Contenido del requerimiento y de la garantía.*** – El Código Civil y Comercial tampoco regula el contenido del requerimiento de pago y de la garantía. Ello es importante para evitar confusiones.

Sin embargo, las Reglas Uniformes relativas a las Garantías a Primer Requerimiento de la Cámara de Comercio Internacional (URDG 758), en el art. 8°, sugieren que toda garantía, como mínimo, debe contener:

a) La identificación en forma clara y precisa del ordenante y el beneficiario, mediante la indicación completa de sus nombres y direcciones.

b) La referencia u otra información que identifique la relación subyacente, como podría ser la descripción general del contrato.

c) El importe máximo a pagar por el garante.

d) La moneda en que será pagado el importe que establece la garantía.

e) La fecha de vencimiento de la garantía o el hecho que entraña el vencimiento; en caso de especificarse ambos, aplicará el primero que ocurra.

f) Los términos claros y precisos para requerir el pago.

g) Lugar de presentación del requerimiento.

h) Idioma de los documentos.

i) El requerimiento o cualquier otro documento a presentar por el beneficiario en forma física o en formato electrónico.

j) Indicar quién es el responsable de cualquier comisión, honorario, costo, gasto y cargo.

Si bien esas Reglas Uniformes relativas a las Garantías a Primer Requerimiento de la Cámara de Comercio Internacional no son vinculantes en nuestro país, consideramos que pueden servir de guía para un juez local en caso de una controversia sometida a su conocimiento y resolución.

§ 81. ***Sujetos que pueden emitir la garantía.*** – El art. 1811 del Cód. Civil y Comercial realiza una enumeración taxativa de los sujetos que pueden emitir esta clase de garantías, a saber:

a) ***Personas públicas.*** Son las personas jurídicas mencionadas en el art. 146 del Cód. Civil y Comercial (Estado nacional, provincial, Ciudad Autónoma de Buenos Aires, municipios, entidades autárquicas, entre otras). Téngase en cuenta que el art. 146, en su inc. *c*, incluye a la Iglesia Católica como persona jurídica pública, pero, por sus propósitos, misión y valores, difícil es pensar que asuma estas garantías de alto riesgo.

b) ***Personas jurídicas privadas en las que sus socios, fundadores o integrantes no respondan ilimitadamente.*** Son las personas jurídicas mencionadas –con carácter enunciativo– en el art. 148 del Cód. Civil y Comercial, cuyos integrantes no respondan de manera ilimitada.

Consecuentemente, quedan comprendidas las siguientes sociedades reguladas por la ley 19.550: sociedad de responsabilidad limitada; sociedad anónima, con pluralidad de socios o unipersonal (SAU); sociedad anónima con participación estatal mayoritaria; sociedades extranjeras (arts. 118 y siguientes).

También la sociedad por acciones simplificada (ley 27.349, con las limitaciones del art. 39).

De igual modo las cooperativas (ley 20.337, modificada por ley 22.816).

Asimismo, de la lectura de la norma se interpretaría que las asociaciones civiles, las fundaciones y las mutuales (ley 20.321, modificada por ley 25.374) estarían comprendidas, dado que sus asociados o fundadores no tienen responsabilidad por los pasivos del sujeto de derecho. Pero la característica de ser todas ellas entidades sin propósito de lucro y de bien común, a nuestro entender, choca con el funcionamiento y fin de las garantías a primera demanda, teniendo en cuanta que implican operaciones de un alto riesgo financiero y solo pueden ser asumidas por quienes son profesionales del financiamiento (lo que no ocurre con una asociación civil, con una fundación o con una mutual).

Al margen de ello, y referido para cualquier caso, coincidimos con Boretto en que estas garantías solamente deben ser utilizadas por personas jurídicas de reconocida solvencia patrimonial o sujetas al control público pues, de lo contrario, su uso indiscriminado por cualquier sujeto puede implicar su inoperancia y, por ende, su carta de defunción[15].

Por el contrario, al responder sus socios en forma ilimitada, quedan excluidas las sociedades colectivas, las sociedades en comandita, simple o por acciones[16], de capital e industria, y las

[15] Boretto, "Garantías unilaterales (o 'garantías a primera demanda')", en Curá (dir.), *Código Civil y Comercial*, t. V, p. 614.

[16] Si bien en estos tipos societarios, que requieren la presencia de dos categorías de socios, los socios comanditarios limitan su responsabilidad

sociedades de la Sección IV del Capítulo I de la LGS, denominadas por la doctrina sociedades "simples", "libres" o "residuales"[17].

Tampoco tienen capacidad de derecho para emitir este tipo de garantías las personas humanas; así, el nuevo ordenamiento recepta la sugerencia de la doctrina en aras de la protección de la persona humana[18].

c) ***Entidades financieras y compañías de seguros en cualquier caso, y los importadores y exportadores por operaciones de comercio exterior, sean o no parte directa en ellas.*** En cuanto a las entidades financieras y a las compañías de seguros, va de suyo –y en este aspecto no hay discusión– de que gozan de capacidad para emitir esta clase de garantías.

La duda se presenta respecto a los importadores y exportadores, en el supuesto de que sean personas humanas. Entonces, ¿podría una persona humana exportador o importador otorgar una garantía a primera demanda? Al respecto, compartimos la opinión de Paolantonio de que esta alternativa debe descartarse, considerando la finalidad tuitiva de la norma[19].

---

al capital suscripto, al responder los comanditados por las obligaciones sociales como los socios colectivos, es decir ilimitada, solidaria y subsidiariamente, consideramos que por el fin de lo normado en el art. 1811 del Cód. Civil y Comercial, tales sociedades se encuentran dentro de las personas jurídicas privadas excluidas para emitir garantías unilaterales.

[17] El nuevo régimen estatuido por la LGS para las sociedades de la Sección IV supone una responsabilidad de los socios: *a*) *ilimitada*, en tanto mantiene su responsabilidad con su propio patrimonio por los pasivos sociales; *b*) *simplemente mancomunada y por partes iguales*, con lo cual el pasivo será soportado por cada uno de los socios según su porción viril, esto es, por partes independientes e iguales. Ello salvo que la solidaridad con la sociedad o entre los socios o una distinta proporción a la igualdad de partes surja de una estipulación expresa respecto de una relación o un conjunto de relaciones; de una estipulación en el contrato social, o de las reglas comunes del tipo que manifestaron adoptar y respecto del cual se dejaron de cumplir requisitos sustanciales o formales, conforme al art. 24 de la LGS, y *c*) *subsidiaria*, dado que los socios pueden invocar el beneficio de excusión previsto en el art. 56 de la LGS, al haberse eliminado la prohibición que existía al respecto en el anterior art. 23 de la LSC.

[18] Kemelmajer de Carlucci, *Las garantías a primera demanda*, p. 102 y 103.

[19] Paolantonio, en Lorenzetti (dir.), *Código Civil y Comercial*, t. VIII, p. 752.

§ 82. ***Forma.*** – En lo atinente a la forma, el art. 1812 del Cód. Civil y Comercial establece: *"Las garantías previstas en esta Sección deben constar en instrumento público o privado.*

Si son otorgadas por entidades financieras o compañías de seguros, pueden asumirse también en cualquier clase de instrumento particular".

Como se advierte, la norma exige que estas garantías se instrumenten por escrito (art. 286), en instrumento público o privado.

Si son otorgadas por entidades financieras o aseguradoras, se admite que la garantía a primera demanda se realice por cualquier clase de instrumento particular (firmado o no).

El art. 286 del Cód. Civil y Comercial –en línea con lo normado por el art. 6º de la Ley Modelo de Firma Electrónica de la Uncitral– autoriza la expresión escrita *"por instrumentos particulares firmados o no firmados"*, y puede *"hacerse constar en cualquier soporte, siempre que su contenido sea representado con texto inteligible, aunque su lectura exija medios técnicos".*

A su vez, el art. 287 distingue los instrumentos particulares firmados –que denomina *"instrumentos privados"* y se encuentran regulados en los arts. 313 a 319– de los no firmados. Esta última categoría de instrumentos particulares no firmados *"comprende todo escrito no firmado, entre otros, los impresos, los registros visuales o auditivos de cosas o hechos y, cualquiera que sea el medio empleado, los registros de la palabra y de información"* (art. 287, párr. 2º).

De tal manera, el art. 1812 morigera la forma cuando las garantías a primer requerimiento son otorgadas por bancos o compañías de seguros.

§ 83. ***Cesión de la garantía.*** – El art. 1813 del Cód. Civil y Comercial establece las siguientes condiciones para la cesión de la garantía.

a) "Los derechos del beneficiario emergentes de la garantía no pueden transmitirse separadamente del contrato o relación con la que la garantía está funcionalmente vinculada, antes de acaecer el incumplimiento o el plazo que habilita el reclamo contra el emisor, excepto pacto en contrario" (art. 1813, párr. 1º).

b) *"Una vez ocurrido el hecho o vencido el plazo que habilita ese reclamo, los derechos del beneficiario pueden ser cedidos independientemente de cualquier otra relación"* (art. 1813, párr. 2°).

Es decir, si nada se ha convenido al respecto, no se puede ceder la garantía independientemente del contrato base o relación subyacente, antes de que sea exigible la obligación garantizada (por incumplimiento o por vencimiento del plazo que habilita el reclamo). Pero, si se ha pactado expresamente tal circunstancia, es viable y legítima la transmisión de la garantía con independencia del negocio base, haya o no acaecido el incumplimiento o el plazo que habilita el reclamo contra el garante.

En su última parte, la norma en comentario dispone: *"Sin perjuicio de ello, el cesionario queda vinculado a las eventuales acciones de repetición que puedan corresponder contra el beneficiario según la garantía"*.

Esta disposición es relevante ya que la acción de repetición contra el beneficiario es excepcional y asegura al garante u ordenante el reembolso cuando el beneficiario actuó ilegítimamente. Por esto, si se cedió la garantía, la acción debe prosperar contra el cesionario, aun cuando con ello se debilite de algún modo la "autonomía" y la "abstracción" propias de la garantía a primera demanda. Sin embargo, como contrapartida, se resguarda el derecho de propiedad del ordenante o garante[20].

En el análisis del tema que nos ocupa, surge el siguiente interrogante: ¿puede cederse en garantía una garantía a primera demanda? Entendemos que sería factible en virtud de la independencia, autonomía y abstracción que caracterizan a las garantías unilaterales, y deben cumplirse a tal fin las reglas antes vistas que estatuye el art. 1813 del Cód. Civil y Comercial. Asimismo, rigen al efecto las acciones recursorias (art. 1810, párr. 2°, y 1813 *in fine*) y las medidas cautelares en caso de fraude o abuso del cesionario –nuevo beneficiario– (art. 1810, último párrafo).

En este supuesto debe producirse un doble incumplimiento para que el cesionario (nuevo beneficiario) pueda percibir el importe garantido: en primer lugar, el incumplimiento del cedente (anterior beneficiario) respecto a la obligación prin-

[20] Boretto, "Garantías unilaterales (o 'garantías a primera demanda')", en Curá (dir.), *Código Civil y Comercial*, t. V, p. 616.

cipal con el cesionario (nuevo beneficiario); en segundo lugar, el incumplimiento –o el vencimiento del plazo convenido– por parte del ordenante, pues hasta entonces el beneficiario tiene un derecho en expectativa. Recién cuando se hace exigible la obligación, el cesionario (nuevo beneficiario) podrá realizar el requerimiento o "demanda" y luego percibir el importe de parte del garante para aplicarlo al pago de la obligación que mantiene con el cedente (anterior beneficiario).

Ahora bien, a efectos de evitar ejecuciones abusivas o indebidas, es importante notificar al garante (cedido) la cesión en garantía, conforme al art. 1620 del Cód. Civil y Comercial, para que esté en conocimiento de quién está facultado para realizar el requerimiento y a quién debe pagarle. Además, dependiendo de si la cesión en garantía se estructura bajo la figura de la prenda o del fideicomiso, se deberá cumplir con las formalidades específicas exigidas para ellas (ver § 65).

§ 84. ***Irrevocabilidad.*** – Dispone el art. 1814 del Cód. Civil y Comercial: *"La garantía unilateral es irrevocable a menos que se disponga en el acto de su creación que es revocable"*[21].

El fin de la norma es otorgar seguridad jurídica a las transacciones que se garantizan por este medio y, en particular, brindarle seguridad al beneficiario, disponiendo el carácter irrevocable de la garantía; salvo que se convenga la revocabilidad en el acto de creación, y no posteriormente.

Atento a que esta garantía es una declaración unilateral de voluntad (art. 1800, Cód. Civil y Comercial) y, como tal, fuente de obligaciones, una vez emitida no es una mera oferta –restringida en sus efectos–, sino una obligación contraída. Por ende, si se admitiera su libre revocabilidad se iría en contra de las razones que hacen al reconocimiento de la declaración unilateral como fuente de obligaciones, esto es, tutelar "el interés social ligado a que todo aquel que lance una promesa en la comunidad quede obligado a cumplirla más allá del hecho puramente contingente de su posible aceptación"[22].

[21] El antecedente del dispositivo es el art. 1746 del Proyecto de 1998, cuyo contenido es similar.

[22] Pizarro - Vallespinos, *Instituciones de derecho privado. Obligaciones*, t. 4, p. 42.

Al respeto, GALMARINI manifiesta que la justicia de la disposición radica en hacer valer la palabra comprometida, y que está de por medio la confianza generada en el beneficiario y ordenante, asegurando que la garantía estará vigente hasta tanto el deudor de la obligación se haya liberado de su eventual responsabilidad[23].

[23] GALMARINI, "Garantías unilaterales", en RIVERA - MEDINA (dirs.) - ESPER (coord.), *Código Civil y Comercial*, t. V, p. 137 y 138.

Capítulo V

"LEASE BACK" O LEASING DE RETRO

A) Nociones generales del leasing

§ 85. ***Introducción.*** – Etimológicamente la palabra *leasing* proviene del verbo inglés *to lease* que significa "arrendar" o "dar en arriendo", y del sustantivo *lease* que se puede traducir por "arriendo", "escritura de arriendo", "locación"[1].

El leasing es una técnica de financiamiento y tiene su gran desarrollo en el campo de las garantías, porque permite al acreedor seguir siendo propietario y prevalerse de esa posición, lo cual es de gran utilidad cuando se trata de la venta a crédito de cosas muebles[2].

Esta figura tuvo su origen en los Estados Unidos de América y en poco tiempo tuvo una notable difusión por su plasticidad y ventajeas funcionales.

En nuestro país el leasing fue regulado en la ley 24.441 (arts. 27 a 34)[3]. Posteriormente, la ley 25.248 –inspirada en el Proyecto de 1998– sustituyó el régimen anterior.

[1] Farina, *Contratos comerciales modernos*, p. 499.

[2] Lorenzetti, *Tratado de los contratos*, t. II, p. 510 y 511.

[3] Si bien en Argentina el leasing adquiere tipicidad con la ley 24.441, la ley de entidades financiera 18.061, de 1969, autorizó a los bancos comerciales y a las compañías financieras a "dar en locación bienes de capital adquiridos con tal objeto" (art. 20, inc. *k*). Luego, la ley 21.526, que reformó aquella ley, permitió a las entidades financieras adquirir inmuebles, abriendo así la posibilidad del leasing inmobiliario.

El Código Civil y Comercial recepta el leasing en el Libro III, Título IV, Capítulo 5, arts. 1227 a 1250. Para la elaboración de esas normas se tuvo en cuenta la ley 25.248, sus antecedentes, el Proyecto de 1998, la doctrina y costumbres negociales, conforme se destaca en los fundamentos elaborados por la Comisión Redactora.

La ley 26.994, que sancionó el Código Civil y Comercial vigente, en su art. 3°, inc. *f*, deroga los Capítulos I –con excepción del segundo y tercer párrafo del art. 11– y III –con excepción de los párrafos segundo y tercero del art. 28– de la ley 25.248. Es decir que las cuestiones relativas al concurso o quiebra de las partes, temas impositivos, vigencia y aplicación siguen rigiéndose por la ley 25.248.

Dado que esta obra no tiene por fin agotar el análisis del leasing, sino el estudio de una de sus modalidades –el *lease back*–, a continuación examinaremos sus aspectos más relevantes sin ánimo exegético exhaustivo.

§ 86. ***Concepto. Caracteres.*** – El leasing es un contrato por el cual se transfiere la tenencia de un bien, de quien tiene la facultad jurídica de darla –el dador– a favor del tomador, con el fin de que este lo use y goce[4].

El art. 1227 del Cód. Civil y Comercial da el siguiente concepto: *"En el contrato de leasing el dador conviene transferir al tomador la tenencia de un bien cierto y determinado para su uso y goce, contra el pago de un canon y le confiere una opción de compra por un precio"*.

La norma reproduce literalmente el art. 1° de la ley 25.248.

El contrato es bilateral o sinalagmático, oneroso, conmutativo, formal (de solemnidad relativa), de tracto sucesivo y de

[4] Lavalle Cobo, en Belluscio (dir.) - Zannoni (coord.), *Código Civil*, t. 9, comentario a la ley 25.248, art. 1°, § 1, p. 1248. Agrega el citado autor que la tenencia de una cosa "es aquella relación jurídica por la cual su poseedor la entrega a un tercero sin conferirle derecho real alguno, con el fin de que la utilice y goce. Al no ser un derecho real, obviamente la tenencia debe reconocer su origen en el cumplimiento de una obligación de dar, en este caso, en la concertación de un contrato de leasing. Esta entrega de la tenencia durante un plazo prolongado, contra el pago de un canon, tiene evidentes analogías con el contrato de locación, pero se diferencia de este por distintos elementos que convierten el leasing en un contrato autónomo" (p. 1248 y 1249).

ejecución diferida, típico, financiero, de adhesión (en la mayoría de los casos) y no es *intuitu personæ*.

§ 87. ***Elementos esenciales del tipo.*** – De la definición del art. 1227 del Cód. Civil y Comercial, se derivan los elementos esenciales particulares del contrato, a saber:

a) Transferencia de la tenencia de un bien cierto y determinado para su uso y goce.

b) Pago de un canon.

c) Opción de compra por un precio.

A ello hay que agregarle –aunque no surge de la definición de la norma, más sí de la esencia de la figura– la financiación, dado que es el vínculo unificante de todos los actos que constituyen este tipo contractual[5].

§ 88. ***Partes del contrato.*** – Son las siguientes.

a) ***Dador.*** Es quien transfiere la tenencia del bien objeto del contrato y confiere una opción de compra.

El dador puede ser propietario o no del bien; en este último caso, el bien debe estar *"a disposición jurídica del dador por título que le permita constituir leasing sobre él"* (art. 1231, inc. *f*, Cód. Civil y Comercial). Esto permite el subleasing.

b) ***Tomador.*** Es quien usa y goza del bien contra el pago de un canon y, en su caso, puede ejercer la opción de compra.

Todas las personas, tanto humanas como jurídicas, pueden ser dadores y tomadores de leasing[6].

[5] Nicolau, *El "leasing". Algunos aspectos jurídicos. Su problemática en el ámbito inmobiliario, LL*, 1987-B-957.

[6] El Código Civil y Comercial –siguiendo a la ley 25.248– levantó la restricción que imponía la ley 24.441 respecto a los sujetos que podían intervenir en el contrato. Así, el art. 27 de la indicada ley establecía que solo podía ser dador una entidad financiera o una sociedad que tuviera por objeto la realización de este tipo de contratos. Y el art. 28 disponía que podían celebrar contrato de leasing los fabricantes e importadores de cosas muebles destinadas al equipamiento de industrias, comercios, empresas de servicios, agropecuarias o actividades profesionales que el tomador utilizara exclusivamente con esa finalidad. Todo esto restringía la operatoria de leasing.

§ 89. ***Modalidades.*** – Son las siguientes.

a) *Leasing financiero.* Constituye una operación mediante la cual una persona, generalmente una entidad financiera o sociedad de leasing, adquiere un bien, a requerimiento del tomador, cuyo uso y goce luego le transfiere a cambio del compromiso de pagar un canon periódico, concediéndole, a la vez, una opción de compra del bien[7].

A esta operación de leasing se refieren los incs. *a, b* y *c* del art. 1231 del Cód. Civil y Comercial.

En esta variante las instituciones dadoras no son previamente dueñas de los bienes que se entregarán a los tomadores, no tienen stock, sino que los adquieren al fabricante o revendedor en cada caso, con la finalidad de cumplir el contrato[8].

En otros términos, en el leasing financiero existe una previa adquisición del bien (compraventa) por parte del dador a un tercero (fabricante, proveedor, importador), para luego darlo en uso y goce (leasing propiamente dicho) al tomador.

En esta especie el dador otorga principalmente financiamiento al tomador.

Se manifiesta como un negocio trilateral que se implementa a nivel jurídico-formal a través de dos contratos bilaterales pero conexos, esto es, una compraventa (o bien una locación de obra) y el contrato de leasing propiamente dicho[9].

Configurándose así un supuesto de contratos conexos cuya extensión, interpretación y efectos se encuentran regulados en los arts. 1073, 1074 y 1075 del Cód. Civil y Comercial.

b) *Leasing operativo.* En el leasing operativo, quien fabrica el bien lo da en leasing, por lo que el titular y el dador constituyen una sola persona y parte contractual[10]. La nota característica de esta figura está dada por la ausencia de in-

[7] Hernández - Frustagli, *El contrato de leasing en el Código Civil y Comercial, LL,* supl. especial "Nuevo Código Civil y Comercial de la Nación. Contratos en particular", abr. 2015, p. 85, y *LLonline,* AR/DOC/1072/2015.

[8] Lavalle Cobo, en Belluscio (dir.) - Zannoni (coord.), *Código Civil,* t. 9, comentario a la ley 25.248, § 5, p. 1246.

[9] Hernández - Frustagli, *El contrato de leasing en el Código Civil y Comercial, LL,* supl. especial "Nuevo Código Civil y Comercial de la Nación. Contratos en particular", abr. 2015, p. 85, y *LLonline,* AR/DOC/1072/2015.

[10] Lorenzetti, *Tratado de los contratos,* t. II, p. 527 y 528.

termediación de una entidad financiera, pues el dador resulta fabricante o vendedor de los bienes[11].

Esta operación está receptada en el inc. *d* del art. 1231 del Cód. Civil y Comercial.

En esta especie de leasing no existe la previa adquisición del bien por parte del dador, pues este es el propietario (y a su vez fabricante o proveedor) del bien que se entrega al tomador para su uso y goce.

Por tal razón, no constituye una operación financiera, sino una financiación otorgada por el mismo fabricante o proveedor a quien desea utilizar –y eventualmente adquirir– esos bienes. El dador financia –en principio– el uso y goce de la cosa por el tomador, quien mediante el ejercicio de la opción de compra puede convertirse en su dueño al fin del contrato[12].

c) *"Lease back" o leasing de retro.* Remisión. El lease back o leasing de retro está receptado en el inc. *e* del art. 1231 del Cód. Civil y Comercial (§ 97)

d) *Subleasing.* El Código Civil y Comercial lo prevé expresamente en el inc. *f* del art. 1231, cubriendo la laguna que existía al respecto en la ley 25.248.

Consiste en que el bien, aun sin ser de titularidad del dador, puede válidamente ser dado en leasing cuando esté a disposición jurídica del dador por título que le permita constituir leasing sobre él[13].

Se le aplican las disposiciones del subcontrato estatuidas en los arts. 1069 a 1072 del Cód. Civil y Comercial.

§ 90. ***Objeto.*** – El art. 1228 del Cód. Civil y Comercial dispone: *"Pueden ser objeto del contrato cosas muebles e inmuebles, marcas, patentes o modelos industriales y software, de propiedad del dador o sobre los que el dador tenga la facultad de dar en leasing"*.

[11] Hernández - Fresneda Saieg - Frustagli, *Leasing. Ley 25.248 comentada*, p. 42.

[12] Lavalle Cobo, en Belluscio (dir.) - Zannoni (coord.), *Código Civil*, t. 9, comentario a la ley 25.248, § 6, p. 1246.

[13] Paolantonio, en Lorenzetti (dir.), *Código Civil y Comercial*, t. VI, p. 710.

En tal sentido, el nuevo ordenamiento mantiene el criterio amplio del objeto del contrato que había establecido el derogado art. 2° de la ley 25.248.

Por su parte, el art. 1233 de Código Civil y Comercial estatuye: *"Pueden incluirse en el contrato los servicios y accesorios necesarios para el diseño, la instalación, puesta en marcha y puesta a disposición de los bienes dados en leasing, y su precio integrar el cálculo del canon"*.

§ 91. ***Precio.*** – En el contrato de leasing deben distinguirse dos precios: *a*) el canon que se paga por el uso y goce del bien objeto del contrato, y *b*) el valor del ejercicio de la opción de compra. A ellos se refiere el Código Civil y Comercial en los arts. 1229 y 1230, respectivamente.

a) Canon es el precio que el tomador debe abonar al dador durante el período en que es prestación a cargo de este último concederle el derecho de usar y gozar del bien.

Al respecto, el art. 1229 dice: "Canon. *El monto y la periodicidad de cada canon se determina convencionalmente*".

El Código vigente, al igual que acontecía con la ley 25.248, deja librada a la autonomía de la voluntad de las partes la fijación tanto del monto de lo cánones como de su periodicidad.

b) Valor del ejercicio de la opción de compra (ver § 92).

§ 92. ***Opción de compra.*** – La opción de compra es una prerrogativa a favor del tomador exclusivamente[14]. Constituye una oferta irrevocable de venta unilateral de parte del dador, que solo puede ser retirada cuando se agote el término fijado para que el locatario –tomador– opte por comprar o desistir de ello[15].

Al ser un elemento estructural particular del contrato, si no está pactada, no es un contrato de leasing, sino de locación de cosas[16].

[14] Iturbide, *Regulación del contrato de "leasing" en la ley 24.441, LL,* 1997-B-933.

[15] CNCom, Sala A, 27/6/1997, "Grupo Líder Asesores de Seguros SA c/ Didefón SA", *LL,* 1998-E-383, y *LLonline,* AR/JUR/2256/1997.

[16] Kemelmajer de Carlucci, "Aproximación al contrato de 'leasing' inmobiliario", en *Derecho empresario actual,* p. 496; Nicolau, *El "leasing". Algunos*

En cuanto a su naturaleza jurídica, es un contrato de opción, del cual nace para el tomador un derecho de opción que obliga al dador no solo a cumplir el contrato de compraventa, sino también a abstenerse de celebrar con terceros otros negocios incompatibles con ese derecho mientras tenga vigente la opción[17]. El tomador no queda obligado a comprar, de modo que la aceptación que él formula en el contrato de leasing tiene por objeto únicamente la aceptación de la promesa como tal y no la venta[18].

La opción puede ser ejercida por el tomador, por sus sucesores y por los acreedores por vía subrogatoria[19] (cfr. art. 1237, última parte, Cód. Civil y Comercial).

¿Qué sucede si el tomador no ejerce la opción de compra dentro del plazo convenido en el contrato? Al respecto, la jurisprudencia ha dicho que debe interpretarse que se ha manifestado tácitamente por la negativa y que, en consecuencia, ha perdido su facultad en tal sentido[20].

a) ***Precio de ejercicio de la opción.*** Dispone el art. 1230 del Cód. Civil y Comercial: "*El precio de ejercicio de la opción de compra debe estar fijado en el contrato o ser determinable según procedimientos o pautas pactadas*".

Tal norma, siguiendo los lineamientos del art. 4° de la ley 25.248, y a diferencia del art. 27, inc. *d*, de la ley 24.441, establece que el precio debe estar determinado en el contrato o determinable según los términos pactados, y no necesariamente debe responder al valor residual del bien o estar determinado *ab initio* en el contrato.

Ahora bien, el art. 1250 del nuevo ordenamiento dispone que al leasing se le aplican subsidiariamente "*las normas de la compraventa para la determinación del precio de ejercicio de la op-*

---

aspectos jurídicos. Su problemática en el ámbito inmobiliario, LL, 1987-B-957, y *LLonline,* AR/DOC/658/2001.

[17] Highton - Mosset Iturraspe - Paolantonio - Rivera, *Reformas al derecho privado. Ley 24.441,* p. 123.

[18] Lavalle Cobo, en Belluscio (dir.) - Zannoni (coord.), *Código Civil,* t. 9, comentario a la ley 25.248, art. 4°, § 1, p. 1258.

[19] Lorenzetti, *Tratado de los contratos,* t. II, p. 553.

[20] CNCom, Sala B, 31/5/1988, *ED,* 133-573.

ción de compra y para los actos posteriores a su ejercicio y pago". Por ende, el precio debe ser cierto y serio (no irrisorio).

De acuerdo con los arts. 1133, 1134 y 1143, el precio es cierto cuando: *1*) se fija en una suma que el comprador debe pagar; *2*) se deja su indicación al arbitrio de un tercero designado; *3*) lo sea en referencia a otra cosa cierta, y *4*) tratándose de leasing sobre cosas muebles, por referencia al precio corriente en plaza.

La falta de determinación hace nulo el contrato, y lo mismo ocurre si la determinación del precio se deja al arbitrio de alguna de las partes, o se utiliza una referencia excesivamente vaga, fuera de los supuestos autorizados por el Código Civil y Comercial[21].

b) ***Plazo para el ejercicio de la opción.*** En cuanto al momento a partir del cual puede ejercerse la opción de compra, el art. 1240 del Cód. Civil y Comercial dispone: *"La opción de compra puede ejercerse por el tomador una vez que haya pagado tres cuartas partes del canon total estipulado, o antes si así lo convinieron las partes".*

Es decir que esta opción –que, reiteramos, es facultativa para el tomador– puede ser ejercida cuando se haya pagado el 75 % de los cánones pactados o antes si así está estipulado en el contrato. A falta de previsión expresa, no puede el tomador abonar anticipadamente cánones a efectos de adelantar el ejercicio de la opción, dado que ello se opone al art. 871, inc. *b*, del Cód. Civil y Comercial y a la naturaleza primariamente financiera de la operación[22].

La opción de compra puede ejercerse hasta el vencimiento del plazo contractual, salvo que las partes hubieran pactado sobre el particular algo distinto. Si así no lo hicieron, y el tomador no ejerce la opción de compra, debe restituir el bien al dador[23].

En el supuesto de que se pacte un plazo mayor al previsto en el art. 1240, consideramos que tal cláusula se tiene por no

[21] Paolantonio, en Lorenzetti (dir.), *Código Civil y Comercial*, t. VI, p. 707.

[22] Paolantonio, en Lorenzetti (dir.), *Código Civil y Comercial*, t. VI, p. 736.

[23] Gotlieb, "Ley 25.248. Leasing", en Rouillon (dir.) - Alonso (coord.), *Código de Comercio*, t. II, p. 489.

escrita y rige el plazo máximo legal (pago del 75 % del canon total).

c) ***Renovación y prórroga del contrato.*** La opción de compra puede renovarse o prorrogarse.

1) *Renovación del contrato.* Las partes pueden pactar que el tomador opte por renovar el contrato, sustituyéndose las cosas que constituyen su objeto por otras, en las condiciones que ellas pacten[24].

Esta cláusula no sustituye la opción de compra, sino que es una modalidad de esta: no se opta por comprar la cosa que se detenta, sino otra distinta, que provee el dador. Es un contrato de opción, sujeto a las mismas reglas que la opción de compra.

Su uso es muy frecuente cuando se trata de cosas que presentan caducidad tecnológica, como automóviles, computadoras, equipamiento industrial[25].

El Código Civil y Comercial no contempla esta posibilidad, pero tampoco la excluye.

2) *Prórroga del contrato.* Esta situación está prevista expresamente en el art. 1241 del Cód. Civil y Comercial: *"El contrato puede prever su prórroga a opción del tomador y las condiciones de su ejercicio"*.

§ 93. ***Transmisión del dominio al tomador.*** – Expresa el art. 1242 del Cód. Civil y Comercial: *"El derecho del tomador a la transmisión del dominio nace con el ejercicio de la opción de compra y el pago del precio del ejercicio de la opción conforme a lo determinado en el contrato. El dominio se adquiere cumplidos esos requisitos, excepto que la ley exija otros de acuerdo con la naturaleza del bien de que se trate, a cuyo efecto las partes deben otorgar la documentación y efectuar los demás actos necesarios"*.

Así, para que opere la transmisión del dominio del bien a favor del tomador, la ley requiere por parte de este el ejercicio de la opción de compra y el pago del precio convenido por el

[24] Lorenzetti, *Tratado de los contratos*, t. II, p. 557.

[25] Lorenzetti, *Tratado de los contratos*, t. II, p. 557.

ejercicio de la opción. Adicionalmente, deben cumplirse los requisitos específicos para la adquisición del dominio de determinados bienes, para lo cual las partes deben otorgar la documentación y efectuar los demás actos necesarios.

Sobre el particular, LAVALLE COBO expresa: "El derecho del tomador a que se le transmita el dominio deriva del contrato de compraventa, el cual queda perfeccionado en el momento en que aquel emite la declaración que contiene su opción, dirigida al dador. A partir de ese momento queda extinguido el período locativo del contrato y se establece entre las partes una relación de compraventa, con todos los derechos y obligaciones correspondientes: el tomador-comprador deberá pagar el precio de la opción, y el dador-vendedor deberá hacerle tradición y transmitirle su dominio"[26].

Cabe aclarar que como el tomador ya detenta la tenencia del bien no es necesaria la tradición, pues al cambiar el título, aquella se transforma en posesión[27], configurándose un supuesto de *traditio brevi manu* (art. 1892, Cód. Civil y Comercial).

§ 94. ***FORMA.*** – El art. 1234 del Cód. Civil y Comercial establece que el contrato de leasing debe instrumentarse *"en escritura pública si tiene como objeto bienes inmuebles, buques o aeronaves"*.

Es un requerimiento de forma solemne relativa y no absoluta (art. 969, Cód. Civil y Comercial).

Continúa diciendo la norma aludida que, en los demás casos (que no sean inmuebles, buques o aeronaves), *"puede celebrarse por instrumento público o privado"*.

§ 95. ***INSCRIPCIÓN DEL CONTRATO.*** – El art. 1234, párr. 2°, del Cód. Civil y Comercial dispone que, a los efectos de la oponibilidad del contrato frente a terceros, debe inscribirse en el registro que corresponda según la naturaleza de la cosa que constituye su objeto. Asimismo, tanto esta norma como el art. 1235

[26] LAVALLE COBO, en BELLUSCIO (dir.) - ZANNONI (coord.), *Código Civil*, t. 9, comentario a la ley 25.248, art. 16, § 1, p. 1295.

[27] GUASTAVINO, *Fideicomisos, "leasings", letras hipotecarias y otros aspectos de la ley 24.441*, *LL*, 1995-B-1061.

establecen las reglas básicas para la inscripción del contrato a los efectos de la oponibilidad.

§ 96. ***Cancelación de la inscripción de cosas muebles no registrables y "software".*** – Al respecto, el art. 1244 del Cód. Civil y Comercial dispone: "*La inscripción del leasing sobre cosas muebles no registrables y software se cancela:*

a) *Por orden judicial, dictada en un proceso en el que el dador tuvo oportunidad de tomar la debida participación.*

b) *A petición del dador o su cesionario.*

Esta norma no alcanza a las cosas muebles e inmuebles registrables, a las que se les aplican las reglas registrables pertinentes.

§ 97. ***Responsabilidad objetiva.*** – La cosa objeto del leasing puede ocasionar daños a terceros, quienes tienen una acción resarcitoria de fuente extracontractual basada en la responsabilidad objetiva del propietario y del guardián de las cosas[28].

La aplicación de esta regla general o el diseño de una norma especial para el leasing que proteja de alguna manera al dador fue motivo de discusiones arduas. La ley 24.441 estableció que "la responsabilidad objetiva del dador emergente del art. 1113 del Cód. Civil se limita al valor de la cosa entregada en leasing cuyo riesgo o vicio fuere la causa del daño si el dador o el tomador no hubieran podido razonablemente asegurado y sin perjuicio de la responsabilidad del tomador". Esta disposición motivó objeciones de distinto tenor: quienes favorecen la posición del dador y el desarrollo de este contrato como garantía sostuvieron que lo más razonable para el funcionamiento del leasing hubiera sido disponer que solamente responde el tomador en su calidad de guardián de la cosa, liberando al propietario; en contra, quienes se posicionan en la defensa del tercero dañado, criticaron duramente esta limitación como arbitraria (fundamentos del Anteproyecto de Código Civil y Comercial de la Comisión Redactora designada por decr. 191/2011).

[28] Lorenzetti, *Tratado de los contratos*, t. II, p. 578.

El Proyecto de 1998 dispuso en el art. 1169: "El dador del leasing tiene la carga de contratar un seguro que cubra contra los riesgos ordinarios de responsabilidad civil que puedan causar los bienes objeto del contrato. Los riesgos y montos por los que debe contratar el seguro son los que establezca la reglamentación, o, en defecto de esta, los que sean razonables. El damnificado tiene acción directa contra el asegurador, en los términos del contrato de seguro. El dador es responsable en los términos del art. 1661 únicamente en los casos que no haya contratado este seguro. Las partes podrán convenir quién debe soportar el pago de la prima. La responsabilidad del tomador se juzga según el art. 1635".

La ley 25.248 en este aspecto no siguió el criterio del Proyecto de 1998 –su principal fuente–, y en el art. 17 estableció: "La responsabilidad objetiva emergente del art. 113 del Código Civil recae exclusivamente sobre el tomador o guardián de las cosas dadas en leasing".

De tal manera, la ley 25.248 hizo recaer los riesgos en forma exclusiva sobre el tomador, consagrando la total irresponsabilidad del dador del leasing en la situación prevista en el art. 1113 del Cód. Civil de Vélez Sársfield, pese a su condición de dueño de la cosa.

Esta solución fue criticada por una parte de la doctrina al considerar injusta la irresponsabilidad del dador por los daños que se provoquen con la cosa o por el uso de esta si se trata de una cosa peligrosa.

Atendiendo a ello, los redactores del Anteproyecto de Código Civil y Comercial dijeron en los fundamentos: "Frente a este debate es necesario buscar un equilibrio que contemple el derecho de las víctimas al resarcimiento y la necesidad de viabilizar este tipo de contratos. Por esta razón se redactó una norma que, siguiendo al Proyecto de 1998 establece un adecuado balance".

Tal norma proyectada por la Comisión Redactora, según se destaca en los fundamentos, siguió los lineamientos del art. 1169 del Proyecto de 1998.

> Art. 1243 del Anteproyecto: "*Responsabilidad objetiva.* El dador del leasing tiene la obligación de contratar un seguro contra la responsabilidad civil que cubra los daños causados por las cosas objeto del contrato. Los riesgos y montos por los que

debe contratar el seguro son los que establezca la reglamentación y, en defecto de esta, los que sean razonables.

La responsabilidad del tomador se juzga según el art. 1757 y concordantes. El dador es responsable en iguales términos cuando no haya contratado seguro, o cuando este resulte irrazonable en la cobertura de riesgos o montos. En el ámbito de la responsabilidad prevista en este artículo, se reconoce al damnificado acción directa contra el asegurador, en los términos del contrato de seguro".

Sin embargo, luego de las modificaciones efectuadas por el Poder Ejecutivo al Anteproyecto, el texto aprobado por la Cámara de Diputados de la Nación se apartó de la citada norma proyectada y, continuando con la igual solución a la de la ley 25.248 (art. 17), confirma la exención de responsabilidad objetiva en favor del dador, haciéndola recaer exclusivamente en cabeza del tomador o guardián de la cosa objeto del contrato de leasing.

Dice el art. 1243 del Cód. Civil y Comercial: "*La responsabilidad objetiva emergente del art. 1757 recae exclusivamente sobre el tomado o guardián de las cosas dadas en leasing*".

En paralelo a dicha norma –que dispensa al dador de la obligación de asegurar a su cargo la cosa objeto del contrato–, el art. 1238 impone la obligación del pago del seguro de los bienes al tomador, excepto convención en contrario.

No obstante que una corriente doctrinal entienda que el criterio adoptado por el Código Civil y Comercial vigente es el correcto[29], en nuestra opinión se tendría que haber dejado la solu-

[29] En esta posición se enrola Barreira Delfino, quien expresa: "La exención de la responsabilidad objetiva en favor del dador se justifica porque la propiedad del bien afectado al contrato de leasing en cabeza del dador, no es un fin en sí mismo, sino un medio (vehículo) para brindar la financiación requerida por el tomador, para contar con la utilización de ese bien que ha seleccionado y que necesita incorporar a su ciclo productivo. De modo que la proyectada eliminación de esta exención hubiera implicado un retroceso normativo y un desaliento para ofrecer este tipo de negocio financiero, o un fuerte encarecimiento del mismo, en función del mayor riesgo imperante" ["Leasing", en Bueres (dir.), *Código Civil y Comercial,* t. 1, p. 691]. En esta tesis también se encuentra Lavalle Cobo respecto al derogado art. 17 de la ley 25.248 [en Belluscio (dir.) - Zannoni (coord.), *Código Civil,* t. 9, comentario a la ley 25.248, art. 17, § 1, p. 1298]. En otras palabras, quienes defienden esta tesis consideran que la solución adoptada por el legislador favorece la pro-

ción prevista originariamente en el Anteproyecto –que de igual manera contemplaba el Proyecto de 1998–, al ser más razonable y justa para con los derechos del damnificado ajeno al contrato.

En este tema, adherimos a la posición que considera que si el leasing reviste el carácter de contrato de consumo se aplica el art. 40 de la ley 24.240[30]; por lo que, en tal caso, el dador puede ser responsables por el vicio o riesgo de la cosa dada en leasing.

§ 98. ***Eximentes de responsabilidad.*** – Constituyen eximentes de responsabilidad objetiva: *a*) el hecho del damnificado (art. 1729, Cód. Civil y Comercial); *b*) el caso fortuito o fuerza mayor (art. 1730); *c*) el hecho de un tercero por quien no se debe responder que reúna los caracteres del caso fortuito (art. 1731), y *d*) el uso de la cosa en contra de la voluntad expresa o presunta (art. 1758).

§ 99. ***Incumplimiento del tomador en el pago de los cánones.*** – El art. 1248 del Cód. Civil y Comercial establece un régimen de resolución por incumplimiento del tomador del pago del canon en el leasing inmobiliario.

Por su parte, el art. 1249 del Cód. Civil y Comercial determina reglas aplicables ante el incumplimiento del tomador en el pago del canon en el leasing mobiliario.

B) El "lease back" o leasing de retro

§ 100. ***Concepto.*** – *Lease back* es la abreviatura de *sale and lease back*, que se traduce al español como retro leasing o leasing de retorno o de retro.

Esta figura otorga una máxima garantía al dador.

Es una modalidad del contrato de leasing (§ 89) prevista en el art. 1231, inc. *e*, del Cód. Civil y Comercial, que dispone: *"El bien objeto del contrato puede:* [...]

moción del crédito, la financiación de inversiones en bienes para el proceso productivo y el pleno desarrollo de la actividad.

[30] Lorenzetti, *Tratado de los contratos*, t. II, p. 580.

e) *Adquirirse por el dador al tomador por el mismo contrato o habérselo adquirido con anterioridad".*

Al estar admitida expresamente en el Código Civil y Comercial vigente, se despejan las dudas sobre su licitud en nuestro ordenamiento jurídico[31].

Básicamente, consiste en lo siguiente: el tomador vende un bien de su propiedad al dador quien, a su vez, se lo da en leasing. De esta manera, el tomador transforma un activo ilíquido en líquido, conserva el uso y goce del bien, y cuenta con la posibilidad de recuperar la propiedad ejerciendo la opción de compra una vez abonados los cánones pactados en el contrato. Por su parte, el dador, al detentar la propiedad del bien, cuenta con una intensa garantía de cumplimiento de pago por parte del tomador; si este incumple, el dador puede resolver el contrato y quedarse definitivamente con el bien.

Se lo ha definido como "la operatoria en cuya virtud el dueño de un bien –generalmente inmueble–, decide venderlo con la intención de que el comprador le ceda de inmediato su uso, de modo que pueda seguir disfrutando del mismo a cambio del pago periódico de un canon y con la posibilidad de que al final del tiempo señalado pueda hacerse de nuevo con su propiedad, mediante el ejercicio de la opción de compra que al efecto se establece"[32].

Por su parte, Lorenzetti señala que esta operación económica se lleva a cabo cuando "el industrial no necesita renovar sus maquinarias, porque ya las tiene en su patrimonio, pero precisa fondos para su actividad; conviene entonces con un banco una operación mediante la cual enajena a la entidad financiera el bien, y esta se lo alquila. De este modo, el industrial recibe un préstamo, bajo la forma de precio, y no pierde el uso del bien, ya que lo tiene en locación. Una vez que devuelve el préstamo dinerario, bajo la forma de alquileres, ejerce la opción de compra y recupera la cosa. El industrial obtiene el

[31] Cfr. CNCiv, Sala L, 29/12/1998, "De Urquiza, Diógenes c/Montaña, Carlos A.", *LL*, 1999-F-408, donde se expresó que la modalidad del "leasing de retro" o "lease back" viola los principios de los derechos de garantía en un régimen como el nuestro que impide pactos comisorios y la apropiación directa de la cosa por parte del acreedor.

[32] De Reina Tartiere, *Los negocios fiduciarios no se agotan en el fideicomiso. A propósito del lease-back o leasing de retorno, ED*, 209-765.

préstamo, porque al vender le ingresa el dinero; no pierde el uso de la cosa, porque la tiene en locación. El financista da un crédito con garantía sobre la cosa, percibe un interés bajo la forma de canon, lo que permite eludir controles sobre la usura, y es justamente este último aspecto lo que ha preocupado a la doctrina y al legislador"[33].

Apunta también el autor citado que esta modalidad combina una finalidad de garantía para el dador y de financiamiento para el tomador.

Consiste en una técnica de asistencia financiera que posibilita, en especial a las empresas, transformar sus activos fijos en dinero, obteniendo de este modo la liquidez necesaria para su funcionamiento, sin perder la disponibilidad material de los bienes[34].

El empresario moviliza sus activos fijos sin interrumpir la función que estos cumplen en la explotación de su unidad de producción, a través de una operación por la que vende cosas muebles o inmuebles a una sociedad financiera y celebra con esta un contrato de leasing sobre los mismos bienes[35].

Acá desaparece la relación trilateral para convertirse en una bilateral, que procura, esencialmente, la obtención de liquidez[36].

Es decir, la estructura negocial presenta solo dos sujetos, pero –como ocurre en el leasing financiero– la operación económica se formaliza jurídicamente a través de dos contratos causalmente conexos: la adquisición previa del bien del dador al tomador y el leasing (de retro)[37].

Entre ambos negocios (compraventa y leasing de retro) existe conexidad contractual, por lo que, al igual que el leasing

[33] LORENZETTI, *Tratado de los contratos*, t. II, p. 535.

[34] HERNÁNDEZ - FRUSTAGLI, *El contrato de leasing en el Código Civil y Comercial, LL*, supl. especial "Nuevo Código Civil y Comercial de la Nación. Contratos en particular", abr. 2015, p. 85, y *LLonline*, AR/DOC/1072/2015.

[35] ITURBIDE, *Regulación del contrato de "leasing" en la ley 24.441, LL*, 1997-B-933.

[36] FARGOSI, *Esquicio sobre el lease back, ED*, 144-953.

[37] HERNÁNDEZ - FRUSTAGLI, *El contrato de leasing en el Código Civil y Comercial, LL*, supl. especial "Nuevo Código Civil y Comercial de la Nación. Contratos en particular", abr. 2015, p. 85, y *LLonline*, AR/DOC/1072/2015.

financiero, se les aplican los arts. 1073, 1074 y 1075 del Cód. Civil y Comercial.

Cabe destacar que la validez de la figura depende de que no se desnaturalice su función, para lo cual debe cumplirse la doble finalidad de asistencia financiera y garantía, y no basta solo la existencia de fines de garantía para el dador (p.ej., si no realiza ningún desembolso por la adquisición del bien, sino que compensa una deuda preexistente)[38]. En consecuencia, sería ilícito si únicamente persigue una finalidad de garantía respecto de un crédito preexistente o concedido con anterioridad a la celebración del leasing[39].

§ 101. ***Reglas aplicables.*** – Al *lease back* se le aplican las mismas reglas que rigen para el resto de las modalidades del leasing, respecto al objeto (§ 90), precio (§ 91), opción de compra (§ 92), forma e inscripción (§ 94), incumplimiento del tomar en el pago de los cánones (§ 96), etcétera.

§ 102. ***Responsabilidad por la entrega y saneamiento del bien.*** – Bajo el título "Responsabilidad, acciones y garantías en la adquisición del bien", dice el art. 1232, párr. 3°, del Cód. Civil y Comercial: *"En los casos del inciso* e *del mismo artículo* [1231], *el dador no responde por la obligación de entrega ni por garantía de saneamiento, excepto pacto en contrario"*.

Es decir, la norma establece que el dador no responde por la obligación de entrega ni por la garantía de saneamiento del bien objeto del contrato.

Según manifiesta la doctrina ello resulta de toda lógica teniendo en cuenta las características de la operatoria de esta modalidad de leasing, en la que no existe la figura del proveedor, sino que es el propio tomador quien resulta el titular del

[38] Hernández - Fresneda Saieg - Frustagli, *Leasing. Ley 25.248 comentada*, p. 42.

[39] Hernández - Frustagli, *El contrato de leasing en el Código Civil y Comercial*, *LL*, supl. especial "Nuevo Código Civil y Comercial de la Nación. Contratos en particular", abr. 2015, p. 85, y *LLonline*, AR/DOC/1072/2015. Señalan los autores que con ello se desalienta que las entidades financieras puedan recurrir al leasing a fin de obtener una garantía en ocasión de refinanciación de deudas.

bien que adquirirá el dador para entregarlo posteriormente en leasing. En otras palabras, si la cosa es entregada por el tomador, es ilógico que le reclame garantías al dador[40].

Sin embargo, la norma en análisis admite pacto en contrario.

[40] PAOLANTONIO, en LORENZETTI (dir.), *Código Civil y Comercial*, t. VI, p. 716; LORENZETTI, *Tratado de los contratos*, t. II, p. 537; LAVALLE COBO, en BELLUSCIO (dir.) - ZANNONI (coord.), *Código civil*, t. 9, comentario a la ley 25.248, art. 6º, § 6, p. 1266.

CAPÍTULO VI

"FACTORING" COMO GARANTÍA

§ 103. *EL CONTRATO DE FACTORAJE EN EL CÓDIGO CIVIL Y COMERCIAL.* – El *factoring*, también llamado factoraje (en adelante estos términos se utilizarán indistintamente), ha sido conceptualizado como la "operación consistente en la transferencia de una deuda comercial de su titular a un factor, quien se encarga de cobrarla y garantiza el buen resultado de la operación, incluso en caso de morosidad momentánea o permanente del deudor, a cambio de la percepción de los gastos por su intervención"[1].

Según FARINA, es "una relación jurídica de duración, en la cual una de las partes (empresa de *factoring*) adquiere todos o una porción o una categoría de créditos que la otra parte tiene frente a sus clientes; adelanta el importe de dichas facturas (*factoring* con financiación), se encarga del cobro de ellas y, si así se pacta, asume el riesgo de la posible insolvencia de los deudores"[2].

También se lo ha conceptuado como "aquella operación por la cual un empresario trasmite, con o sin exclusividad, los créditos que frente a terceros tiene como consecuencia de su actividad mercantil, a un factor, el cual se encargará de la gestión y contabilización de tales créditos, pudiendo asumir el riesgo de insolvencia de los deudores de los créditos cedidos, así como la movilización de tales créditos mediante el anticipo

[1] Chambre Nationale des Conseillers Financier, *Le factoring*, p. 109, citado por BENELBAZ - COLL, *Sistema bancario moderno*, t. II, p. 365.

[2] FARINA, *Contratos comerciales modernos*, p. 522.

de ellos en favor de su cliente; servicios desarrollados a cambio de una prestación económica que el cliente ha de pagar (comisión, intereses) en favor de su factor"[3].

Este contrato desempeña un útil papel en el desarrollo y eficiencia empresarial, ya que les permite a las empresas (principalmente a las pymes) financiar su actividad mediante la transmisión de los créditos a cobrar frente a terceros, a un factor, quien puede –o no– anticipar los fondos asumiendo –o no– el riesgo de insolvencia de los deudores de esos créditos. Al mismo tiempo, les evita crear y mantener un departamento de cobranzas, por los altos costos administrativos, judiciales y contables que ello implica. De esta manera, el empresario convierte su cartera de deudores en un activo líquido.

El *factoring*, tal como se conoce hoy, tiene su origen en la práctica del comercio en los Estados Unidos de América, en donde ha adquirido gran importancia, al igual que en Europa.

En nuestro país, pese a existir referencias parciales a la operación en la ley de entidades financieras 21.526 (art. 24), no ha tenido mucha aplicación en el ámbito negocial.

El Código Civil y Comercial, bajo la denominación de factoraje, lo regula en el Libro III, Título IV, Capítulo 13, arts. 1421 a 1428, por lo que pasó a ser un contrato típico en el ordenamiento nacional.

El art. 1421 lo define en los siguientes términos: *"Hay contrato de factoraje cuando una de las partes, denominada factor, se obliga a adquirir por un precio en dinero determinado o determinable los créditos originados en el giro comercial de la otra, denominada factoreado, pudiendo otorgar anticipo sobre tales créditos asumiendo o no los riesgos"*.

Asimismo, el art. 1422 establece: *"La adquisición puede ser complementada con servicios de administración y gestión de cobranza, asistencia técnica, comercial o administrativa respecto de los créditos cedidos"*.

La cesión de derechos es la base del contrato de *factoring*. Durante la vigencia del Código Civil de Vélez Sársfield se encontraba abarcado por la normativa del contrato de cesión (arts. 1446, 1447 y 1448). Pero el Código derogado resultaba

[3] Lisoprawski - Gerscovich, *Factoring*, p. 15 y 16.

insuficiente para el *factoring* dado que no contemplaba la cesión global de créditos.

En el *factoring*, el factoreado cede al factor los créditos de sus clientes, que constituyen una globalidad de acreencias presentes y futuras. La pregunta clave es si se trata de varias cesiones sucesivas o de una sola. Durante la vigencia del régimen anterior, se discutía en doctrina si el *factoring* era un contrato preparatorio o preliminar, del cual no derivaba la transmisión de los créditos, sino una mera obligación a cederlos en las condiciones pactadas, una vez aceptados los créditos o, por el contrario, si era un contrato de cesión global de créditos presentes y futuros, y los actos de cesión posteriores eran una mera ejecución; esto último tiene la ventaja de que es un contrato definitivo y no preparatorio, con efectos traslativos y no meramente obligacionales, incentivando fuertemente al factoreo. La cesión de todos los créditos se produce de una sola vez y no segmentada progresivamente como en el caso del contrato preliminar[4].

Una reforma de vital importancia que efectuó el Código Civil y Comercial fue la admisión de las cesiones globales de parte o de todos los créditos, sean existentes o futuros. Por lo tanto, basta la suscripción del contrato de cesión global de derechos para que opere el efecto traslativo a favor del cesionario, lo que es esencial para la difusión del factoraje de créditos futuros; ello teniendo en cuenta que el interés más significativo en este contrato no está en la inclusión de los créditos existentes, sino en los futuros[5].

Dispone el art. 1423: "Créditos que puede ceder el factoreado. *Son válidas las cesiones globales de parte o todos los créditos del factoreado, tanto los existentes como los futuros, siempre que estos últimos sean determinables*".

Como se advierte, el texto es amplio en cuanto a los créditos que pueden ser cedidos, en tanto tengan su origen en el giro comercial del factoreado (cfr. art. 1421). El factoreado puede ceder parte de sus créditos o todos. Los créditos pueden ser presentes y futuros, siempre y cuando estos últimos sean determinables.

4 Lorenzetti, *Tratado de los contratos*, t. II, p. 129 a 131.

5 Araya, *Contrato de factoraje*, "RCCyC", 2015-156, y *LLonline*, AR/DOC/2849/2015.

La referencia a créditos existentes y futuros admite su pertinencia en cuanto el art. 1007 del Cód. Civil y Comercial establece que los bienes futuros pueden ser objeto de los contratos a condición de que lleguen a existir[6]. Si el crédito no existe al momento en que operó la cesión, el factoreado debe restituir al factor el precio e intereses; si obró de mala fe, también la diferencia entre el valor real del derecho de mala fe cedido y el precio que haya pagado el cedente (art. 1629, Cód. Civil y Comercial, norma que tiene espejo en el art. 1427)[7].

El art. 1424 del Cód. Civil y Comercial establece los elementos que debe incluir el contrato.

En cuanto a los efectos del contrato, el art. 1425 del nuevo ordenamiento establece: *"El documento contractual es título suficiente de transmisión de los derechos cedidos"*.

Con respecto a la notificación al deudor cedido, el art. 1428 dice: *"La transmisión de los derechos del crédito cedido debe ser notificada al deudor cedido por cualquier medio que evidencie razonablemente la recepción por parte de este"*.

Tal norma flexibiliza el régimen del art. 1620, al disponer una pauta general que podrá determinarse en cada caso concreto y con criterios de prudencia y razonabilidad[8].

§ 104. ***Partes del contrato.*** – Las partes que intervienen en la operación son las siguientes.

a) ***Factor (o empresa de factoraje).*** Es la empresa que adquiere los créditos y presta los servicios de *factoring*. Por lo general –pero no necesariamente–, es una entidad financiera.

[6] Barreiro, *El contrato de factoraje en el nuevo Código, LL*, 2015-D-1008, y *LLonline*, AR/DOC/2164/2015.

[7] Dasso, "Contrato de factoraje", en Curá (dir.), *Código Civil y Comercial*, t. IV, p. 505.

[8] Molina Sandoval, "El contrato de factoraje y la cesión de créditos comerciales en el Código Civil y Comercial", en Stiglitz (dir.), *Contratos en el nuevo Código Civil y Comercial*, t. II, p. 397. Con relación al art. 1428 del Cód. Civil y Comercial señala este autor: "No impone instrumento público o privado con fecha cierta, sino que habilita otros mecanismos que reduzcan los costos de notificación. Así en algunos casos podría ser razonable la mención en la propia factura o documento crediticio que el crédito ha sido cedido o, según el caso, la comunicación de la cesión mediante servicios de mensajería privados que puedan recabar la firma de los deudores cedidos o representantes necesarios".

b) *Factoreado.* Es la persona humana o jurídica que vende bienes o presta servicios a terceros, titular de créditos originados en su giro comercial.

Algunos autores consideran que el Código Civil y Comercial solo incluye en la denominación de factoreado a un empresario, en la medida en que únicamente pueden ser objeto de este contrato los *"créditos originados en el giro comercial"* (art. 1421)[9]. Otros, en cambio, entienden que el texto legal no impone que el factoreado deba ser necesariamente una empresa, sino que presume la necesidad de actividad comercial, pero nada obsta a que, pese a no tener actividad comercial en sentido amplio, una determinada persona ceda ciertos créditos originados en su actividad –no necesariamente un giro comercial– o que hayan sido adquiridos por otra razón –sucesión a título individual o universal– y pueda celebrar válidamente un *factoring*[10] (postura esta última a la cual adherimos).

El deudor cedido –cliente del factoreado y quien adquiere los productos o servicios ofrecidos por este– no es parte en el negocio jurídico.

§ 105. *Clases.* – Se han ensayado distintas clasificaciones según las diversas modalidades de *factoring*, entre las que cabe mencionar las siguientes.

a) *Con financiación (o a la vista) o sin financiación (o al vencimiento).* En el primer caso, el factoreado recibe del factor el pago inmediato de los créditos cedidos, cualquiera sea la fecha de vencimiento de las facturas cedidas. Como contrapartida, el factor tendrá derecho a una tasa de interés mayor, que se pactará en función del plazo que reste para el vencimiento de las obligaciones transferidas. Esta modalidad favorece la liquidez del factoreado, que con esos fondos puede cancelar sus obligaciones, lo que le permite pagar anticipadamente a sus propios proveedores; además, al hacerse de efectivo puede reponer inme-

[9] Araya, *Contrato de factoraje*, "RCCyC", 2015-156, y *LLonline*, AR/DOC/2849/2015.

[10] Molina Sandoval, "El contrato de factoraje y la cesión de créditos comerciales en el Código Civil y Comercial", en Stiglitz (dir.), *Contratos en el nuevo Código Civil y Comercial*, t. II, p. 389.

diatamente su *stock*. El *factoring* con financiación no implica –necesariamente– que el factor asuma el riesgo de incobrabilidad, pues se trata de un adelanto de fondos y no de asunción del riesgo. Para que ocurra esto último, debe ser expresamente estipulado. En el segundo caso, lo esencial del contrato es la asistencia técnica, contable y administrativa que presta el factor, en tanto que el pago se va haciendo al factoreado conforme se vayan produciendo los vencimientos. Es decir, el factor se compromete a pagar los créditos cedidos solo en la medida en que los deudores del factoreado cancelen sus deudas en los plazos convenidos.

b) *Con asunción de riesgo (sin recurso) o sin asunción de riesgos (con recurso).* En el primer caso, el factor asume el riesgo de incobrabilidad de los créditos y carece de acción de reclamo contra el factoreado. En el segundo caso, el factor no asume el riesgo de incobrabilidad y tiene derecho a reclamo contra el factoreado.

Respecto del primer supuesto (con asunción de riesgo), cabe destacar que el art. 1427 del Cód. Civil y Comercial dispone: "Imposibilidad del cobro del derecho de crédito cedido. *Cuando el cobro del derecho de crédito cedido no sea posible por una razón que tenga su causa en el acto jurídico que le dio origen, el factoreado responde por la pérdida de valor de los derechos del crédito cedido, aun cuando el factoraje se haya celebrado sin garantía o recurso*".

La garantía legal supera así la estipulación sin recurso, cuando la imposibilidad de percepción del crédito por parte del factor se deba al acto jurídico original, diluyendo de esta manera la estipulación en contrario en el factoraje *pro soluto*, en el que el cedente garantiza la solvencia del deudor y el factor actúa *iure propio* frente al deudor cedido[11].

c) *Con notificación o sin notificación al deudor cedido.* En el primer supuesto, el factoreado debe dejar constancia en la factura que le envía a su cliente que el crédito ha sido cedido al factor –quien será en adelante el único legitimado a recibir el pago– y notificar en forma fehaciente la cesión en favor del factor. En el segundo caso, el factoreado no asume la obligación de co-

[11] Dasso, "Contrato de factoraje", en Curá (dir.), *Código Civil y Comercial*, t. IV, p. 508.

municar a su deudor la cesión del crédito. Consecuentemente, el pago de la factura se hace al factoreado, ya que el deudor ignora la relación existente entre su acreedor y el factor.

d) *Según el área geográfica de aplicación del contrato.* Conforme al área geográfica de aplicación, puede ser interno (o nacional) o internacional.

§ 106. ***Funciones del "factoring".*** – El *factoring* puede cumplir las siguientes funciones:

a) Gestión de cobranza de los créditos.

b) Financiación (ver § 105, a).

c) Garantía o asunción del riesgo de incobrabilidad (ver § 105, b, y 107).

La función que no puede faltar en este contrato es la gestión de cobranza de créditos que es la función primaria del factoraje[12].

Las tres funciones básicas que suele realizar el factor no siempre convergen en el *factoring*. Puede presentarse la asunción del riesgo por el factor, pero no el otorgamiento de fondos por adelantado con lo que no cumple la función de financiación. Pueden las cesiones ser financiadas (descontadas), pero sin esa asunción de riesgo, con lo que desaparece la función de garantía de cobro que viene a otorgar el factor cuando asume el riesgo. En este caso, es el cedente quien está garantizando el cobro del crédito cedido[13].

§ 107. ***Función de garantía del "factoring".*** – El contrato de *factoring* puede cumplir una función económica de garantía en sentido amplio: para una empresa permite asegurar la disponibilidad de la prestación debida por sus clientes, directamente de un tercero, el factor. Inversamente, el factor puede prestar obteniendo créditos como garantía[14].

[12] Araya, *Contrato de factoraje*, "RCCyC", 2015-156, y *LLonline*, AR/DOC/2849/2015.

[13] Riva - Álvarez Agudo, *Garantías modernas*, p. 240 y 241.

[14] Lorenzetti, *Reflexiones sobre el factoring como contrato de garantía*, "Revista del Derecho Privado y Comunitario", nº 2, 1993, p. 232.

El art. 1421 del Cód. Civil y Comercial prevé que el factor puede o no asumir los riesgos de incobrabilidad de los créditos cedidos por el factoreado.

Esto se relaciona con la distinción entre *factoring con asunción de riesgo* –sin recurso– o *sin asunción de riesgos* –con recurso– (§ 105, b).

a) En el primer caso, el factor asume el riesgo de incobrabilidad de los créditos, sin recurso de recupero contra el factoreado. Es decir que el factor, con previa evaluación y selección de los créditos, los adquiere *pro soluto* pues, una vez que son aprobados y abonados al factoreado, no tiene derecho de reclamo contra este.

De esto surge claramente la función de garantía que cumple el contrato de *factoring* respecto al factoreado, al asumir el factor el riesgo de cobranza de los créditos adeudados por el deudor cedido (cliente del factoreado).

b) En el segundo caso, el factor no asume el riesgo de incobrabilidad o insolvencia del deudor cedido. Acá el factor, una vez aprobados los créditos, le entrega el dinero al factoreado, pero si no puede cobrarlos a su vencimiento tiene derecho a reclamo contra el factoreado. Es decir, se realiza una cesión *pro solvendo* pues, aunque se efectúa la transmisión de la propiedad de los créditos, el factoreado (cedente) garantiza al factor (cesionario) la integridad del importe de las acreencias frente al no pago o insolvencia del deudor cedido.

También en este supuesto se trasunta una función de garantía del *factoring*, y así lo señala LORENZETTI: "El contrato de *factoring* ofrece dos alternativas diferentes. Cuando el factor se hace cargo de la insolvencia, está ofreciendo una garantía a la empresa [...] Cuando no se hace cargo de la insolvencia, se obliga sin embargo a disminuirla mediante servicios de cobranza; económicamente cumple una función similar. Sin embargo, aquí la garantía aparece para quien presta el dinero, puesto que obtiene de terceros, los clientes del prestatario, el recupero"[15].

En términos similares, se ha manifestado que "la función económica de garantía puede aparecer desde dos puntos de vis-

[15] LORENZETTI, *Reflexiones sobre el factoring como contrato de garantía*, "Revista del Derecho Privado y Comunitario", nº 2, 1993, p. 236.

ta: cuando el factor asume el riesgo comercial y político de la cesión está cumpliendo una función de garantía.

Pero, cuando no lo toma y está anticipando los fondos o entregándolos al vencimiento, pero sujeto al resultado de la gestión de cobranza, la cesión de los derechos cumple una función de garantía por las sumas que el factor está entregando[16].

Entre el *factoring* sin asunción de riesgo y la cesión en garantía existen similitudes. Así, en ambos hay una cesión de créditos, y pueden referirse a créditos futuros. Asimismo, en ambos una de las partes presta dinero y recibe créditos a cambio, y recupera lo prestado de un tercero y no del deudor prestatario[17].

Pero existen diferencias importantes entre ellos, a saber:

1) En la cesión que se realiza en el *factoring*, al igual que en las operaciones de descuento individuales, se cede la propiedad plena de los derechos; en la cesión en garantía, en cambio, se constituye la garantía en cobertura del incumplimiento del deudor (cedente del crédito)[18], es decir, la transmisión del crédito responde a un fin de garantía y no de su propiedad.

2) En el *factoring*, al recibir el factor créditos *pro solvendo*, debe dirigirse primero al deudor cedido; si no puede cobrar, como no asume la insolvencia, recién ahí puede dirigirse contra el factoreado; en la cesión en garantía, por el contrario, hay una situación de completa y paritaria coexistencia entre los dos vínculos obligatorios, de modo tal que el cesionario puede indiferentemente dirigirse para el cumplimiento tanto al cedente cuanto al cedido.

3) El *factoring* es un complejo de prestaciones financieras, de garantía y de servicios que exceden en mucho la cesión en garantía[19].

[16] Riva - Álvarez Agudo, *Garantías modernas*, p. 241.

[17] Lorenzetti, *Reflexiones sobre el factoring como contrato de garantía*, "Revista del Derecho Privado y Comunitario", nº 2, 1993, p. 247.

[18] Riva - Álvarez Agudo, *Garantías modernas*, p. 241.

[19] Lorenzetti, *Reflexiones sobre el factoring como contrato de garantía*, "Revista del Derecho Privado y Comunitario", nº 2, 1993, p. 247.

BIBLIOGRAFÍA

AA.VV., *Las medidas cautelares en las sociedades y los concursos*, Bs. As., Legis, 2008.

— *Ley 24.441. Financiamiento de la vivienda y la construcción*, Córdoba, Alveroni, 1995.

Acuña Anzorena, Arturo, *Cesión de créditos*, Bs. As., Bibliográfica Argentina, 1995.

Alegria, Héctor, *Fideicomiso en garantía (efecto sobre los créditos garantizados y verificación en el concurso del fiduciante)*, *LL*, 2004-D-847.

— *Las garantías abstractas o a primera demanda en el derecho moderno y en el proyecto de unificación argentino*, *RDCO*, 1987-685.

— *Las garantías "autoliquidables"*, "Revista del Derecho Privado y Comunitario", nº 2, 1993, p. 149.

Alterini, Atilio A. - Ameal, Oscar J. - López Cabana, Roberto M., *Curso de obligaciones*, Bs. As., Abeledo-Perrot, 1978.

Alterini, Jorge H. (dir.), *Código Civil y Comercial comentado. Tratado exegético*, Bs. As., La Ley, 2015.

Ameal, Oscar J., *Obligaciones y contratos en los albores del siglo xxi*, Bs. As., Abeledo-Perrot, 2001.

Anaya, Jaime L. - Alegria, Héctor, *Derecho comercial. Doctrinas esenciales*, Bs. As., La Ley, 2009.

Aramendía, Javier, "Las garantías del préstamo", en *Régimen jurídico de los préstamos sindicados internacionales*, Madrid, Consejo Superior Bancario, 1979.

Aranda Rodríguez, Remedios, *La prenda de créditos*, Madrid, Centro de Estudios Registrales de Cataluña, 1996.

Araya, Miguel, *Contrato de factoraje*, "RCCyC", 2015-156.

Arecha, Martín - Dasso, Ariel Á. - Nissen, Ricardo A. - Vítolo, Daniel R. (coords.), *Conflictos actuales en sociedades y concursos*, Bs. As., Ad-Hoc, 2002.

Arico, Rodolfo, *Cesión de créditos en garantía, ED,* 173-856.

Árraga Penido, Mario O., *Derechos reales de garantía,* Bs. As., Astrea, 2019.

Bacigalup Vértiz, Mario G. - Trusso, Juan M., *El acreedor con prenda de derechos creditorios frente a la quiebra, ED,* 158-927.

Balestra, Ricardo J., *Acerca de la carga de verificar el crédito garantizado con un fideicomiso de garantía y la preferencia emanada del mismo, LL,* 2011-A-530.

Baracat, Edgar J., *Derecho procesal concursal,* Rosario, Nova Tesis, 2004.

— *Medidas cautelares en los concursos,* Santa Fe, Rubinzal-Culzoni, 2009.

Barreira Delfino, Eduardo, *El fideicomiso de garantía y la ley de quiebra, ED,* 217-754.

Barreiro, Rafael F., *El contrato de factoraje en el nuevo Código, LL,* 2015-D-1008 y *LLonline,* AR/DOC/2164/2015.

Bavetta, Giuseppe, *La cessione di credito a scopo di garanzia,* "Il Diritto Fallimentare e delle Società Commerciali", vol. LXX, 1995, p. 588.

Belluscio, Augusto C. (dir.) - Zannoni, Eduardo A. (coord.), *Código civil y leyes complementarias. Comentado, anotado y concordado,* Bs. As., Astrea, 2001-2012.

Benelbaz, Héctor A. - Coll, Osvaldo W., *Sistema bancario moderno,* Bs. As., Depalma, 1994.

Benseñor, Norberto R., *Algo más sobre cesión y prenda de créditos,* "Revista del Notariado", nº 802, jul.-sep. 1985, p. 655.

Bono, Gustavo A., *Fideicomiso. Algunos aspectos de la ley 24.441,* "Anales de la Academia Nacional de Derecho y Ciencias Sociales de Córdoba", t. XXXV, año académico 1996, p. 249.

— *Fideicomiso de garantía,* Bs. As., Astrea, 2018.

Borda, Guillermo A., *Tratado de derecho civil argentino. Contratos,* Bs. As., Perrot, 1969.

— *Tratado de derecho civil argentino. Parte general,* Bs. As., Perrot, 1970.

Boretto, Mauricio, *Ejecución de la garantía prendaria constituida sobre cheques de pago diferido de terceros y el concurso preventivo del deudor endosante de los mismos, ED,* 189-745.

— "Garantías unilaterales (o 'garantías a primera demanda')", en Curá, José M. (dir.), *Código Civil y Comercial de la Nación comentado,* Bs. As., La Ley, 2016.

— *Las garantías autoliquidables,* Santa Fe, Rubinzal-Culzoni, 2010.

Bueres, Alberto J. (dir.), *Código Civil y Comercial de la Nación analizado, comparado y concordado,* Bs. As., Hammurabi, 2015.

Bueres, Alberto J. - Mayo, Jorge A., *Lineamientos generales sobre las garantías de la obligación en el derecho privado,* "Revista de Derecho Privado y Comunitario", nº 2, 1993, p. 8.

Bustamante Alsina, Jorge, *Teoría general de la responsabilidad civil*, Bs. As., Abeledo-Perrot, 1993.

Cámara, Héctor, *El concurso preventivo y la quiebra*, Bs. As., Depalma, 1980.

— *Letra de cambio y vale o pagaré*, Bs. As., Ediar, 1970.

— *Prenda con registro o hipoteca mobiliaria*, Bs. As., Ediar, 1961.

Camerini, Marcelo A., *El contrato de fideicomiso de garantía y el concurso preventivo del fiduciante. El necesario camino de definir su alcance*, *ED*, 215-997.

— *El fideicomiso de garantía frente al concurso del fiduciante*, *LL*, 2009-E-356.

— *Verificación de crédito como mecanismo de desnaturalización del fideicomiso de garantía*, *LL*, 2008-E-155.

Cantón, Osvaldo J., La *cesión de créditos en garantía y su importancia en el desarrollo empresarial*, "Derecho y Empresa", nº 1/2, 1994, p. 225.

Cariota Ferrara, Luigi, *El negocio jurídico*, trad. M. Albaladejo, Madrid, Aguilar, 1956.

Carregal, Mario A., *El concurso del fiduciante en los fideicomisos de garantía*, *LL*, 2004-B-1217.

— *El fideicomiso. Regulación jurídica y posibilidades prácticas*, Bs. As., Universidad, 1982.

— *Fideicomiso de garantía. Lícito y necesario*, *LL*, 2000-E-948.

Casabé, Eleonora, *Transmisión de créditos en garantía*, "Revista Notarial", nº 911, 1992, p. 135.

Castillo, Ramón S., *Curso de derecho comercial. Contratos comerciales*, comp. F. Bertorino, Bs. As., Ariel, 1956.

Cazeaux, Pedro N. - Trigo Represas, Félix A., *Derecho de las obligaciones*, La Plata, Editora Platense, 1971.

Cian, Giorgio - Pescara, Renato (eds.), *Cinquant'anni nell'esperienza giuridica. Scritti di Alberto Trabucchi*, Padova, Cedam, 1988.

Colmo, Alfredo, *De las obligaciones en general*, Bs. As., Jesús Méndez, 1928.

Compagnucci de Caso, Rubén H., *Cesión de créditos*, Bs. As., La Ley, 2002.

Curá, José M. (dir.), *Código Civil y Comercial de la Nación comentado*, Bs. As., La Ley, 2016.

De Castro y Bravo, Federico, *El negocio jurídico*, Madrid, Civitas, 1985.

De Reina Tartière, Gabriel, *Los negocios fiduciarios no se agotan en el fideicomiso. A propósito del lease-back o leasing de retorno*, *ED*, 209-765.

— *Negocio indirecto en función de garantía*, *LL*, 2005-F-1174.

Derecho empresario actual, Bs. As., Depalma, 1996.

Díez-Picazo, Luis, *Fundamentos del derecho civil patrimonial*, Madrid, Tecnos, 1983.

Díez-Picazo, Luis - Gullón, Antonio, *Sistema de derecho civil*, Madrid, Tecnos, 1984.

Dolmetta, Aldo A. - Portale, Giuseppe B., *Cessione del credito e cessione in garanzia nell'ordinamento italiano*, "Banca, Borsa e Titoli di Credito", vol. 48, 1985.

Donati, Antigono, *Trattato del diritto delle assicurazioni private*, Milano, Giuffrè, 1952.

Dromi, José R., *Certificado de obra pública: concepto, caracteres, cesión y embargo del crédito*, *JA*, 1976-I-286.

— *Derecho administrativo económico*, Bs. As., Astrea, 1992.

Escuti, Ignacio A., *Títulos de crédito*, 12ª ed., Bs. As., Astrea, 2019.

Escuti, Ignacio A. - Junyent Bas, Francisco, *Derecho concursal*, Bs. As., Astrea, 2006.

Esparza, Gustavo A. - Games, Luis M., *El fideicomiso de garantía ante el concurso preventivo y la quiebra*, *ED*, 194-1014.

Etchegaray, Natalio P., *Fideicomiso*, Bs. As., Astrea, 2011.

Fargosi, Horacio P., *Esquicio sobre el lease back*, *ED*, 144-953.

Farina, Juan M., *Contratos comerciales modernos*, 3ª ed., Bs. As., Astrea, 2014.

Fassi, Santiago C. - Gebhardt, Marcelo, *Concursos y quiebras. Comentario exegético de la ley 24.522. Jurisprudencia aplicable*, 8ª ed., Bs. As., Astrea, 2005.

Favier Dubois (h.), Eduardo, *Fideicomiso y régimen societario. El fideicomiso sobre acciones de sociedad anónima*, *LL*, 2010-F-842.

— *Las medidas cautelares concursales*, *RDCO*, 1991-117.

— "Medidas cautelares no tipificadas en los actuales procesos concursales: 'cuota Hilton', APE y fideicomiso", en AA.VV., *Las medidas cautelares en las sociedades y los concursos*, Bs. As., Legis, 2008.

Favier Dubois (h.), Eduardo M. - Benseñor, Norberto R., *El descuento de facturas, las garantías del banquero y su debida instrumentación*, "Revista del Notariado", nº 790, 1983, separata, p. 993.

Favier Dubois (p.), Eduardo, *Fideicomiso de garantía ¿sí o no?*, *DSE*, nº 165, 2001, p. 135.

Fernández, Raymundo L., *Tratado teórico-práctico de la hipoteca, la prenda y demás privilegios*, Bs. As., Luis Rubino, 1941.

Fernández, Raymundo L. - Gómez Leo, Osvaldo R., *Tratado teórico-práctico de derecho comercial*, Bs. As., Depalma, 1987.

FERNÁNDEZ SESSAREGO, CARLOS, *Reflexiones en torno a la "autonomía de la voluntad"*, *LLActualidad*, 29/5/2003, p. 1, y *LLonline*, AR/DOC/10470/2003.

FERRER, PATRICIA - FERRER, RICARDO O., *Certificado de obra pública. Su transmisión. La Administración ante la quiebra del contratista*, *LL*, 1981-D-1037.

FONTANARROSA, RODOLFO O., *Derecho comercial argentino*, Bs. As., Zavalía, 1995.

FUNES, SATURNINO, *Fideicomiso*, Bs. As., Depalma, 1996.

GAMES, LUIS M. - ESPARZA, GUSTAVO A., *Fideicomiso y concurso*, Bs. As., Depalma, 1997.

GARRIDO, ROQUE - ZAGO, JORGE, *Contratos civiles y comerciales*, Bs. As., Universidad, 1995.

GIOVENCO, ARTURO C., *Fideicomiso de garantía: un importante fallo*, *LL*, 2009-A-357.

GIRALDI, PEDRO M., *Fideicomiso*, Bs. As., Depalma, 1998.

GÓMEZ LEO, OSVALDO, *Letra de cambio y pagaré*, Bs. As., Depalma, 1988.

GREGORINI CLUSELLAS, EDUARDO, *Fideicomiso. Apreciaciones sobre las nuevas normas*, *LL*, 1995-E-1126.

GRISPO, JORGE D., *Tratado sobre la ley de concursos y quiebras. Ley 24.522. Comentada, anotada y concordada*, Bs. As., Ad-Hoc, 1997.

GUASTAVINO, ELÍAS P., *Fideicomisos, "leasings", letras hipotecarias y otros aspectos de la ley 24.441*, *LL*, 1995-B-1061.

— *La transmisión de créditos en garantía*, *JA*, 1972-18-504.

HALPERIN, ISAAC - BARBATO, NICOLÁS H., *Seguros. Exposición crítica de las leyes 17.418, 20.091 y 22.400*, Bs. As., Depalma, 2003.

HAYZUS, JORGE R., *Fideicomiso*, 3ª ed., Bs. As., Astrea, 2011.

HEREDIA, PABLO D., *Tratado exegético de derecho concursal*, Bs. As., Ábaco, 2000.

HERNÁNDEZ, CARLOS A. - FRESNEDA SAIEG, MÓNICA - FRUSTAGLI, SANDRA A., *Leasing. Ley 25.248 comentada*, Bs. As., LexisNexis, 2002.

HERNÁNDEZ, CARLOS A. - FRUSTAGLI, SANDRA A., *El contrato de leasing en el Código Civil y Comercial*, *LL*, supl. especial "Nuevo Código Civil y Comercial de la Nación. Contratos en particular", abr. 2015, p. 85, y *LLonline*, AR/DOC/1072/2015.

HERNÁNDEZ MAESTRONI, ALEJANDRO, "El fideicomiso en Uruguay", en KIPER, CLAUDIO M. - LISOPRAWSKI, SILVIO V., *Tratado de fideicomiso*, Bs. As., Abeledo-Perrot, 2012.

HIGHTON, ELENA I., *Introducción al estudio de la garantía en los contratos de empresa*, *JA*, 1998-III-754.

HIGHTON, ELENA I. - MOSSET ITURRASPE, JORGE - PAOLANTONIO, MARTÍN E. - RIVERA, JULIO C., *Reformas al derecho privado. Ley 24.441*, Santa Fe, Rubinzal-Culzoni, 1995.

HIGHTON, FEDERICO R., *La causa de los títulos de crédito en los procedimientos concursales y la prenda sobre títulos de crédito, LL*, 1975-B-697.

ISASMENDI, ARMANDO J., *El fideicomiso en garantía en el derecho nacional, LL*, 2003-D-20.

ITURBIDE, GABRIELA A., *Reflexiones sobre la naturaleza del derecho del acreedor en el fideicomiso de garantía, LL*, 2005-A-1322.

— *Regulación del contrato de "leasing" en la ley 24.441, LL*, 1997-B-933.

ITURBIDE, GABRIELA A. - PEPE, MARCELO, *Fideicomiso de garantía, JA*, 1998-I-719.

JUNYENT BAS, FRANCISCO - MUSSO, CAROLINA, *Las medidas cautelares en los procesos concursales*, Bs. As., LexisNexis, 2005.

JUNYENT BAS, FRANCISCO - MOLINA SANDOVAL, CARLOS A., *Ley de concursos y quiebras. Comentada*, Bs. As., AbeledoPerrot, 2009.

KELLY, JULIO, *Fideicomiso de garantía, JA*, 1998-III-782.

KEMELMAJER DE CARLUCCI, AÍDA, "Aproximación al contrato de 'leasing' inmobiliario", en *Derecho empresario actual*, Bs. As., Depalma, 1996.

— *Las garantías a primera demanda*, "Revista de Derecho Privado y Comunitario", nº 2, 1993, p. 93.

— *Primera aproximación a las modificaciones introducidas al régimen de las prioridades concursales por la ley 24.522*, "Derecho y Empresa", nº 4, 1995, p. 307.

KIPER, CLAUDIO M., *Régimen jurídico del dominio fiduciario, LL*, 1991-A-1129.

KIPER, CLAUDIO M. - LISOPRAWSKI, SILVIO V., *El fideicomiso en el Proyecto de Código, LL*, 2012-E-812.

— *Registración del contrato de fideicomiso en el Código Civil y Comercial. Una novedad. Efectos, LL*, 2014-F-800.

— *Teoría y práctica del fideicomiso*, Bs. As., Depalma, 1999.

— *Tratado del fideicomiso*, Bs. As., AbeledoPerrot, 2012.

LAFAILLE, HÉCTOR, *Curso de contratos*, Bs. As., Ariel, 1928.

— *Curso de derechos reales*, Bs. As., Ariel, 1929.

— *Curso de obligaciones*, Bs. As., Ediar, 1950.

— *Derecho civil. Tratado de los derechos reales*, Bs. As., Ediar, 1947.

LEGEAIS, DOMINIQUE, *Les garanties conventionnelles sur créances*, Paris, Economica, 1986.

León, César E., *Aplicabilidad de las garantías bancarias a primer requerimiento en el ordenamiento jurídico colombiano*, "Revista de Derecho Privado", nº 10, 2006, p. 103, http://revistas.uexternado.edu.co/index.php/derpri/article/view/585/552.

Linares Bretón, Samuel F., *"Factoring". Un nuevo contrato bancario y financiero*, *LL*, 137-1002.

— "Factoring: un nuevo contrato bancario y financiero", en Anaya, Jaime L. - Alegria, Héctor, *Derecho comercial. Doctrinas esenciales*, Bs. As., La Ley, 2009.

Lisoprawski, Silvio V., "Fideicomiso en el Código Civil y Comercial", en Stiglitz, Rubén S. (dir.), *Contratos en el nuevo Código Civil y Comercial*, Bs. As., La Ley, 2015.

— *Fideicomiso en garantía en el Código Civil y Comercial. Fiduciario-beneficiario. Cesión de créditos en garantía*, *LL*, 2015-B-934, y *LLonline*, AR/DOC/1076/2015.

— *Ineficacia de pleno derecho de un fideicomiso en garantía*, *LL*, 2012-A-227.

— *La asamblea de beneficiarios en el fideicomiso inmobiliario*, *LL*, 2011-B-810, y *LLonline*, AR/DOC/636/2011.

Lisoprawski, Silvio V. - Gerscovich, Carlos G., *Factoring*, Bs. As., Depalma, 1997.

Lisoprawski, Silvio V. - Kiper, Claudio M., *Fideicomiso. Dominio fiduciario. Securitización*, Bs. As., Depalma, 1995.

Lisoprawski, Silvio V. - Martorell, Ernesto E., *El fideicomiso en garantía sobre flujos de fondos, peajes, facturación. Impugnabilidad y riegos frente al concurso del deudor y la crisis económica*, *LL*, 2009-C-851.

Llambías, Jorge J., *Tratado de derecho civil. Obligaciones*, Bs. As., Perrot, 1967.

Llambías, Jorge J. - Alterini, Atilio A., *Código civil anotado. Doctrina y jurisprudencia*, Bs. As., Abeledo-Perrot, 1998.

López de Zavalía, Fernando J., *Teoría de los contratos*, Bs. As., Zavalía, 2000-2003.

Lorenzetti, Ricardo L., *Reflexiones sobre el factoring como contrato de garantía*, "Revista del Derecho Privado y Comunitario", nº 2, 1993, p. 231.

— *Tratado de los contratos*, Santa Fe, Rubinzal-Culzoni, 2004.

Lorenzetti, Ricardo L. (dir.), *Código Civil y Comercial de la Nación comentado*, Santa Fe, Rubinzal-Culzoni, 2015.

Machado, José O., *Exposición y comentario del Código Civil argentino*, Bs. As., Rosso, 1928.

Maffía, Osvaldo J., *Verificación de créditos*, Bs. As., Depalma, 1999.

MALUMIÁN, NICOLÁS - DIPLOTTI, ADRIÁN G. - GUTIÉRREZ, PABLO, *Fideicomiso y securitización. Análisis legal, fiscal y contable,* Bs. As., La Ley, 2006.

MÁRQUEZ, JOSÉ F., *El fideicomiso de garantía y el concurso del fiduciante,* "Revista de Derecho Privado y Comunitario", 2003-1-129, y *Rubinzalonline,* RC D 1188/2012.

— *Notas sobre el fideicomiso con fines de garantía, JA,* 2000-IV-1225.

MARTORELL, ERNESTO E. (dir.), *Ley de concursos y quiebras. Comentada,* Bs. As., La Ley, 2012.

MATTA Y TREJO, GUILLERMO, *Apuntes para una revisión del régimen de prenda de acciones de sociedades anónimas, LL,* 1983-A-720.

MAURY DE GONZÁLEZ, BEATRIZ (dir.), *Tratado teórico y práctico del fideicomiso,* Bs. As., Ad-Hoc, 2000.

MESSINEO, FRANCESCO, *Manual de derecho civil y comercial,* trad. S. SENTÍS MELENDO, Bs. As., Ejea, 1954.

MOLINA SANDOVAL, CARLOS A., *El fideicomiso en la dinámica mercantil,* Montevideo - Bs. As., B de f, 2013.

MOSSET ITURRASPE, JORGE, *Contratos,* Santa Fe, Rubinzal-Culzoni, 1988.

— *Negocio fiduciario con fines de garantía (trust o fideicomiso en garantía),* "Revista de Derecho Privado y Comunitario", 1993-2-63.

MUGUILLO, ROBERTO A., *Régimen general de la prenda con registro,* 3ª ed., Bs. As., Astrea, 2001.

NAVARRO PÉREZ, JOSÉ L., *La cesión de créditos en el derecho civil español,* Granada, Comares, 1988.

NICOLAU, NOEMÍ L., *El "leasing". Algunos aspectos jurídicos. Su problemática en el ámbito inmobiliario, LL,* 1987-B-957.

NIETO BLANC, ERNESTO E., *Dación en pago de créditos (pro soluto y pro solvendo), cesión en garantía y prenda de créditos, LL,* supl. "Derecho bancario", nº 6, 6/11/1991.

NISSEN, RICARDO A., *Ley de sociedades comerciales,* Bs. As., Ábaco, 1997.

— *Prenda de documentos y facultades del banco frente al concurso preventivo de la deudora prendaria, LL,* 1995-C-201.

NISSEN, RICARDO A. - FAVIER DUBOIS (H.), EDUARDO M., *Contratos de empresa,* Bs. As., Hammurabi, 1987.

ORELLE, JOSÉ M., *El fideicomiso en la ley 24.441, LL,* 1995-B-874.

PAOLANTONIO, MARTÍN E., *El fiduciario como accionista. A propósito de la resolución 820/2005 de la Inspección General de Justicia, LL,* 2005-E-1473.

PAPA, RODOLFO G., *Fideicomiso,* Bs. As., Errepar, 2015.

PERALTA MARISCAL, LEOPOLDO L., *¿Fideicomiso de garantía? ¡Neuralgias y cefaleas garantizadas!, LL,* 2000-D-975.

— *Panorama actual de las garantías en el derecho privado, ED,* 193-513.

PÉREZ HUALDE, FERNANDO, "El fideicomiso en garantía y las posiciones del negocio fiduciario en la ley 24.441", en MAURY DE GONZÁLEZ, BEATRIZ (dir.), *Tratado teórico y práctico del fideicomiso,* Bs. As., Ad-Hoc, 2002.

PERLINGIERI, PIETRO, *Il trasferimento del credito. Nozione e orientamenti giurisprudenziali,* Napoli, Edizioni Scientifiche Italiane, 1981.

PICARD, MAURICE - BESSON, ANDRÉ, *Traité général des assurances terrestres en droit français,* Paris, Librairie Générale de Droit et de Jurisprudence, 1938.

PIZARRO, RAMÓN D. - VALLESPINOS, CARLOS G., *Instituciones de derecho privado. Obligaciones,* Bs. As., Hammurabi, 2008.

PUERTA DE CHACÓN, ALICIA, El *remate no judicial. ¿Un permiso legal para eludir el concurso?, LLGranCuyo,* 4/9/1997, p. 65.

QUINTANA FERREYRA, FRANCISCO, *Concursos. Ley 19.551 y modificatorias. Comentada, anotada y concordada,* Bs. As., Astrea, 1988.

RADRESA, EMILIO, *Bolsas y contratos bursátiles,* Bs. As., Depalma, 1995.

RAISBERG, CLAUDIA, *El fideicomiso en garantía frente al concurso, LL,* 2006-A-1169.

REGLERO CAMPOS, FERNANDO, *Ejecución de garantías reales mobiliarias e interdicción del pacto comisorio,* Madrid, Civitas, 1996.

REZZÓNICO, LUIS M., *Estudio de los contratos en nuestro derecho civil,* Bs. As., Depalma, 1967.

RICHARD, EFRAÍN H., *De la póliza en el contrato de seguro, de las transferencias y especialmente de los derechos de los acreedores prendarios e hipotecarios del asegurado, RDCO,* 1975, nº 43, p. 102.

RICHARD, EFRAÍN H. - MALDONADO, CÉSAR - ÁLVAREZ, NORMA E., *Suspensión de acciones y fuero de atracción en los concursos,* Bs. As., Astrea, 1994.

RICHARD, EFRAÍN H. - MUIÑO, ORLANDO M., *Derecho societario,* 2ª ed., Bs. As., Astrea, 2007.

RISOLÍA, MARCOS A., *Significación y funcionamiento de las arras en el Código Civil argentino,* Bs. As., Abeledo-Perrot, 1960.

RIVA, JORGE L. - ÁLVAREZ AGUDO, GRACIELA, *Garantías modernas,* Bs. As., AbeledoPerrot, 2009.

RIVERA, JULIO C., *Cesión de créditos en garantía, LL,* 1991-C-868.

— *Instituciones de derecho concursal,* Santa Fe, Rubinzal-Culzoni, 2003.

— *La cesión de créditos en garantía y el concurso preventivo del cedente, ED,* 173-445.

RIVERA, JULIO C. - ROITMAN, HORACIO - VÍTOLO, DANIEL R., *Ley de concursos y quiebras,* Santa Fe, Rubinzal-Culzoni, 2009.

RIVERA, JULIO C. - MEDINA, GRACIELA (dirs.) - ESPER, MARIANO (coord.), *Código Civil y Comercial de la Nación comentado,* Bs. As., La Ley, 2015.

ROITMAN, HORACIO, *Efectos jurídicos de la quiebra sobre los contratos preexistentes,* Córdoba, Lerner, 1973.

ROMERO, JOSÉ I., *Certificado de obra pública. El problema de la forma de su transmisión, LL,* 1975-C-717.

— *Curso de derecho comercial,* Bs. As., Depalma, 1989.

ROSS, ALF, *Sobre el derecho y la justicia,* trad. G. CARRIÓ, Bs. As., Eudeba, 1974.

ROUILLON, ADOLFO A. N., *Régimen de concursos y quiebras,* 17ª ed., Bs. As., Astrea, 2017.

ROUILLON, ADOLFO A. N. (dir.) - ALONSO, DANIEL F. (coord.), *Código de Comercio. Comentado y anotado,* Bs. As., La Ley, 2007.

ROVIRA, ALFREDO L., *Empresa en crisis,* Bs. As., Astrea, 2005.

— *Pactos de socios,* Bs. As., Astrea, 2006.

SACRISTÁN, FERNANDO, *La oposición de excepciones por reclamación indebida en las garantías autónomas a primera demanda,* "Revista de Derecho Bancario y Bursátil", nº 111, 2008, p. 236.

SAGARNA, FERNANDO A., *Derecho de retención: concepto, caracteres y condiciones para su ejercicio, LL, 1994-E-529.*

SAGE, FRANÇOIS - CHABBI, DANIÈLE, *Sûretés réelles, garantties assimilables et redressement judiciaire,* Paris, Librairie Générale de Droit et de Jurisprudence, 1996.

SALVAT, RAYMUNDO M., *Tratado de derecho civil argentino,* Bs. As., Tea, 1952-1954.

— *Tratado de derecho civil argentino. Derechos reales,* act. A. ACUÑA ANZORENA, Bs. As., Tea, 1964.

SÁNCHEZ CANNAVO, SEBASTIÁN I. - CRAMER, GABRIEL G., "La cesión de créditos en garantía frente al concurso. Insinuación del cesionario en el pasivo concursal del cedente", en ARECHA, MARTÍN - DASSO, ARIEL Á. - NISSEN, RICARDO A. - VÍTOLO, DANIEL R. (coords.), *Conflictos actuales en sociedades y concursos,* Bs. As., Ad-Hoc, 2002.

SÁNCHEZ HERRERO, ANDRÉS (dir.), *Tratado de derecho civil y comercial,* Bs. As., La Ley, 2016.

SAUX, EDGARDO I., *Contratos en general. Disposiciones generales. Definición. Libertad de contratación. Efecto vinculante. Facultades de los jueces. Breves referencias al Proyecto de Código Civil y Co-*

mercial unificado del año 2012, "Revista de Derecho Privado y Comunitario", 2014-1-11.

SESTA, MICHELE, *Le garanzie atipiche,* Padova, Cedam, 1988.

SPAGNOLO, LUCÍA, "Cesión de derechos en garantía de un mutuo y concurso preventivo", en ARECHA, MARTÍN - DASSO, ARIEL Á. - NISSEN, RICARDO A. - VÍTOLO, DANIEL R. (coords.), *Conflictos actuales en sociedades y* concursos, Bs. As., Ad-Hoc, 2002.

SPOTA, ALBERTO G., *Instituciones de derecho civil. Contratos,* Bs. As., Depalma, 1981-1993.

STIGLITZ, RUBÉN S., *Derecho de seguros,* Bs. As., La Ley, 2004.

— *Un nuevo orden contractual en el Código Civil y Comercial de la Nación, LL,* 2014-E-1332.

STIGLITZ, RUBÉN S. (dir.), *Contratos. Teoría general,* Bs. As., Depalma, 1990.

— *Contratos en el nuevo Código Civil y Comercial,* Bs. As., La Ley, 2015.

TEPLITZCHI, EDUARDO, *Sobre prenda de documentos y facultades del banco depositario, LL,* 1998-B-714.

TEVEZ, ALEJANDRA N., "Suspensión preventiva de la ejecución del fideicomiso de garantía en caso de concurso preventivo del fiduciante", en *X Jornadas Nacionales de Institutos de Derecho Comercial,* Córdoba, Advocatus, 2003.

TON, WALTER, "La medida de no innovar en el fideicomiso de garantía", en AA.VV., *Las medidas cautelares en las sociedades y los concursos,* Bs. As., Legis, 2008.

TONÓN, ANTONIO, *Acreedores que no tienen obligación de verificar, RDCO,* 1986-638.

— *Derecho concursal. Instituciones generales,* Bs. As., Depalma, 1988.

TRABUCCHI, ALBERTO, "Il trasferimento dei diritti sul credito ceduto pro solvendo", en CIAN, GIORGIO - PESCARA, RENATO (eds.), *Cinquant'anni nell'esperienza giuridica. Scritti di Alberto Trabucchi,* Padova, Cedam, 1988.

VALLESPINOS, CARLOS G. (dir.), *Contratos. Presupuestos,* Córdoba, Advocatus, 1989.

VARGAS BALAGUER, HUMBERTO G., *El arbitraje societario a la luz del Código Civil y Comercial de la Nación, RDCO,* nº 275, 2015, p. 1817.

— *Empresa familiar y pacto sucesorio,* "Estudios de Derecho Empresario", vol. 11, 2017, p. 127.

— *Empresas B: ¿Hacia un nuevo tipo societario?,* "Estudios de Derecho Empresario", vol. 3, 2014, p. 212.

— *Fideicomiso: regulación jurídica y posibilidades prácticas,* "Entre Abogados", nº 15, 1999, p. 41.

— *Las sociedades de familia y el protocolo familiar,* "La Voz del Foro", año VII, nº 52, 2008, p. 18 a 22.

— *Pactos sobre herencia futura. Comentario al art. 1010 del Código Civil y Comercial,* "Revista Jurídica Región Cuyo - Argentina", nº 2, may. 2017.

— "Señal", en CURÁ, JOSÉ M. (dir.), *Código Civil y Comercial de la Nación comentado,* Bs. As., La Ley, 2016.

— "Uniones transitorias. Regulación en el Código Civil y Comercial de la Nación", en STIGLITZ, RUBÉN S. (dir.), *Contratos en el nuevo Código Civil y Comercial,* Bs. As., La Ley, 2015.

VILLAGORDOA LOZANO, JOSÉ M., *Doctrina general del fideicomiso,* México, Porrúa, 1982.

VILLANUEVA, JULIA, *Privilegios,* Santa Fe, Rubinzal-Culzoni, 2004.

VILLEGAS, CARLOS G., *Las garantías del crédito,* Santa Fe, Rubinzal-Culzoni, 1993.

VÍTOLO, DANIEL R., *Iniciación en el estudio del nuevo régimen legal de concursos y quiebras. Ley 24.522,* Bs. As., Ad-Hoc, 1995.

X Jornadas Nacionales de Institutos de Derecho Comercial, Córdoba, Advocatus, 2003.

ZALDÍVAR, ENRIQUE - MANÓVIL, RAFAEL M. - RAGAZZI, GUILLERMO E. - ROVIRA, ALFREDO L., *Cuadernos de derecho societario,* Bs. As., Abeledo-Perrot, 1980.

ZARINI, HELIO J., *Constitución argentina. Comentada y concordada,* Bs. As., Astrea, 2019.

ZAVALA RODRÍGUEZ, CARLOS J., *Código de Comercio y leyes complementarias. Comentado y concordado,* Bs. As., Depalma, 1967.

ZUNINO, JORGE O., *Fondo de comercio,* 3ª ed., Bs. As., Astrea, 2009.